왜 다시 도요타인가

위기의 한국기업에 해법 내미는
도요타 제2창업 스토리

왜 다시

도요타인가

최원석 지음

더 퀘스트

일러두기

- 도요다 가문과 도요타자동차: 도요타자동차의 모기업은 1926년 도요다 사키치豊田佐吉가 설립한 도요다자동직기제작소豊田自動織機製作所다. 그중 한 부서였던 자동차부가 1937년에 떨어져 나와 설립된 것이 도요타자동차. 원래는 모기업과 같은 '도요다とよだ'가 될 뻔했으나, 외국인이 발음하기 어렵고 모기업과 구분해야 한다는 의견이 대두되어 '도요타(영어 표기: Toyota)'로 정했다.

- 이 책에서 '설계'는 두 가지 의미로 쓰였다. 첫 번째는 엔지니어링으로서의 설계다. 고객의 요구를 도면으로 만들어내는 작업으로, 좁은 의미의 설계다. 두 번째는 엔지니어링의 측면을 포함한 전체적인 기획planning으로서의 설계다. 여기에는 고객 요구에 대응하는 것뿐 아니라 고객이 필요로 하는 것을 주도적으로 만들어나가는 개념까지 포함된다.

- 본문 가운데는 자동차 전문지식을 다룬 부분이 종종 있는데, 흥미를 느끼지 않는 독자는 가볍게 읽거나 건너뛰어도 좋다. 그렇게 하더라도 이 책의 세 가지 핵심 키워드를 이해하는 데에는 무리가 없을 것이다.

세계 최강 기업의
뼈를 깎는 사기 혁신

2010년 2월 24일 미국 의회 청문회장. 증인석에 앉은 도요타자동차 사장이 사과 발언을 하던 중 급기야 울먹이는 모습을 보였다. 도요타의 창업주 도요다 기이치로豊田喜一郎(1894~1952)의 손자인 도요다 아키오豊田章男였다. 도요타가 일으킨 사상 초유의 1,000만 대 리콜(차량 결함에 따른 무상수리) 사태에 대해 미 의원들의 호통에 가까운 책임 추궁이 쏟아진 직후의 일이었다. 이 광경을 많은 일본인이 지켜봤다. 위기 앞에 눈물을 보이는 창업가 3세 사장을 보며, 도요타와 일본 제조업의 미래를 걱정하는 이들이 적지 않았다.

도요타 본사가 있는 일본 아이치 현 도요타 시 근교에는 도요다 기이치로의 옛 자택이 있다. 지금은 창업자 기념관으로 쓰이는데, 집 앞 정원에 벚나무 한 그루가 심어져 있다. 이제 제법 자리를 잡아가는 그 나무 앞에는 '2011년 2월 24일, 도요타 재출발의 날'이라는 엽서 크기의 푯말이 있다. 아키오 사장이 미국 의회 청문회에서 눈물을 흘린 뒤, 정확히 1년이 지난 날 심은 것이다. 추적추적 내리는 겨울비 속에서 아키오 사장이 직접 심었다.

이곳에서 만난 오기소 이치로 기념관 관장은 "아키오 사장이 품질 문제로 고객에게 피해를 입혔던 일을 절대 잊지 않겠다는 마음을 담아 식수植樹한 것"이라고 했다. "그런 맹세를 창업자인 조부祖父 앞에서 했다는 것은 그만큼 무겁게 맹세한 것이라는 뜻"이라고 그는 덧붙였다. '재출발의 날' 이후 도요타에서 2월 24일은 모든 부서가 고객제일주의를 제대로 실행하고 있는지 되돌아보는 날이 됐다.

아키오 사장이 '도요타 재출발'을 맹세한 이후로 많은 시간이 흘렀다. 그의 맹세는 이미 지켜진 것으로 보인다. 2015년 도요타는 연

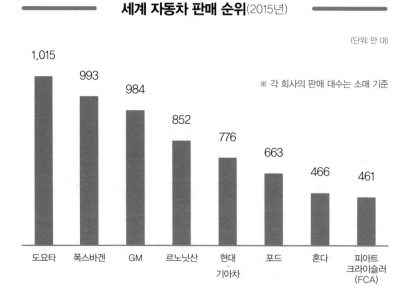

세계 자동차 판매 순위(2015년)

(단위: 만 대)

※ 각 회사의 판매 대수는 소매 기준

1,015 도요타
993 폭스바겐
984 GM
852 르노닛산
776 현대·기아차
663 포드
466 혼다
461 피아트 크라이슬러 (FCA)

간 매출 28조 4,000억 엔(약 310조 원), 연간 영업이익 2조 9,000억 엔(약 31조 원)을 기록했다. 도요타 79년 역사상 최대 실적이며, 세계 자동차 역사에서도 한 회사가 연간 영업이익 30조 원대를 넘어선 것은 처음 있는 일이다. 2008년 리먼 쇼크, 2010년 1,000만 대 리콜, 2000년대 후반의 초超엔고, 2011년 동일본 대지진 등 메가톤급 위기를 딛고 어렵게 이렇게 다시 쓴 왕관이다. 세계 최대 자동차회사의 창업자 손자가 이뤄낸 멋진 부활 스토리라 할 만하다.

그런데 스토리는 여기에서 끝나지 않는다. 아키오 사장이 '이제까지는 맛보기, 본편은 지금부터'라고 선언하는 듯한 일대 사건을 일으킨다. 회사의 근간을 흔드는 조직 대수술에 나선 것이다. 2016년 4월 단행한 도요타 신新체제 개편이 바로 그것인데, 도요타가 글로벌 자

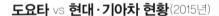

도요타 vs 현대·기아차 현황 (2015년)

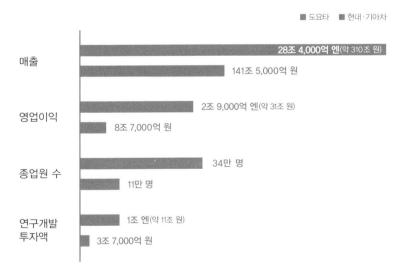

■ 도요타 ■ 현대·기아차

매출
28조 4,000억 엔(약 310조 원)
141조 5,000억 원

영업이익
2조 9,000억 엔(약 31조 원)
8조 7,000억 원

종업원 수
34만 명
11만 명

연구개발 투자액
1조 엔(약 11조 원)
3조 7,000억 원

동차회사로 성장한 이후 최대 규모의 조직 개편이다. 개편 규모가 워낙 커 제2의 창업이라 불릴 정도다. 세계 어디를 봐도, 온갖 위기를 극복하고 사상 최대 실적을 올린 직후에 이런 일을 하는 기업은 없다. 샴페인을 터뜨리진 않더라도, 대부분은 일단 공로를 보상하고 조직을 다독거리려 할 것이다.

그렇다면 도요타는 '왜' 그리고 '지금 이 시점'에 조직을 손본 걸까? 현재 조직으로도 사상 최대 수익을 냈는데 왜 완전히 뜯어고쳤을까? 그 이유는 '최대 실적을 낸 지금이 회사의 최대 위기'라고 봤기 때문이다.

무엇이 그렇게 위기였을까? 바로 '규모'다. 최근까지 아키오 사장은 "규모가 너무 큰 것이 도요타의 최대 약점"이라고 반복해서 말해왔다. 조직이 성장하고 규모가 커짐에 따라 오히려 효율이 떨어지는 '규모의 불경제', 업무가 지나치게 복잡해져 한순간에 제어하기가 어려워지는 '복잡성의 폭발', 더불어 조직 내 의사소통의 저하로 발생하는 비효율, 조직원의 동기나 목표의식 상실 등이 구체적인 현상이다. 이른바 '대기업병'으로 일컬어지는 이런 현상들은 어떤 글로벌 우량 기업도 피해 갈 수 없는 고질병이다. 이를 고치지 않으면 도요타 역시 지속적인 성장이 불가능하다는 사실을 아키오 사장 이하 도요타의 최고 경영진이 아주 심각하게 받아들였다는 얘기다.

문제는 그다음이다. 모든 기업은 위기를 헤쳐나가고자 할 때 다음의 두 가지 길 중 하나를 선택할 수 있다.

하나는 조직의 문제점을 깊이 성찰해 장기적 관점의 해결책을 준비하고, 고통을 감내하고라도 그 해법을 추진하는 것이다. 도요타는 이 길을 걸었다. 도요타가 2016년 4월 단행한 신체제 개편은 대기업병을 극복하기 위한 총체적 고민의 산물이었다.

아키오 사장은 개편 단행 한 달 뒤인 2016년 5월 전년도 실적발표회 자리에서 "시오메潮目가 바뀌었다"며, 자동차 업계의 패러다임 전환에 대비해 외부 변화에 빠르게 대응할 수 있는 조직을 만들어야만 한다고 역설했다. '시오메'는 한류와 난류처럼 성질이 다른 두 해류의 경계를 말하는데, 대개는 그 경계를 따라 띠 모양으로 황금 어장이 형성된다. 시오메라는 표현이 의미심장하다. 7년 동안 죽을 고생을 한 끝에 회사를 부활시킨 아키오 사장은 이렇게 진단했다. "현재 도요타는 구글의 자율주행차, 우버의 카쉐어링 서비스 등 외부적 변화 요인으로 인해 업계 전체의 시오메(수익모델)가 바뀌는 상황에 놓여 있으며, 이 위기에 제대로 대처하지 못하면 미래가 없다." 그래서 도요타는 조직 개혁을 단행했다.

또 하나는 단기 처방이다. 위기라는 것은 알고 있지만, 그 위기가 얼마나 심각한지 그리고 해결하려면 무엇을 어떻게 건드려야 하는지 깊이 성찰하지 않고 대중對症 요법을 쓰거나 문제를 뒤로 미루는 것이다. 섣불리 문제를 건드렸다가 곤란한 일이라도 발생할까 싶어 두렵기 때문이다. 지금 건드려 잘못되면 당장 이해 당사자들이 위험해지지만, 위기가 더 커져 훗날 참사가 발생하더라도 그건 나중 일이라고 여기는 이기적인 생각이 조직을 지배하기 때문이다. 안타깝게도 한국의 많은 기업이 이 길을 걷고 있다.

이 책의 목적은 위기의 대한민국호號에 대한 해법과 키워드를 찾아보는 것이다. 그러기 위해 도요타자동차의 지난 7년에 걸친 고민과 변화, 그리고 그 변화의 집약판에 해당하는 2016년 4월 신체제 개편을 집중적으로 해부하고자 한다. 이 책은 크게 3부로 구성돼 있다. 각 부의 제목은 도요타의 최근 변화와 신체제 개편에서 우리가 무엇을 얻어야 할지를 필자의 관점으로 분석한 뒤 세 가지 키워드로 정리했다.

첫 번째 키워드는 '리더'다.

도요타는 도요타의 강점이 리더에서 나오며, 리더로 누구를 어떻게 뽑느냐에 기업 성패가 달려 있다는 점을 명확히 인식하고 있다. 뛰어난 리더를 뽑기 위해 도요타가 어떤 일을 하고 있는지 알아봄으로써 리더의 중요성을 다시 한 번 되새겨보고자 한다. 여기에 더해 창업가문과 전문경영인 사이의 건전한 긴장관계도 살펴본다. 도요타에서는 사장 역시 수많은 이해관계자로부터 끊임없이 검증받아야 하는 입장에 있다. 이러한 내부구조에서 나오는 도요다 아키오의 독특한 '3세 경영' 리더십을 조명한다. 이런 특징을 통해 아키오 사장이 취임 초기의 우려를 불식시키고 어떻게 직원 34만 명의 거대 기업을 훌륭하게 이끌고 있는지 분석한다. 이와 달리 한국 기업의 3세 경영은 왜 위기에 직면해 있는지, 그 해법은 없는지도 알아본다.

두 번째는 '설계'다.

많은 기업 경영자가 자사 조직에 새로운 사업과 새로운 부가가치를 만들어내라고 요구하지만, 이는 뛰어난 설계의 단계를 거치지 않고는 일어나기 어렵다. 도요타가 2012년에 시작하여 2016년 신체제 개편을 통해 가속화하고 있는 설계 혁신 계획 'TNGA^{Toyota New Global}

Architecture'를 통해 좋은 설계란 무엇인지 살펴본다. 아울러 도요타의 30년을 내다보는 설계 경영의 안쪽을 들여다본다. 도요타만이 아니라 몇몇 우수 기업의 사례를 함께 보면서 '미래는 예측하는 것이 아니라 설계하는 것'이라는 점을 재확인한다. 설계에 뒤처지는 기업은 도태되고, 설계에 탁월한 기업이 미래를 주도할 수 있음을 명확히 알게 될 것이다. 기업의 지속 성장은 설계를 어떻게 하느냐에 달려 있으며, 설계의 진짜 의미와 중요성을 모르는 기업에 밝은 미래는 있을 수 없다.

세 번째는 '환경'이다.

조직원의 열정을 이끌기 위해서는 개인이 저마다 열정을 발휘할 수 있도록 조직의 환경을 바꿔야 한다. 직원에게 왜 열정이 없느냐고 물을 게 아니라, 그들이 어떤 상황에서 열정을 발휘하는지 깊이 연구해 그 상황을 조직이 만들어줘야 한다는 얘기다. 원래부터 뛰어나 스스로 열정을 발휘하는 소수의 직원은 환경에 굴하지 않고 스스로의 길을 갈 수도 있다. 그러나 기업에는 그렇지 못한 다수가 존재한다. 이들에게 '왜 너는 저 사람처럼 열정을 발휘하지 못하느냐'고 채근하는 것은 의미가 없으며, 조직 전체의 열정을 이끌기 위해서는 조직이 먼저 바뀌어야 한다. 이 점을 누구보다 앞서 깨달은 회사가 바로 도요타다.

참고로, 부 체제로 들어가기 전에 '본문에 앞서'라는 체제를 두어 도요타의 지난 7년에 걸친 위기 극복 과정과 그 집약판인 신체제 개편에 대해 간략하게 설명했다. 도요타의 최근 상황을 미리 알고 접근하면 본문 내용을 이해하기가 훨씬 수월할 것이다.

지금처럼 한국의 주력 업종 대부분이 한꺼번에 침체된 건 산업화 50년 이래 처음 있는 일이다. 지금까지 성공해온 방식으로는 더는 성공은커녕 생존이나 가능할지 불안해하는 기업인이 많다. 기업의 수익·고용·수출·투자 등 모든 측면이 정체되고, 이에 따라 경기가 침체되어 한국 경제의 쇠퇴가 수치상으로도 확인되고 있다. 더 큰 문제는 '눈에 잘 보이지 않는 쇠퇴의 조짐'이 기업은 물론 정부나 개인 등 한국 사회 곳곳에서 나타나고 있다는 것이다. 장기적 목표와 기획력의 부재, 의욕 상실, 수동적 사고, 패배 의식 같은 것들이다. 모두가 위기라고 한목소리로 외치지만, 국가는 물론이고 어떤 기업에서도 위기에 대처하는 적극적인 행동은 보이지 않는다.

2016년을 뜨겁게 달군 대우조선 부실 사태는 리더·설계·환경의 문제가 잘못됐을 때 발생할 수 있는 재앙의 종합 세트라 할 수 있다. 대우조선은 전문성과 현장 능력이 크게 모자라고 단기적 시각과 외부 압력, 사리사욕에 얽매인 이들이 리더 자리에 앉음으로써 이미 몰락의 길을 예고했다. 또 부가가치를 높인다며 석유시추선 같은 분야에 도전했는데 '설계의 무서움'을 제대로 모르고 들어갔다가 큰코다쳤다. 제작 과정의 규모와 복잡성을 설계에서 어떻게 해결해야 하는지 알지 못했기 때문에, 선진 설계업체에 판판이 당할 수밖에 없었다. 도요타 같은 일류 회사조차 복잡성 문제를 해결하지 못해 TNGA라는 아키텍처Architecture(제품을 만드는 통합적인 설계·사상)를 통해 해법을 찾으려 하고 있는데, 그 이유를 대우조선은 깨닫지 못했던 것이다. 마지막으로, 사내의 수많은 전문가가 능력을 제대로 발휘할 환경을 만들지 못했다. 부적격의 리더가 높은 자리를 꿰차고, 그 리더가 설계의 중요성에는 무지하고 정치에만 신경 쓰는 모습을 보면서 수많은 젊은 엔지니어는 좌절하고 입을 다물었을 것이다.

대우조선과는 상황이 많이 다르지만, 2016년 9월 발생한 삼성전자 갤럭시 노트7의 배터리 결함 문제도 규모와 복잡성의 문제를 해결하지 못한 탓이라고 할 수 있다. 각종 첨단 기능을 더 작은 공간에 집약하는 과정에서, 배터리를 더 작게 만들면서도 더 높은 에너지 밀도를 구현하려다 보니 복잡성의 문제가 폭발한 것이다. 도요타의 TNGA는 단순히 설계만의 혁신이 아니라 설계와 생산, A/S까지 포괄하는 통합 설계, 거대한 계획의 혁신이다. 단지 기계적인 부분을 뛰어넘어, 여러 차종을 동시에 구상하고 실현할 수 있도록 하는 체계적인 설계 사상과 철학을 반영하고 있다.

갤럭시 노트7의 문제는 아마 최고의 성능을 발휘하도록 부품 설계가 되었다 할지라도 전체 부품의 통합 능력, 즉 아키텍처 구축 능력의 부족이 원인이 됐을 것이다. 그 여파로 제품화의 여러 과정 중 설계와 생산 단계 어딘가에서 오류가 발생했을 가능성이 있다. 삼성전자는 2016년 7월 사내 방송을 통해 삼성의 소프트웨어 역량을 반성하면서 소프트웨어의 기본 골격인 아키텍처 역량을 강하게 주문했는데, 이것도 결국에는 같은 맥락이다. 당시 삼성은 "설계가 잘된 소프트웨어는 새롭게 바꾸거나 확장하기 쉽지만, 설계가 잘못되면 작은 개선도 쉽지 않다"고 지적했다. 이 문제는 소프트웨어에 국한된 것이 아니다. 삼성이 앞으로 계속 첨단제품 개발을 극한으로 밀어붙이면서 맞닥뜨리게 될 문제의 본질이라고 할 수 있다.

초우량 기업 도요타는 2009년 1,000만 대 리콜이라는 심각하고

거대한 문제에 부딪힌 뒤, 이를 통합 설계와 아키텍처 그리고 2016
년 '신제체'라는 조직 혁신을 통해 해결해나갔다. 이 과정은 앞으로
삼성전자나 현대자동차가 계속해서 뛰어넘어야 하는 문제와도 직결
돼 있다.

이 책은 대한민국호가 지금 아주 심각한 위기에 빠져 있음을 의
식하는 사람, 그것에 절망하고 분노하는 사람, 위기를 극복하고 한 단
계 도약하길 갈망하는 사람, 그리고 지금이라도 기회는 있다고 믿는
사람을 위해 썼다. 기업의 직장인·중간간부·CEO, 공직자, 정책 입
안자들이 이 책을 읽고 각자 위치에서 지금 무엇을 해야 할지에 대해
조금이라도 실마리를 얻을 수 있으면 좋겠다.

우리만의 문제는 아니므로 비관할 필요는 없다. 도요타 아키오 사
장의 표현대로라면, 규모가 커짐에 따라 겪을 수밖에 없는 문제를 한
국도 겪고 있는 것이다. 한국의 위기는 인적·물적 자원이나 저력이
부족해서 오는 것이 아니다. 한국은 전후戰後 개발도상국 가운데 선진
국 수준의 산업화를 이룬 몇 안 되는 나라 중 하나다. 50년 넘게 축적
해온 경험이 있으며 문제의 맥을 꿰뚫을 수 있는 전문가도 없지 않다.
리더가 올바른 목표와 목표 달성의 이유를 제시하고, 목표를 달성하
기 위한 장기적 설계를 하고, 열정을 발휘할 수 있는 환경을 조성한다
면 좌절을 희망으로 바꿔줄 인재들은 우리 주변에 얼마든지 있다.

문제는 '보석'이 없어서가 아니라 보석을 보고도 알지 못하는 데
있다. 가짜 보석이 진짜 보석이 있어야 할 자리를 차지하는 경우도
있다. 보석을 바로 곁에 두고도 다른 곳에 가서 찾아오라고 하는 무

능한 리더, 장기적 설계를 외면한 단기 처방, 조직원의 동기를 오히려 박탈하는 불합리한 환경 등이 바뀌지 않는다면 한국의 쇠락은 막기 어렵다.

이 책을 통해 도요타의 보석을 찾아내는 것은 물론 환영할 만한 일이지만, 그 보석을 그대로 가져오려 한다면 실패할 것이다. 도요타의 사례에 비추어 우리 주변의 수많은 보석을 찾아내고 더욱 다듬어, 그것들이 좀더 멋진 환경에서 빛나게 하도록 애써야 한다. 그 일을 하기 위한 힌트를 얻고자 한다면, 이 책이 당신에게 조용한 흥분을 선사해주리라고 확신한다.

차례

프롤로그: 세계 최강 기업의 뼈를 깎는 자기 혁신　5

본문에 앞서: 7년의 투쟁, 그리고 신체제로의 개혁　18

Part 1　▶　리더 ─────────────

문제의 시작과 끝은 결국 리더다

1.　컴퍼니제 ─ 최고의 리더를 찾기 위한 도요타의 묘안　43

2.　리더의 반성 ─ 거인의 어깨 위에 올라탄 난쟁이의 자각　60

3.　현장 중시　70

4.　우선은 전문가여야 한다　85

5.　리더는 목표를 제시하고, 전달하고, 이해시켜야 한다　108

6.　창업가문과 전문경영인을 오가는 긴장의 리더십　119

7.　리더는 비정해야 한다　138

Part 2　▶　설계 ─────────────

미래는 설계를 잘하는 자만 살아남는다

1.　도요타의 미래 설계 전략 ─ TNGA　151

2.　미래는 예측이 아니라 설계다　190

3.　설계를 잘하려면 오래 봐야 한다　201

4. 설계는 일류만 할 수 있다   214

5. 독립성이 없으면 좋은 설계도 없다   224

6. 설계만 잘하면 농축산업도 창조경제   233

7. 협력으로 위기는 줄이고 기회는 늘리는 설계   240

Part 3 ▸ 환경

개인을 탓하기 전에 최적의 환경을 만들어라

1. 직원을 바꿀 수 없으면 조직을 바꾼다   257

2. 열정은 환경에 쉽게 무너진다   273

3. 도요타의 노사협력도 환경의 산물   282

4. 아키오 사장이 기본으로 돌아가자고 외치는 이유   294

5. 참여의 폭과 기회를 넓히는 만큼 열정도 커진다   304

6. 소울 서칭   316

7. 공정함의 힘, 투명성의 힘   336

에필로그: 영원한 승자도 영원한 패자도 없다   352

7년의 투쟁,
그리고 신체제로의 개혁

지난 수십 년간 도요타는 자동차 업계의 모범 사례로 불려왔다. 하지만 2008년 세계 금융 위기에서부터 300만 대에 달하는 생산 과잉과 1,000만 대 리콜 사건 등이 연달아 일어나면서 도요타는 뿌리째 흔들렸다. 그렇게 안팎으로 흔들리던 2009년 6월, 창업가문 3세인 도요다 아키오가 쉰셋 나이에 사장에 임명됐다.

구원투수로 등장한 것이지만, 아키오에 대한 평가는 기대 반 우려 반이었다. 그는 스물여덟에 입사해 25년간 현장을 두루 거치며 부사장까지 오른 인물이다. 그럼에도 창업가문 3세로서 '도련님' 이미지가 여전했던 터라 그가 거대한 위기를 헤쳐나갈 수 있을지 반신반의하는 시선이 많았다. 그러나 그는 유례없는 위기를 하나하나 극복하고 2015년에는 창업 이래 최대 실적을 올리는 기적을 보여줬다. 영업이익만 30조 원이 넘었다. 일본 기업 전체로도 전인미답前人未踏의 경지였다.

이 책의 목적은 아키오 사장 취임 이후 도요타의 7년에 걸친 변화에서 한국의 위기를 극복할 키워드를 찾아내는 것이다. 그 가운데에서도 2016년 4월 발표된 신체제 개편을 중점적으로 다룬다. 도요타는 신체제 개편을 통해 독립적으로 경영되는 7개의 '컴퍼니'를 만들고, 미래에 도요타 사장으로 키울 인재들을 컴퍼니마다 포진시켰다. 직원들의 도전정신을 키우고 회사를 한 번 더 도약시킨다는 것이 컴퍼니 설립의 목표다.

도요타처럼 거대한 회사가 최고로 잘나가는 순간에 제2 창업 수준의 자기 혁신에 나선 것은 산업사에 길이 남을 만한 사건이다. 특히 자동차회사는 신제품 주기가 5년 전후이기 때문에 제조업 중에서도 특히 움직임이 느리며, 이 때문에 단기간에 조직을 변화시키기가 매우 어렵다. 예컨대 미국 GM은 1980년대부터 끊임없이 위기 극복과 개혁을 부르짖었다. 하지만 변화하지 못했고, 2008년 결국 파산했다. 일본 2위 자동차회사였던 닛산 역시 조직 효율과 경쟁력이 떨어지는 문제를 해결하지 못해 1999년 프랑스 르노에 인수되는 수모를 겪었다. 영국은 더욱 심각하다. 모든 자동차회사가 파산 이후 회생에 실패하여 영국을 국적으로 하는 자동차회사가 아예 없어지고 말았다.

직원 34만 명의 초거대 기업 도요타가 엄청난 변화의 소용돌이 속으로, 그것도 최고의 순간에 스스로 뛰어든 것은 지난 7년간의 위기 극복 과정에서 얻은 교훈이 너무나 컸기 때문이다. 도요타가 겪은 다섯 차례의 위기와 극복 사례, 그리고 거기서 얻은 교훈을 바탕으로 만들어진 신체제의 내용과 특징을 간략히 살펴본다.

도요다 아키오 사장 타임라인 — 최악의 위기를 최고의 기회로

2000년대 중반

위기의 씨앗. 세계1위 목표로 물량확대주의.
연간 생산능력 700만대에서 3년 만에 1,000만대 달성키로.

2007년

연간 판매 1,000만대 체제 달성. 사상 최대 실적.

2008년

'리먼 쇼크·300만대 재고·환율악화' 3중고로 창사 이래 첫 적자

2009년 6월

도요다 창업가문 3세 아키오 사장 취임. "the Rise from the Bottom" 선언

그러나…… 수장에 오르자마자 인재와 천재가 끊이지 않는 불운의 연속,
'품질의 도요타' 신화 최대 위기!

2009년 8월

美 캘리포니아에서 렉서스 타고 가던 일가족 4명, 가속페달 오작동으로 전원 사망.
처음에는 결함 가능성 부정하다가 결국 인정, 수차례 사과 기자회견.

2010년 2월

아키오 사장, 美의회 청문회 출석해 사과하며 눈물의 증언.
"모든 책임은 내게 있다."
"주주들과 고객들에 깊은 책임감 느낀다. 내 인생과 도요타 회사의 터닝포인트
로 삼겠다."

1,000만대 리콜!!

차량 결함의 직접적·현상적 원인 규명뿐 아니라,
의사소통 부족, 초기대응 실패, 본사·현장의 통합 위기대책 부재 등의
'규모의 불경제·복잡성의 폭발'을 본질적 문제로 규정하고 대책 강구!

20

● 2011년 2월·3월

2월 24일 ▶ 아키오 사장과 임원진, 창업자 생가에서 '도요타 재출발의 날' 나무 심고 재출발 다짐.
3월 9일 ▶ 글로벌 비전 발표하며 이사회 임원 27명 → 11명 대폭 축소하며 의사결정단계 효율화.

● 2011년 3월·7월

3월 11일 ▶ 동일본 대지진. 일본 내 생산·조달 체계 무너지는 대재난.
7월 31일 ▶ 태국 대홍수. 대규모 공장 3곳이 문닫고 부품공급이 막히면서 일본과 북미지역 생산에 큰 타격

▼

CEO의 즉각적인 직접 지휘.
"현장 직원들한테 보고서 올리라고 하지 말고, 직접 가서 듣고 바로 처리하라!"
재난 백업체제 구축. 부품조달 이원화 전략을 한층 업그레이드.

● 2012년 4월

아키오 사장, '규모의 불경제·복잡성의 폭발' 문제 해결 위해 '더 좋은 차 만들기'라는 목표 제시.
설계의 대대적 혁신 'TNGA' 구상 첫 발표.

● 2014년~2015년

도요타 세계 최초 연간 판매 1,000만대 돌파!
사상 최대 실적 경신하고 자동차 세계1위로!

▼

'지금이 정점이 아닐까? 지금부터 다시 내리막으로 갈 위험은?? 기업을 좀더 오래 지속시키고 발전시킬 방법은 없을까?'
성공을 자축해도 될 법한 시기에 오히려 대대적 조직개편과 투자계획으로 미래 위한 한 단계 도약!

● 2016년 상반기

1월 ▶ 미국에 인공지능 연구개발 자회사 TRI(도요타 리서치 인스티튜트) 설립, 5년간 1조원 투자
4월 ▶ **신체제 개편 단행.**
'기능' 중심에서 '제품' 중심의 조직으로 회사를 7개로 분리!
(32쪽, 36쪽의 조직도 참고)

Where is TOYOTA going Next ?!

도요타 7년간의 변화

1. 물량확대주의가 낳은 참사 … 1년 만에 해결

2000년대 중반 도요타는 700만 대 수준이던 연간 생산 능력을 3년 만에 1,000만 대까지 늘리면서 GM을 누르고 세계 1위가 되겠다는 야심을 드러냈다. 단기간에 생산량을 늘리기 위해 거액을 들여 자동화기기를 갖추고, 숙련이 덜 된 인력까지 현장에 투입했다. 그 결과 2008년 리먼 쇼크 이후 300만 대에 달하는 생산 과잉이 발생했다. 자동차는 대당 단가가 높기 때문에 몇십만 대의 재고만 발생해도 거액의 현금이 묶이고 자금 회전에 큰 문제가 발생한다. 300만 대 생산 과잉은 제아무리 도요타라고 해도 견뎌내기 어려운 고통이었다. 그러나 도요타는 국내와 전 세계 공장의 복잡한 생산라인을 모두 줄이고 재배치함으로써, 최소 몇 년은 발목을 잡을 것으로 예상했던 생산 과잉 문제를 불과 1년 만에 해결했다.

지나친 물량확대가 낳은 참사는 도요타에 많은 교훈을 남겼다. 도요다 아키오 사장은 취임 직후, 자동차를 얼마나 많이 만드는지에 신경 쓰는 '숫자 경영'을 하지 않겠다고 선언했다. '고객에게 더 좋은 차를 제공한다'는 도요타의 기본 목표이자 존재 가치에 집중하겠다는 뜻이었다.

또 자신들의 능력에 자만하지 않고 기본기를 더 중시하는 분위기로 돌아갔다. 도요타의 물량확대 전략이 극에 달했던 2007년 필자가 도요타 본사의 공장을 찾았을 때는 첨단·자동화와 하나의 조립라인에서 얼마나 많은 종류의 차를 만들어낼 수 있는지를 뽐냈다. 그런데 2013년에 이 공장을 다시 찾았을 때 도요타는 휘황찬란한 자동화기기나 현란한 작업 공정이 아니라, 작고 아기자기한 공작기계를 사용해 일일이 손으로 만지고 확인하는 '사람들'의 기본자세를 강조했다. 그곳에서 만난 본사 공장 기계과의 미네 히로미치는 이렇게 설명했다.

"어떻게 해야 더 효율적인 자동화가 가능한지 알기 위해서는 우선 작업의 기본 원리를 익혀야만 합니다. 그걸 지키지 않으면 언젠가 문제가 터질 수 있으니까요."

기본을 지키지 않고 자동화 경쟁, 물량 경쟁에 나섰다가 참사를 겪었던 뼈아픈 과거에 대한 반성이 담긴 말이었다.

2. 1,000만 대 리콜 ⋯ 반년 만에 수리 완료, 고객제일주의 재확립

2010년 초, 미국 TV 방송에는 응급 신고 전화 911에 남긴 일가족의 급박한 목소리가 공개됐다. 전년도인 2009년 8월 신형 렉서스 ES350을 타고 가다 발생한 사고였다. 캘리포니아 고속도로 순찰대 소속 마크 세일러는 캘리포니아 샌디에이고 부근 고속도로에서 부인·딸·처남과 함께 시속 80km로 렉서스를 몰고 가고 있었다. 그러던 중 속력이 갑자기 시속 190km까지 치솟았다. 뒷좌석에 타고 있던 세일러의 처남이 "가속 페달이 제멋대로다. 브레이크가 듣지 않는다. 우리는 곤경에 처해 있다"고 소리쳤다. 결국 4명 모두 숨졌다. 사상 초유 도요타 리콜 사태의 시작이었다.

이후 반년간 미국에서만 도요타 차량의 가속 페달 결함과 관련된 사고가 2,000건 넘게 발생했고 사망자만 20여 명에 달했다.

문제의 심각성은 리콜 자체가 아니라 리콜이 확대되는 '과정'에 있었다. 도요타가 처음에는 결함 가능성을 부인하다가 조사 당국과 언론에 의해 구체적 결함이 알려진 뒤에야 떠밀려 조치를 취했다는 인상을 줬기 때문이다. 2010년 미국을 시작으로 전 세계에서 도요타 차량 1,000만 대의 리콜이 이뤄졌다. 창사 이래 최대 위기였다.

사장에 취임하자마자 절체절명의 위기에 맞닥뜨린 도요다 아키오는 모든 책임이 자신과 도요타에 있다는 점을 깨달았다. 의도적인 것이 아니었다 해도 결국은 개발 과정의 의사소통 부족, 결함 발생 이후 초기 대응 실패, 본사·현장의 통합 위기대책 부재 등이 종합적으로 맞물려 문제가 커졌다는 사실을 절감했다. 그리고 1,000만 대라는 엄청난 대수였지만 최대한 빨리 수리하여 소비자 불편을 최소화했고, 재발 방지를 위해 도요타가 최선을 다하고 있음을 소비자와 언론에 계속 알렸다. 마침내 도요타는 리콜 위기가 터지고 불과 반년 만에 사태를 안정화했다.

도요타가 수리한 것은 결함이라는 '하드웨어' 문제만이 아니었다. 이 일이 발생하게 된 내재적 원인, 즉 '소프트웨어' 문제를 찾아 하나하나 개선했다. 부품을 개발하는 과정에서 본사와 부품 제조사, 일본과 해외 조직 사이의 책임과 권한을 분명히 함으로써 의사소통이 잘못돼 문제가 커지는 일을 줄여나갔다.

그전까지는 본사에서 해결해야 할 문제와 현장에서 해결해도 될 문제에 대한 빠른 판단이 어려운 구조였다. 리콜 사태가 발생했을 당시 도요타 미국 지사의 사장은 청문회에 출석해 "내가 할 수 있는 것은 없었다"고 얘기했다. 본사의 판단과 대응이 늦어지면서, 현장에서 빨리 대처할 수가 없었다는 얘기다. 이후 도요타는 빠른 대응을 위해 각 해외 본부에 자율성을 주는 쪽으로 정책을 바꾸었다. 그리고 중요 사안에 대해서는 해외 본부가 일본 본사에 실시간으로 메시지를 전달하고, 본사 역시 최대한 빨리 그에 대한 판단을 내려주는 쪽으로 시스템을 뜯어고쳤다.

3. 15년래 최악 엔고까지 겹쳐 창사 이래 첫 적자 … 1년 만에 흑자 전환

도요타는 2007년 사상 최대의 영업이익을 낸 이듬해인 2008년에는 4,600억 엔의 영업 적자를 냈다. 미국발 금융 위기, 글로벌 확장 경영에 따른 생산 과잉, 환율 악화 등 3중고가 닥쳤기 때문이다. 도요타가 영업 적자를 낸 것은 창사 이래 처음이었다. 그것도 사상 최대 이익을 낸 바로 다음 해에 벌어진 일이어서 충격이 컸다.

전문가들은 도요타가 1,000만 대까지 늘린 생산설비를 700만 대 수준으로 조정해나가는 과정에서 최소 2~3년은 극심한 고통을 겪을 것으로 내다봤다. 2009년 대량 리콜 사태까지 겹치면서 몇 년은 적자가 이어질 것으로 예상했다. 환율도 도요타에 매우 불리했다. 그러나 도요타는 불과 1년 만에 흑자 전환에 성공하면서, 탁월한 위기관리 능력과 생존 능력을 보여줬다.

도요타가 불과 1년 만에 재기에 성공한 것은 반년이라는 짧은 시간에 생산설비를 줄인 것이 큰 역할을 했다. 여기에 원가 개선(5,200억 엔)과 고정비 감축(4,700억 엔)이라는 두 가지 분야의 노력으로 무려 9,900억 엔을 아낀 것이 주효했다. 즉 부품 조달과 공장 가동에서 지속적으로 이뤄진 비용절감 노력이 생산설비를 감축함으로써 얻은 비용감소 효과와 맞물리면서 엄청난 시너지를 낸 것이다. 글로벌 경제위기와 대량 리콜이라는 악재에도 판매량이 별로 줄지 않았다는 점도 실적 개선을 떠받쳤다. 특히 중국과 아시아 시장에서 선전한 것이 큰 역할을 했다. 리콜 사태로 기업 이미지에 타격을 입은 것은 사실이지만, 기업의 근본 체질이나 경영 시스템 그리고 제품의 품질과 성능이 큰 손상을 입지 않았기에 가능한 일이었다.

이에 따라 도요타는 15년래 최악의 엔고로 너욱 불리해진 환율 때문에 3,200억 엔 적자, 수익성이 좋은 중·대형차 판매 감소로 3,700억 엔 적자가 난 것을 모두 상쇄하고도 1,800억 엔의 영업이익을 기록했다. 이 수준의 영업이익 자체는 잘나갈 때의 10분의 1도 되지 않는다. 하지만 사상 최악의 위기로 대규모 적자 상황에 놓인 지 불과 1년 만에 다시 흑자를 기록함으로써 믿기 어려운 회복 속도로 업계를 깜짝 놀라게 했다. 도요타의 괴력이 다시 확인된 셈이다.

4. 2011년 동일본 대지진 ···▶ 재난 대비 백업체제 구축

도요타는 2011년 동일본 대지진으로 일본 내 생산·조달 체계가 무너지는 대재난을 맞았다. 특히 도요타가 2011년 2월 가동한 미야기 현 신新공장이 궤멸적인 피해를 입었다. 미야기 공장은 소형차 수출기지로 삼기 위해 만들어진 도요타의 전략적 거점이었다. 소형차는 수익성이 낮기 때문에 인건비가 비싼 일본에서 만들어 수출하는 건 어렵다는 고정관념이 있었다. 하지만 미야기 공장은 생산성을 획기적으로 높여 그 한계를 극복해냈으며, 아키오 사장이 가동 상황을 직접 챙길 만큼 중요한 곳이었다.

그런 원대한 포부로 출발한 미야기 공장이 가동 한 달 뒤인 3월 11일 동일본 대지진으로 파괴된 것이다. 미야기 공장을 발판으로 재도약하려던 도요타는 다시 추락할 위기에 놓였다. 그러나 이번엔 위기 대응이 아주 빨랐다.

아키오 사장은 고위 간부들에게 "현장 직원들한테 보고서 올리라고 하지 말고, 직접 가서 듣고 바로 처리하라"고 지시했다. 분초를 다투는 상황에서 현장 인력이 상부에서 요구하는 각종 보고서에 매달리다 일을 그르치는 상황을 막은 것이다. 아키오 사장의 이런 지시는 2009~2010년 1,000만 대 리콜 때 겪었던 현장과 본사의 커뮤니케이션 실패, 관료주의적인 보고서 문화에 대한 처절한 반성에서 나왔다. 초기 대응의 중요성을 너무나 잘 알고 있던 아키오 사장의 지휘 아래, 도요타는 석 달 만에 지진 피해를 모두 복구하고 전 생산시설을 정상화했다.

이때 도요타가 얻은 또 하나의 교훈은 부품 조달 시스템의 개선이 필요하다는 것이었다. 이전부터 도요타는 하나의 부품을 하나의 업체가 아니라 여러 업체에서 납품받는 '이원화 전략'을 쓰고 있었다. 한 군데에서 문제가 생기더라도 다른 업체가 부품을 더 만들어 조달하게 함으로써 도요타 공장의 생산라인이 멈추지 않도록 한 것이다. 문제는 이 전략이 완벽하지 못했다는 것이다. 도요타에 바로 납품하는 대형 부품업체는 제대로 통제했지만, 그 밑에서 작은 부품을 위탁 생산하는 군소 부품업체들이 재난에 얼마나 취약한지 제대로 파악하지 못했다. 이 때문에 도요타 공장의 재가동이 늦어지는 일이 발생했다.

자동차는 3만 개의 부품으로 만들어지는데, 작은 부품 하나만 공급이 끊겨도 차를 완성할 수가 없기 때문이다. 이에 도요타는 부품 공장 전체를 대상으로 대재난 발생 시의 비상 복구체제를 재정비했다.

이때 만들어진 재난 백업체제가 이후 구마모토 지진 때 빛을 발했다. 2016년 4월, 규슈 구마모토에서 지진이 일어나면서 도요타의 고급차 주력 공장인 후쿠오카 공장도 멈춰 섰다. 더 큰 문제는 일본 내 도요타 공장 대부분에 부품을 공급하는 구마모토의 부품회사 공장이 지진으로 부서졌다는 것이다. 이에 따라 일본 내 16개 전 공장 가운데 15곳의 가동이 중단됐다. 그러나 도요타는 2011년 동일본 대지진 이후 지진 피해 공장의 복구에 대한 준비와 훈련이 돼 있었다. 그 덕에 구마모토 지진 때는 지진 발생 2주 만에 전 공장을 재가동할 수 있었다. 천재지변이라는 시련이 오히려 도요타를 더 강하게 해주었음을 보여주는 사례다.

5. 경쟁자의 도전과 복잡성의 폭발 ⋯ 설계 전략과 대대적 조직 개편으로 해결책 찾아

2000년대 초반부터 도요타의 생산 물량과 차종이 급속도로 늘어났다. 현재 도요타의 생산 차종은 100여 종에 달한다. 게다가 차량의 기능이 진화하고 각종 전자장비가 덧붙여지면서 개발·생산 프로세스가 기하급수적으로 늘어나고 복잡해졌다. 전문가들은 도요타 리콜 사태가 이런 복잡성을 해결하지 못해 발생한 것이라고 진단하기도 한다.

도요타는 최선의 해결 방법을 찾는 데 몰두했다. 해결책은 독일의 폭스바겐이 추진해온 '레고블록형 설계 전략', 즉 자동차의 공통 부품을 레고블록처럼 만들어 끼워 맞추는 방식이었다. 복잡성의 폭발 문제를 해결하면서 더 다양하고 성능과 품질이 좋은 차를 만들어내기 위한 것이었다. 이에 따라 도요타는 2012년 자사 버전의 레고블록형 설계 전략인 'TNGA'를 처음 공표했다. 2013년 3월 일본 도요타 본사에서 '더 좋은 차 만들기 설명회'를 열면서, 목표 달성을 위한 구체적 방안으로 TNGA 계획을 설명했다.

필자는 이 설명회에 참가하여 당시 도요타 연구개발 총괄 본부장으로서 TNGA 전략을 지휘했던 가토 미쓰히사加藤光久 부사장의 설명을 직접 들었다. 전략의 키워드는 단 하나였다. '단순화'였다. 가토 부사장의 얘기는 '도요타는 폭스바겐보다 설계 단순화 전략 수립이 늦었지만, 지금이라도 레고블록형 설계에 집중해 미래에 대비하고자 한다. 그러나 폭스바겐과 같은 큰 덩어리의 개념이 아니라, 더 작고 세분화된 블록을 조합하는 방식으로 승리하겠다'는 것이었다. 폭스바겐을 철저히 연구한 뒤, 도요타의 장기인 세부적인 조율 능력까지 결합하여 설계 혁신 시스템을 만들어낸 것이다.

도요타는 설계의 단순화 외에 연구개발 조직을 단순화하고, 의사 결정의 속도를 높이는 데도 주력했다. 2011년 여름, 도요타 본사 인재개발부 간부들이 삼성 인재개발원을 찾았다. "단기간 내에 세계 리더가 된 삼성의 글로벌 인재 양성 노하우를 배워오라"는 아키오 사장의 특명을 받은 것이다. 업계 관계자는 "도요타 본사 직원들이 삼성이 채택하고 있는 지역 전문가 제도와 해외 현지 기업 육성정책 등을 꼼꼼히 살펴보고 갔다"고 전했다. 도요타는 현대자동차의 빠른 의사

결정이 어떻게 가능한지도 철저히 벤치마킹했다.

삼성전자·현대차 등 한국의 양대 기업 조직을 연구한 뒤 도요타가 내린 결론은 두 가지였다. 첫 번째는 업무에 필요한 모든 조직을 한 건물에 모아 아이디어 수립부터 최종 결정까지 '원스톱'으로 진행되게 한다는 것이었다. 두 번째는 필요 안건이 있을 때 수시로 모였다 흩어지는 '태스크포스'를 도요타 방식으로 강화한다는 것이었다. 그 결과 도요타의 의사결정 속도는 벤치마킹한 대상보다 더 빨라졌다는 평가를 받기에 이르렀다.

나아가 도요타는 최근 겉모습까지 매력적인 차들을 속속 내놓고 있다. 과거에는 '디자인까지 잘하면 다른 경쟁 업체들이 곤란해 한다'라는 우스갯소리가 있을 만큼, 도요타는 평범하고 개성 없는 차를 쏟아내는 걸로 유명했다. 문제점을 파악하고, 이를 원스톱으로 판단해 실행에 옮긴 덕이었다. 또 설계 혁신을 통해 같은 비용으로 디자인·성능·연비가 더 뛰어난 차를 만들 수 있게 되면서, 도요타 차량 전체의 상품력이 높아지고 있다.

도요타 신체제 – 컴퍼니제로의 전환

효율화, 단기와 장기로 나눠 전략적으로 접근

도요타가 2016년 4월 발표한 신체제의 특징은 도요타라는 거대한 자동차회사를 '비즈니스 유닛'과 '헤드오피스'라는 2개의 큰 조직으로 나눈 것이다. 즉, 사실상 독립적으로 움직이는 7개의 소회사(컴퍼니), 그리고 본사 직할 부분인 2개의 헤드오피스가 그것이다.

회사를 이렇게 나눈 이유는 명확하다. 효율의 극대화를 추구하되, 그 효율에 '기간의 개념'을 부여해 최적화를 노린 것이다. 다시 말해, 효율을 단기와 장기적 관점으로 분리한 것이다. 7개 컴퍼니는 단기적인 수익과 가치를 만들어내는데, 여기서 추구하는 효율이란 늦어도 2~3년 내에 결과가 나오는 것이다. 따라서 컴퍼니 차원에서 10년 단위 장기 계획을 세워 회사의 지속적인 성장 기반을 마련하는 것은 불가능하다. 이를 보완하기 위해 '헤드오피스'를 따로 만든 것이다.

단기 효율의 최적화 ― 컴퍼니제

도요타는 신체제를 시행하면서 자동차 제조·개발의 현업 조직을 뜯어고쳤다. 기능에 따라 구성돼 있던 본부 개념을 제품 중심의 조직인 컴퍼니로 바꿨다. 이렇게 조직을 해체·재구성한 것은 도요타도 피해 가기 어려운 '대기업병'을 없애기 위해서였다. 그런데 조직을 컴퍼니로 바꾼 것이 대기업병에 대한 치료법이 될 수 있을까? 이를 알려면 자동차회사의 조직을 '기능 중심'에서 '제품 중심'으로 바꾼다는 것이 어떤 의미이며, 왜 혁명적인지를 우선 이해할 필요가 있다.

자동차회사는 각각의 '기능 조직'이 매우 강한 곳이다. 기능은 자동차를 만드는 데 필요한 각각의 요소를 말한다. 자동차를 만들려면 어떤 자동차를 만들지 기획하는 부서가 있을 것이고, 이를 실제 제품으로 만들기 위해 도면을 만드는 설계 부서가 있을 것이다. 스타일을 만들어내는 디자인 부서도 중요하다. 자동차를 어느 공장에서 어떻게

기능 중심에서

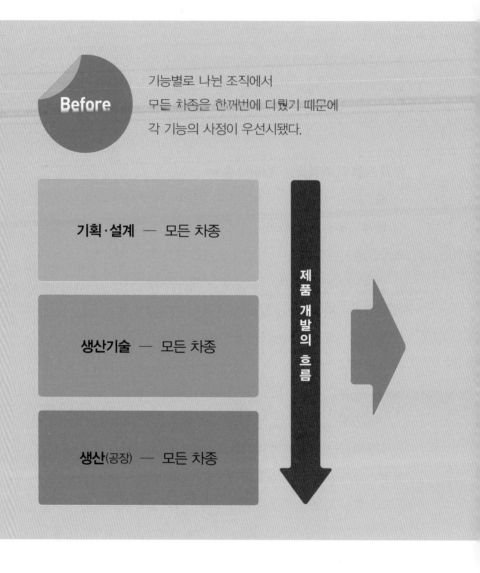

Before

기능별로 나뉜 조직에서
모든 차종은 한꺼번에 다뤘기 때문에
각 기능의 사정이 우선시됐다.

기획·설계 ― 모든 차종

생산기술 ― 모든 차종

생산(공장) ― 모든 차종

제품 개발의 흐름

제품 중심으로

도요타 조직
이렇게
바뀌었다!

After

차종별 별도 컴퍼니에 각 기능 조직이 배치되어
컴퍼니 사장의 판단하에 최적의 제품을
효율적으로 만든다.

소형차 컴퍼니

컴퍼니 사장

기획·설계

생산기술

생산(공장)

중·대형차 컴퍼니

컴퍼니 사장

기획·설계

생산기술

생산(공장)

상용차 컴퍼니

컴퍼니 사장

기획·설계

생산기술

생산(공장)

고급차(렉서스) 컴퍼니

컴퍼니 사장

기획·설계

생산기술

생산(공장)

생산할지 구체화하는 생산기술 부서와 공장에서 차를 직접 조립하는 일을 맡는 생산 부서도 꼭 필요하다. 부품을 조달하는 자재 부서, 개발·생산 자금을 대는 재무 부서도 빼놓을 수 없다.

도요타는 전 세계 자동차회사 가운데서도 매우 뛰어난 기능 조직을 보유한 곳이다. 특히 생산기술·생산 쪽은 세계 최강이다. 그런데 기능 조직이 너무 강해지면서 자동차회사의 최대 목표인 '더 좋은 차 만들기'가 오히려 어려워지는 상황에 빠지게 됐다. 조직이 비대해지면서, 안 그래도 강했던 기능 조직들이 자기들만의 성城을 쌓기 시작한 것이다. 이 때문에 기능 조직끼리 이해가 충돌할 때 조정하기가 어려워졌다. 도요타는 특히 생산(공장) 쪽의 입김이 워낙 세서, 소비자 요구를 반영하는 것보다 생산 효율을 우선시하는 경향까지 생겨났다.

이런 문제를 줄이기 위해 도요타는 기능별 조직을 해체했다. 해체의 이유로는 "기능 축이 아니라 제품 축으로 일을 바꿔야 한다. 기능의 벽을 무너뜨리고 조정의 일을 줄여서, 모든 일이 '더 좋은 차 만들기'와 그것을 뒷받침하는 인재 육성에 연결되도록 하려는 것"이라고 발표했다.

컴퍼니는 7개로 나뉘는데, 그 가운데 4개에서 완성차를 만든다. 경·소형차 담당의 '도요타 컴팩트카', 중·대형차 담당의 '미드사이즈 비클', 고급차 담당의 '렉서스 인터내셔널', 상용차 담당의 'CV Commercial Vehicle' 등이다. 이 회사들은 각각의 차량 종류별로 기획·개발·생산을 독립적으로 추진한다. 도요타 안에 서로 다른 종류와 크기의 차를 만드는 4개 회사가 따로 존재하는 셈이다.

그리고 나머지 3개가 기술개발을 담당하는 컴퍼니다. 선진기술개발(무인주행 등 차세대 차량에 들어갈 기술 개발), 파워트레인(엔진·변속기 개발), 커넥티드(차량용 통신기술 개발) 컴퍼니다. 이들은 완성차를 만드는 4개 회사에 부품이나 기술을 개발해 제공하는 일을 하는데, 이 역시 완성차만 아닐 뿐 독립된 제품이라고 할 수 있다. 이들 3개 회사도 개발의 독립성을 보장받기 때문에 때에 따라서는 도요타 내 4개 완성차 컴퍼니뿐 아니라 도요타가 아닌 다른 자동차회사와도 거래할 수 있다.

이를 기능 조직의 인력 재배치 측면에서 다시 보면, 제품기획본부·생산기술본부·생산본부(공장)의 인력 중에서 자동차의 개발·생산과 관련된 인력을 차종별 4개 컴퍼니로 헤쳐 모이게 한 것이다. 같은 본부에서도 선행 기술(앞으로 넣을 미래 기술) 인력은 선진기술개발 컴퍼니, 엔진·변속기 개발 인력은 파워트레인 컴퍼니, IT·통신 개발 인력은 커넥티드 컴퍼니에 각각 배치했다. 부서 이기주의나 기능 조직 간의 업무조정 실패 때문에 고객에게 더 좋은 차를 제공하지 못하게 되는 일을 막겠다는 얘기다.

또 도요타는 회사가 너무 비대해진 탓에 직원들이 참신한 아이디어를 내지 않거나 아이디어를 내도 중간 단계에서 묵살되는 경우가 많다는 점에 주목했다. 또 더 좋은 제품을 만드는 데 집중하고 싶어도, 조직의 이해관계를 조정하는 데 너무 많은 에너지가 낭비됐다. 이래서는 성장동력을 찾기 어렵다고 보고, 일부러 회사를 쪼개 규모를 줄인 다음에 각 회사가 스스로 성장하도록 유도하겠다는 것이 컴퍼니제 시행의 주요 목표 중 하나다. 회사 규모를 줄이면 직원들에게 책임과 권한을 부여하고 아이디어와 동기를 끌어내기가 더 쉬워지기 때문이다. 연간 1,000만 대짜리 회사가 1,400~1,500만 대 회사로

대기업병에 맞선

도요타의 새 조직도

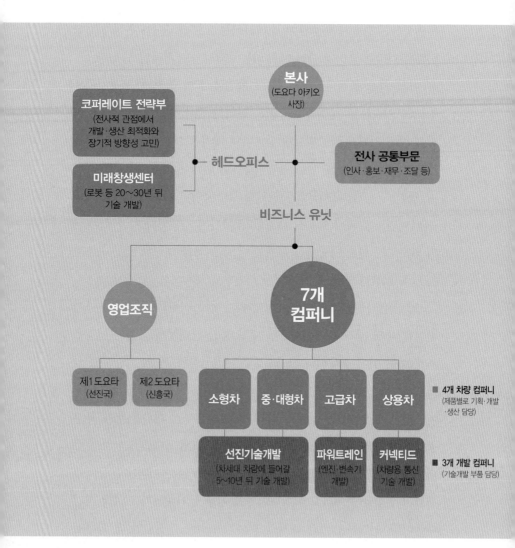

본사
(도요다 아키오
사장)

코퍼레이트 전략부
(전사적 관점에서
개발·생산 최적화와
장기적 방향성 고민)

미래창생센터
(로봇 등 20~30년 뒤
기술 개발)

헤드오피스

전사 공통부문
(인사·홍보·재무·조달 등)

비즈니스 유닛

영업조직

7개
컴퍼니

제1 도요타
(선진국)

제2 도요타
(신흥국)

소형차

중·대형차

고급차

상용차

■ 4개 차량 컴퍼니
(제품별로 기획·개발
·생산 담당)

선진기술개발
(차세대 차량에 들어갈
5~10년 뒤 기술 개발)

파워트레인
(엔진·변속기
개발)

커넥티드
(차량용 통신
기술 개발)

■ 3개 개발 컴퍼니
(기술개발 부품 담당)

성장하는 것보다, 200~300만 대짜리 회사 4개가 각각 100만 대씩 늘리는 것이 더 효율적이라는 얘기다.

장기 효율의 최적화 ― 헤드오피스

도요타는 7개 컴퍼니를 만들어 사업부문에서 최고의 효율을 노렸시만, 한 가지 문제점이 있었다. 컴퍼니는 매일같이 현장에서 경쟁하는 조직이기 때문에 당장의 전투에서 이기는 데 모든 역량을 쏟아부어야 한다는 것이다. 그러나 회사 운영에서는 당장의 사업에서 성공하는 것도 중요하지만, 지속적으로 성장할 수 있도록 면밀하고 장기적인 계획을 세우는 것도 중요하다. 도요타는 신체제 개편을 통해 컴퍼니와 별도인 헤드오피스를 신설함으로써 장기적 관점에서의 효율도 극대화하고자 했다.

헤드오피스는 두 가지 조직으로 구성돼 있다. 첫 번째는 미래창생센터다. 외부 연구기관이나 업체와 적극적으로 협력해 장래의 기술과 비즈니스를 장기적·사회적 관점에서 창조해가는 역할을 맡는다. 언뜻 보기에 선진기술개발 컴퍼니와 비슷하다고 여겨질 수도 있지만, 실제 역할은 다르다. 미래창생센터는 30년 앞을 내다보고 움직인다. 회사의 미래에 도움이 되면서 동시에 사회에도 도움이 되는 것들을 긴 호흡으로 연구하고 인력을 모으고 방향을 만들어나가는 작업을 한다. 이에 비해 선진기술개발 컴퍼니는 현재 개발 중인 차량에 집어넣을 신기술은 아니지만 적어도 그다음이나 다음다음 모델에 들어갈 기술, 즉 미래 기술이면서도 조만간 도입이 가능한 기술을 개발한다. 기간별로 구분하자면 완성차를 만드는 4개의 컴퍼니는 향후 1~5

년 내의 비즈니스, 선진기술개발 컴퍼니는 향후 10년 내의 비즈니스, 미래창생센터는 향후 30년 내의 큰 그림 안에서 사업과 사회공헌 등을 담당한다고 할 수 있다.

두 번째는 코퍼레이트 전략부다. 회사의 중장기 전략과 기획을 담당하는 조직을 여기에 집약했다. 장기적 관점으로 경영의 방향성을 정하고, 경영 자원의 최적화를 도모한다. 미래창생센터가 도요타와 구글의 협력을 모색하거나 기술의 방향성을 다루는 등 미래연구소와 같은 기능을 담당한다면, 코퍼레이트 전략부는 좀더 실무석인 것과 회사의 전체 살림까지 생각하는 일종의 미래전략부서 같은 곳이라고 할 수 있다.

문제의 시작과 끝은
결국 리더다

"세상에 백락(중국 주나라 때 명마를 잘 식별하기로 유명했던 사람)이 있은 후에야 천리마가 있게 된다. 천리마는 항상 있지만 백락은 늘 있지 않다. 그래서 비록 명마가 있을지라도 다만 노예 손에서 욕이나 당하며 마구간에서 범마들과 나란히 죽게 되어 천리마로 불리지 못한다. 천리마는 한 끼에 간혹 곡식 한 섬을 먹어치운다. 말을 먹이는 자는 그 말이 천 리를 달릴 수 있는지도 모르고 범마와 똑같이 먹인다. 이 말은 비록 천 리를 달릴 능력이 있다 하더라도 먹는 것이 배부르지 않아 힘이 부족하여 재능의 훌륭함이 밖으로 드러나지 않고 보통 말과 같아지려 해도 될 수 없으니, 어찌 그 말이 천 리를 달릴 수 있기를 바라겠는가? 채찍질을 하는데 도리로써 하지 않고, 먹여주지만 재능을 다 발휘하게 하지 못하고, 울어도 그 뜻을 알아주지 못하면서 채찍

을 쥐고 다가서서 말하기를 '천하에 말이 없다'고 한다. 아! 정말로 말이 없는
가? 정말로 말을 알아보지 못하는 것인가?"

중국 당나라 때 문호인 한유韓愈의 〈잡설雜說〉에 나오는 구절이다. 필자
는 2006년부터 2013년까지 〈조선일보〉 산업부에서 자동차산업을 담당하면
서 현대자동차를 포함해 세계 글로벌 자동차회사의 최고경영자부터 말단 사
원, 자동차 학계와 정부 전문가들을 많이 만났다. 2013년부터 2014년까지
는 〈조선일보〉의 주말 경영섹션인 '위클리비즈'에 글을 쓰면서 세계에서 가
장 잘나가는 기업을 취재하고, 최고의 기업인과 석학 등을 인터뷰했다.

그 과정에서 기업이 계속 성장하고 번영하기 위해 무엇이 가장 중요한지
를 보고 느끼고 생각해볼 기회가 많았다. 무엇이 정말 중요할까? 리더였다.
리더가 무엇을 보고 꿈꾸고 고민하고 행동하느냐가 그 기업의 미래를 결정
하는 경우가 정말 많다고 느꼈다.

한국의 기업이나 정부 리더들은 지금 어떤 모습일까. 바로 곁에 보석을
두고도 바깥에서 보석을 찾아오라고 끊임없이 요구하는 사람들이 많은 건
아닐까. 그런 리더는 진짜 보석을 찾기 어렵다. 보석이 없어서가 아니라 보
석을 보고도 알지 못하는 그들 스스로의 한계 때문이다.

지금이 위기라고 얘기하는 건 누구나 할 수 있다. 뛰어난 리더는 자기 진
영에서 무슨 일이 일어나는지 잘 알고 있다. 그리고 적의 고지 뒤편에서 벌
어지는 일까지 꿰뚫어보려고 노력한다. 나아가고자 하는 부분의 이면을 읽
고 판단하고 실행하는 것, 그게 리더의 일이다. 그 일을 회피하면 리더 자리
에 있어도 리더가 아닌 것이다.

도요타는 왜 사상 최대 수익을 낸 최고의 순간에 대대적인 체제 개편을 하며 '제2의 창업'에 나섰을까. 그 과정과 이유를 살펴보면 도요타 리더들의 처절한 자기반성과 고민, 의지가 담겨 있음을 알 수 있다. 도요타 리더의 첫 번째 특징은 모든 문제의 원인을 자기 스스로에게서 찾는다는 것이다. 누구의 탓도 아니며, 문제 해결의 출발점이 자신이라는 자세다. 부하에게 바깥에 나가 보석을 찾아오라고 요구하는 대신 스스로 회사를 어떻게 발전시킬 수 있을지 고민하고, 모두의 힘을 모아 설계하고 그 설계를 실행할 수 있는 환경을 만드는 데 매진했다. 도요타의 위기 대응, 부활 능력은 거기에서 출발했다.

그러므로 지금이야말로 다시 도요타를 생각해볼 때라고 얘기하고 싶다. 도요다 아키오 사장 취임 이후 지난 7년간의 변화와 2016년에 단행된 신체제 개편은 한국 기업에 그 어느 때보다 절실한 위기 해결의 실마리를 제공할 것이다. 도요타의 자기 혁신, 컴퍼니제를 골자로 한 신체제 개편을 특히 리더에 초점을 맞춰 살펴보자.

Reborn
Toyota

1

컴퍼니제—
최고의 리더를 찾기 위한
도요타의 묘안

　　도요타의 2016년 4월 신체제 개편은 도요다 아키오 사장이 조직에 활력을 불어넣기 위해 그간 고민해온 결과의 집약판이다. 도요타가 신체제 개편을 통해 컴퍼니제를 도입한 가장 큰 이유는 직원이 스스로 움직이게 하기 위해서라고 할 수 있는데, 그만큼 중요한 또 다른 목표가 있었다. 바로 도요타의 차기 CEO를 비롯해 뛰어난 리더를 찾는 것이었다. 일본의 경제주간지인 〈도요게이자이東洋經濟〉는 신체제 개편의 이유를 "도요타 창업가문의 기업이념이 제대로 전달되기 어려운 젊은 직원들에게 동기를 부여하고, 거대 기업을 이끌 수 있는 사장급 인재를 여러 명 육성하기 위해서"라고 분석했다.

　　도요타의 리더를 찾는 데 컴퍼니제가 어떤 역할을 하는 걸까?

전장에 누구를 리더로 보낼 것인가

컴퍼니제를 시행해 리더를 뽑는 것은 '전장戰場에 어떤 리더를 보낼 것인가'의 문제로 귀결된다. 컴퍼니제의 사장들은 자기가 맡은 분야에서 전 세계 경쟁자와 싸워 이겨야 한다. 예컨대 소형차 컴퍼니의 사장은 전 세계 소형차회사 또는 소형차 개발 책임자와 경쟁해야 하며, 고급차 컴퍼니의 사장은 도요타의 고급차 브랜드인 렉서스로 벤츠·BMW·아우디와 경쟁해 성과를 내야 한다. 즉 컴퍼니세의 사장을 뽑는 일은 당장의 전투에 내보내 이길 장군이나 총사령관을 찾는 것이라 할 수 있다.

이를 도요타의 과거 기능 조직 본부장들이 가졌던 고민과 새로 만들어진 컴퍼니의 사장이 갖는 고민을 비교해서 보면 훨씬 이해하기 쉬울 것이다. 도요타의 과거 조직에서 발생한 문제와 컴퍼니제로 바뀐 이후의 상황을 비교함으로써, 도요타의 리더가 어떻게 바뀌고 있는지 그리고 도요타는 전장에 어떤 리더를 보내고 있는지를 살펴보겠다.

도요타의 기존 조직구조에서 한 차량개발 담당자가 아주 멋진 디자인에 획기적인 기능의 소형 스포츠카를 만들고 싶어 한다고 가정해보자. 이 담당자가 원하는 차를 개발하기 위해 넘어야 할 산은 아주 많다. 일단 기능 조직인 제품기획본부, 생산기술본부, 생산본부(공장) 등에서 그 차량이 가능성을 갖췄는지를 검토할 텐데 그 과정에서 애초의 기획 의도와 제품 방향이 무너질 가능성이 크다. 기존 조직에서는 기능 조직이 중요했고, 그만큼 힘이 있었다. 그래서 이런 일이 발생할 수 있다. 일테면 생산기술 본부장이 '이건 만들기가 너무 어려워. 나중에 문제가 생긴다면 우리에게 책임을 물을 수도 있겠어'라고 생각한다면, 생산기술 쪽의 전폭적인 협력을 얻기는 어려울 것이다. 또 생산 본부장이 '이건 공장에서 조립할 때 작업 효율이 제대로 나오지 않을 수 있어. 나중에 생산 효율이 떨어지면 우리 쪽에 책임을 물을지도 몰라'라고 생각하면, 공장의 거부로 무산될 수도 있다. 제품 기획 본부장이 '스포츠카는 만들어봐야 많이 팔기가 어려워. 수익성이 높은 차를 개발하는 게 우선이야'라고 생각한다면, 아예 제품기획 단계부터 막혀버릴 수 있다.

이 조직이 컴퍼니제로 바뀐 후에는 상황이 어떻게 변할까? 신형 스포츠카를 출시할지 말지에 대한 최종 결정은 소형차 컴퍼니의 사장이 하게 된다. 소형차 컴퍼니 사장의 목표는 명확하다. 시장에 자신들이 내놓는 소형차가 더 인기를 얻고 더 많이 팔리는 것이다. 소형차 컴퍼니 사장은 바로 그 점에 집중하여 신형 스포츠카를 내놓을지 말지 고민할 것이다. 이 지점에서 과거 기능 조직의 본부장들의 고민과 소형차 컴퍼니 사장의 고민은 근본적으로 다르다. 기능 조직 본부장들은 신형 스포츠카를 내놓는 것이 자기 본부에 이익인지 아닌지도 생각해야 하지만, 소형차 컴퍼니 사장은 도요타 전체 소형차의 인기를 높이고 판매를 늘리는 데 도움을 줄 것인지에만 집중한다. 소형차 컴퍼니 사장은 '신형 스포츠카가 당장 판매가 많이 되지는 않을 거야. 하지만 도요타의 소형차 이미지를 높이는 데 큰 도움을 줄 수 있어. 그렇다면 몇 년 뒤 전체 소형차 판매를 증대시키는 효과가 있을 거야'라고 생각할 수도 있다. 그렇게 생각했다면 사장은 신형 스포츠카 개발을 승인할 것이다. 그리고 컴퍼니 안에 재배치된 각 기능 조직이

최적화와 효율성을 생각한

조직 개편

기획, 생산, 디자인 등 각각의 기능 부문 수장들이
모든 차종의 업무를 한꺼번에 처리해야 하기 때문에 감당하기 어려움.

수석 엔지니어가 각 기능별 회의마다 출석해 임원에게
프레젠테이션해야 함.

회의준비나 사전조율에 시간이 낭비되고,
각 기능 부서의 요구사항에 따라 회의가 반복됨.

각 회의에 다수의
관계 임원 출석

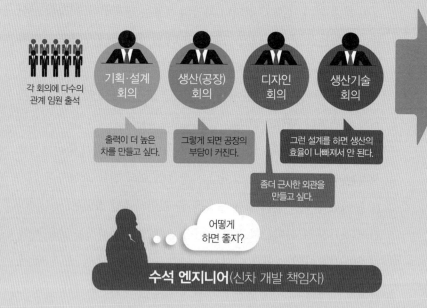

기획·설계
회의

생산(공장)
회의

디자인
회의

생산기술
회의

출력이 더 높은
차를 만들고 싶다.

그렇게 되면 공장의
부담이 커진다.

그런 설계를 하면 생산의
효율이 나빠져서 안 된다.

좀더 근사한 외관을
만들고 싶다.

어떻게
하면 좋지?

수석 엔지니어(신차 개발 책임자)

소형차, 중대형차, 고급차 등으로 나눠진 각 컴퍼니의 사장이 모든 기능 회의의 의장 역할을 하며 의사결정권을 갖는다.

회의준비나 사전조율에 드는 시간을 절약. 수석 엔지니어는 컴퍼니 사장 책임 아래 오직 최고의 차 만들기에만 집중할 수 있다.

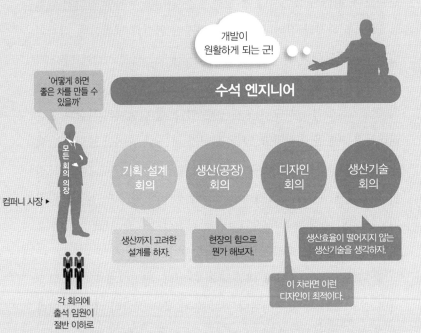

합심해 최고의 스포츠카를 만들어내도록 이끌 것이다.

이런 사례를 통해 알 수 있듯이, 도요타가 조직을 컴퍼니제로 바꾼 것은 '전장에 내보낼 리더', '전장에서 이기는 리더'를 뽑기 위해서였다고도 할 수 있다. 전장에 보낼 리더가 정해지고, 그가 오로지 전장에서 이기는 데 에너지를 집중하게 된다면, 그다음에는 어떤 일이 일어날까? 중간 리더를 비롯하여 각 조직에서 중시하는 인재의 성격이 바뀌게 된다.

과거 기능 조직에서 리더는 세계 시장에서 제품으로 승부하는 것보다는 조직의 이익을 보호하고 조직을 관리하는 것이 최우선의 역할이었다. 따라서 그런 부분에 능한 중간 리더를 뽑아야 일하기 편했을 것이다. 하지만 컴퍼니제에서는 사정이 완전히 달라진다. 각각의 컴퍼니 사장들은 자신이 맡은 제품군을 가지고 세계 시장에 나가 싸워야 한다. 그러므로 전장으로 달려나가 싸워 이길 수 있는 중간 리더와 실무자들을 발굴하고 키우게 될 것이다. 각 컴퍼니의 사장과 중간 리더들은 제품을 기획하고, 만들고, 나가 파는 데 뛰어난 능력을 발휘할 수 있는 사람을 발탁할 것이다. 그리고 위험을 감수하고라도 도전하고 부딪쳐 결과를 만들어내는 사람을 원하게 될 것이다. 도요타의 의도는 이런 과정을 통해 자연스럽게 긴장감과 효율, 규율이 좀더 효과적으로 작동하는 조직을 만들겠다는 것이었다.

물론 도요타의 실험에 대한 우려도 있다. 컴퍼니제가 잘못 활용되면 컴퍼니 간 출혈 경쟁이나 중복 투자 같은 폐단이 나올 수 있다는 것이다. 그렇게 되면 컴퍼니제를 통해 더 뛰어난 리더를 육성한다는 취지가 무색해질 뿐 아니라, 컴퍼니 사장들끼리 실적 경쟁만 치열해지고 컴퍼니 간 갈등과 책임 전가 등의 문제가 불거질 우려도 있다. 1990년대 소니의 오가 노리오大賀典雄 사장이 컴퍼니제를 전면 도입했다가 회사가 더 어려워진 것이 그 예다. 소니는 당시 실적 부진이 심각해지면서 컴퍼니제를 통해 배수진을 쳤다. 회사의 수익성이 갈수록 악화되자 독립채산제를 적용하는 8개 별도 컴퍼니로 회사를 쪼개 수익을 내겠다는 심산이었다. 그러다 보니 각각의 컴퍼니가 수익을 내 실적을 인정받는 데만 치중했고, 이 때문에 심각한 컴퍼니 이기주의가 발생했다. 돈이 될 만한 부분에 중복 투자가 일어나는데도 컴퍼니 간 협의가 제대로 이뤄지지 않았고, 대규모 집중 투자가 필요한데도 투자가 분산되는 등 결과적으로 효율이 저하되고 이익도 떨어지는 악순환이 반복됐다. 컴퍼니제를 통해 회사를 위기에서 구원해줄 차기 CEO를 찾아내는 데에도 실패했다.

도요타가 장기적 기술개발이나 회사의 발전 계획을 컴퍼니와 별도 조직인 헤드오피스에서 전담하도록 한 것은 이런 문제점을 보완하기 위해서였다. 예컨대 앞으로 30년 뒤에 어떤 자동차기술을 도입할 것인지에 관한 문제 등은 헤드오피스에서 책임을 지고 진행하게 된다. 절차상의 마지막 결정은 아키오 사장이 할 수 있겠지만, 도요타의 특성상 사실상의 결정은 헤드오피스의 부사장급에서 끝난다. 이에 따라 의사결정 과정이 집중화·단순화된다.

컴퍼니제는 원래 독립채산제를 기본으로 한다. 그렇지만 도요타 같은 종합 자동차회사가 각 컴퍼니 단위 수익만 너무 엄밀하게 따지면 대당 마진이 높은 고급차(렉서스)와 상용차(버스·트럭)를 담당하는 컴퍼니는 유리한 반면, 경쟁은 치열하고 대당 마진이 적은 소형차 담당

"조직의 틀을 바꾼다 해도
사람이 성장하지 않으면 아무것도 되지 않는다"
"컴퍼니제를 이끌어갈 '사람'이
얼마나 육성되는가가 성공의 관건"

컴퍼니는 이익을 내기가 어렵다. 이 때문에 소형차 컴퍼니에 배속된 직원들의 동기유발이 어려워질 수 있다. 그래서 도요타는 각 컴퍼니를 완전히 분사하지 않고 사내 컴퍼니 형식으로 움직이게 하면서, 본사 판단에 따라 직원 평가 기준을 달리할 수 있도록 했다. 컴퍼니제의 장점은 취하되 단점은 보완할 수 있도록 시행 이전에 주도면밀한 연구 작업을 거쳤다는 것을 알 수 있다.

7개 컴퍼니가 각 분야에서 최고 경쟁력을 갖춘 존재로 성장하면 도요타는 확실히 지금보다 더 강한 회사가 될 것이다. 그러나 시행 초기이기 때문에 도요타의 컴퍼니제가 성공할지 어떨지는 아직 알 수 없다. 도요타가 컴퍼니제에서 어떤 운영의 묘를 살릴지 지켜볼 필요가 있다. 도요타 스스로도 이번 컴퍼니제를 완결편이 아니라 경쟁력을 높이기 위한 실험 과정으로 여기고 있다. 아키오 사장부터 "이번 조직 개편은 해결책solution이 아니라 기회opportunity"라고 말한 바 있다. 아키오 사장이 30대 때 생산 현장에서 일하던 당시 상사이기도 했던 하야시 난파치林南八 생산기술 총감독은 〈도요게이자이〉와 가진 인터뷰에서 "조직의 틀을 바꾼다 해도 사람이 성장하지 않으면 아무것도 되지 않는다"라며 "결국 이번 컴퍼니제를 이끌어갈 '사람'이 얼마나 육성되는가가 성공의 관건"이라고 말했다.

'리더 선정 실패'의 최소화

앞서 말했듯이 도요타는 단기적 효율을 극대화하기 위해 컴퍼니제를, 장기적 효율을 극대화하기 위해 헤드오피스를 만들었다. 그렇다면 컴퍼니제를 시행하는 것이 왜 뛰어난 리더를 찾아내는 데 효과적이라는 걸까? 지금의 도요타 리더들이 심각한 문제가 있다고 여겨지는 것도 아닌데, 왜 도요타는 조직 전체를 뒤흔들면서까지 차기 CEO와 더 나은 리더를 찾겠다고 하는 걸까?

그것은 도요타가 컴퍼니제 도입을 통해 리더를 양성하고 찾는 것이, 기존의 도요타 인사 시스템 또는 CEO 선정 시스템보다 차기 리더를 양성하는 데 실패할 확률이 더 적다고 생각하기 때문이다.

도요타는 직원 34만 명의 거대한 조직이다. 이런 조직에서는 제아무리 뛰어난 인사 시스템을 갖췄다고 해도 누가 진짜 뛰어난 CEO가 될 것인지, 누가 가장 훌륭한 리더가 될 것인지에 대해 실패 확률을 줄이기가 쉽지 않다. 문제를 일으키지 않을 만한 CEO를 뽑는 것은 크게 어렵지 않을 수도 있다. 그러나 누가 기업에 새로운 바람을 일으켜줄지, 누가 기업을 살리고 올바른 길로 인도하는 영웅이 될지는 인사부가 알 수 있는 것이 아니다. 외부 인사나 선정위원회 위원, 사내 원로라고 해서 확신할 수 있는 것도 아니다. 어떤 직원이 리더가 될 수 있을지를 업무를 통해 다각도로 평가할 방법이 존재하지 않는 다면, 결국 인상평가가 되기 쉽다. 평가자 주변의 인물들이 피평가자에 대해 어떤 인상을 갖고 있는지의 문제로 귀결되는 것이다. 결국 리더는 많은 일을 맡아 수행하고, 현장에서 부딪쳐 스스로를 증명하지 않고는 드러나지 않는다.

기존 조직으로도 지금까지 충분히 성공을 거둬온 도요다는 전 세계 자동차회사 가운데 처음으로 컴퍼니제라는 이질적 조직체계를 도입하면서까지 컴퍼니 사장과 많은 중간 리더를 만들었다. 이는 사내에 책임과 권한을 가진 자리를 더 많이 만들어 단순한 업무 평가에 비해 훨씬 다면적이고 입체적으로 실력을 검증해보겠다는 얘기다. 도요타는 인상평가의 여지가 줄어들도록, 직원들이 현장에서 부딪치고 싸우면서 숨은 실력을 발휘할 수 있는 판을 기존보다 더 크게 만들어주고자 한다. 판단할 근거가 많이 만들어질수록 인상평가나 부정이 개입될 여지가 줄어들 것이기 때문이다.

케이팝의 오디션 시스템을 예로 들어보자. 참가자들은 다른 모든 참가자와 최고 전문가로 구성된 평가단에 완전히 공개된 채, 오로지 자기 실력만으로 무대에 서서 실력을 입증해야 한다. 이런 환경에서는 실력 이외에 다른 부분이 개입될 여지가 거의 없다. 반대로 조직 내에서 개인의 능력이 잘 드러나기 어렵고, 평가도 폐쇄적으로 이뤄지는 시스템을 생각해보자. 이런 경우라면 실력 이외의 요소가 개입될 여지가 많아진다. 평가자 입장에서도 조직원들이 다양한 현장에서

도요타는 인상평가의 여지가 줄어들도록,
직원들이 현장에서 부딪치고 싸우면서
숨은 실력을 발휘할 수 있는 판을
기존보다 더 크게 만들어주고자 한다.

부딪치며 결과를 낸 평가 근거가 많지 않아 공정하게 평가하는 데 어려움을 겪을 수 있다.

그래서 도요타는 컴퍼니제를 도입해 각각의 컴퍼니를 독립시키고, 그 컴퍼니에 여러 명의 소사장을 내세워 실적을 기반으로 자신들의 능력을 스스로 입증하도록 한 것이다. 이들은 자신이 맡은 컴퍼니의 조직관리, 제품개발, 생산, 홍보 등 모든 분야를 스스로 책임지고 외부에 알리고 평가받게 된다. 아키오 사장은 컴퍼니에 대해 "무엇이 중요한지 무엇이 중요하지 않은지를 컴퍼니 스스로 찾아야 한다"고 말했다. 본사의 지시를 구할 필요가 없고, 컴퍼니를 이끄는 사장 스스로 일을 찾아야 한다는 얘기다.

이런 과정을 거치지 않고 도요타가 CEO 후보군을 육성하려고 한다면, 실제로 어떤 후보가 CEO가 됐을 때 일어날 변수를 제대로 체크하기가 어려워진다. 차량개발에서 최고였던 임원이 대외 커뮤니케이션에 실패할 수도 있고, 중간 과정의 관리 능력이 뛰어났던 임원이 최종 결정에서 약점을 드러낼 수도 있기 때문이다. 그러나 7개의 사내 컴퍼니를 만들고 소사장을 임명해 각 회사가 모든 업무를 스스로 추진하게 해보면, 사장으로서의 실력이 저절로 드러나게 된다.

이를 보면, 도요타가 리더 후보들을 제대로 평가할 수 있는 시스템을 만들기 위해 얼마나 고심해왔는지 알 수 있다. 뛰어난 평가 방식이 뛰어난 리더를 만드는 것이다. 반대로 어떤 기업에서는 리더 선정 작업이 평가자 개인 의견이나 평가자에 대한 인상 등에 기반해 단기간에 이뤄지는 경우도 있다. 누가 리더로 뽑히느냐에 따라 회사의 운명이 달라질 수 있는 것에 비해, 그 선정 작업이나 방식에 그만큼 심혈을 기울이고 있는지 생각해볼 일이다.

도요타가 컴퍼니제로 바꾼 뒤에 각 컴퍼니의 사장으로 내세운 이들은 일단 차기 사장 후보군이라고 할 수 있다. 도요타는 7개 컴퍼니 사장에 전무급을 기용했는데, 여기엔 이들에게 경영자 경험을 쌓게 한 뒤 이 가운데서 차기 사장을 뽑겠다는 의도가 담겨 있다. 2009년부터 도요타를 이끌고 있는 도요다 아키오 사장은 이미 "내 후계자는 절대 도요다 성을 가진 사람은 아닐 것"이라며 차기 CEO가 전문경영인이 될 것임을 시사한 적이 있다. 도요타는 이번 조직 개편에서 7개의 컴퍼니 사장을 홍보하는 데 주력하고 있다. 이들의 얼굴을 대외적으로도 알려 실제 한 회사의 CEO처럼 도요타그룹의 스타 경영자로 만들겠다는 것이다.

7개 컴퍼니 중 완성차를 만드는 4개 회사, 즉 고급차(렉서스) 컴퍼니에는 후쿠이치 도쿠오複市得雄 전무, 중·대형차 컴퍼니에는 요시다 모리타카吉田守孝 전무, 소형차 컴퍼니에는 미야우치 가즈히로宮内一公

차기 CEO는 이들 부서장 가운데 나온다

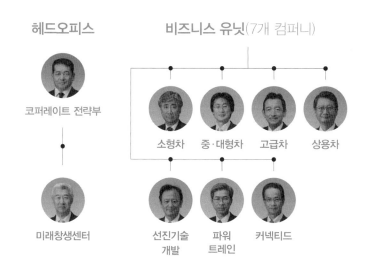

헤드오피스

비즈니스 유닛(7개 컴퍼니)

코퍼레이트 전략부

소형차　중·대형차　고급차　상용차

미래창생센터

선진기술
개발　파워
트레인　커넥티드

전무, 상용차 컴퍼니에는 마스이 게이지^{增井敬二} 전무가 각각 사장에 임명됐다. 나머지 3개 개발 컴퍼니를 보면 파워트레인 컴퍼니에 미즈시마 도시유키^{水島壽之} 전무, 선진기술개발 컴퍼니에는 이세 기요타카 ^{伊勢清貴} 전무, 커넥티드 컴퍼니에는 도모야마 시게키^{友山茂樹} 전무가 각각 사장에 임명됐다. 앞으로 도요타가 어떤 식으로 움직여갈지 알고 싶다면 이들 7명의 이름을 기억하고, 이들이 어떤 일을 성취해나가는지 지켜보면 크게 도움이 될 것이다.

　일본 〈주니치신문^{中日新聞}〉에 따르면, 아키오 사장은 "컴퍼니제가 2016년 4월에 시행되기는 했지만, 후속 조직 인사가 모두 끝나는 것은 2017년 1월이기 때문에 각 컴퍼니의 성과를 지켜보려면 몇 년 정도는 걸릴 것"이라고 말했다. 이는 2015년 3월 도요타의 '더 좋은 차 만들기' 중간발표에서 도요타의 연구개발 총괄이던 가토 부사장이 "2020년까지 도요타가 만드는 신차 가운데 50%는 새로운 자동차 설계 방법인 TNGA가 적용될 것"이라고 말한 것과 큰 관련이 있다. 컴퍼니제 사장들의 성과가 나타나는 시기와 TNGA가 도요타자동차 개발의 중심으로 자리 잡는 시기가 대략 겹치는 것이다. 따라서 각 컴퍼니 사장 중에서 차기 CEO를 선정할지 등을 포함해 도요타 신체제 개편에 대한 중간평가는 2020년쯤에 이뤄질 것으로 예상된다.

물론 도요타의 차기 사장은 지금의 컴퍼니 사장보다 더 젊은, 차세대에서 나올 가능성도 있다. 아키오 사장은 2016년 5월 11일 회사 실적발표회에서 컴퍼니제를 통한 차기 CEO 선정에 대한 질문을 받고 "자동차 개발·제조 부문이라면 컴퍼니제의 사장, 지역별 글로벌 판매·영업 쪽이라면 제1 도요타(선진국 중심)와 제2 도요타(신흥국 중심)의 사장 중에서 나올 가능성이 있다"고 답했다. 그러면서도 "반드시 그 안에서만은 아니고 지금의 부·차장급도 대상이 될 수 있지 않을까 생각한다"고 여운을 남겼다. 도요타의 부장급은 차량개발의 전권을 가진 수석 엔지니어CE, Chief Engineer를 맡기도 하기 때문에 충분히 가능성이 있는 얘기다.

도요다 아키오는 2016년까지 7년간 사장으로 재임했다. 역대 창업가문 출신으로는 창업자인 기이치로가 9년, 도요타를 글로벌 기업으로 이끈 에이지豊田英二가 15년, 아키오의 아버지 쇼이치로豊田章一郎가 10년간 사장직을 지켰다. 아키오 사장이 앞으로 2~3년 내에 자리를 물려준다면, 현재의 컴퍼니 사장 또는 컴퍼니 사장 바로 밑의 리더 가운데 후임이 정해질 가능성이 커 보인다. 그러나 아키오의 재임기간이 10년을 넘어간다면, 현재의 부·차장급이 사장으로 발탁되는 깜짝 인사가 일어나지 말라는 법도 없다. 현재 컴퍼니제 사장 7명의 나이는 2016년 기준으로 최연소자도 쉰일곱 살이고 최연장자는 예순네 살로, 예순 살인 아키오 사장과 동년배이기 때문이다.

현재의 컴퍼니 사장들은 도요타 최고의 백전노장들이다. 조직을 심하게 뜯어고쳤기 때문에, 새 조직의 수장 인사는 일단 안정감을 고려했다고 볼 수 있다. 그러나 장기적으로는 컴퍼니제의 사장 임명에도 변화가 일어날 수 있다. 성과가 좋다면 70대까지 현직에 있는 사장이 나올 수도 있고, 40대나 50대 초반의 컴퍼니제 사장이 나올 수도 있다는 얘기다.

삼성전자 등 타 업종의
리더 육성법까지 흡수

도요타가 컴퍼니제를 도입한 것에 대해 세계 자동차 업계는 일단 놀라워하면서 이후 결과를 지켜보겠다는 분위기다. 컴퍼니제는 보통 전자업체 등에서 주로 활용되고, 자동차회사와는 잘 맞지 않는다는 것이 일반적 시각이기 때문이다. 자동차회사에는 엔진·변속기, 디자인, 생산, 설계 등 각각의 강력한 기능 조직이 존재한다. 따라서 이를 별도 회사로 독립시켜 재배치하는 것은 여간한 조직력이 아니고서는 효과를 내기 어렵다. 그럼에도 도요타가 컴퍼니제를 단행한 것은 컴퍼니제를 통해 도요타의 대기업병을 치유하는 효과가 컴퍼니제 도입에 따른 위험 부담보다 훨씬 더 크다고 판단했기 때문으로 보인다.

그럼 도요타의 컴퍼니제는 구체적으로 어떻게 만들어졌을까? 다양한 업종과 과거 사례를 참고한 것으로 보이지만, 가장 크게 참고한 분야는 전자 업계인 듯하다. 우선은 소니의 실패 사례를 철저히 연구했다. 도요타는 4개의 완성차 컴퍼니와 3개의 개발 컴퍼니, 이를 지원해주는 본사 조직 등을 유기적으로 구성해 중복 투자나 출혈 경쟁을 지양하게 했다. 이는 소니가 경험한 컴퍼니제의 단점을 완전히 배제하겠다는 의도로 보인다.

이미 컴퍼니제를 시행 중인 한국의 전자 업계도 도요타의 중요한 벤치마킹 대상이었다. 삼성전자와 LG전자 등의 모바일·반도체·가전·컴퓨터 부문 등 각 사업부는 도요타가 2016년 신체제를 통해 선보인 컴퍼니와 비슷한 개념이라고 볼 수 있다. 도요타는 2000년 이후 삼성전자와 LG전자가 일본 가전 업계와의 경쟁에서 어떻게 승리를 거뒀는지 조직체계와 의사결정구조의 관점에서 깊이 연구했다. 지난 7~8년간 도요타의 본사 생산·기획 담당 임원들은 한국에 도요타 생산방식TPS, Toyota Production System을 전파한다는 명목으로 한국 산업 현장을 수시로 방문했는데, 이를 계기로 한국의 전자 업계를 집중적으로 훑었다.

도요타가 LG전자의 시스템을 파악하기는 쉬웠다. LG는 TPS를 전수받겠다는 쪽이어서 도요타와 직접 교류가 많았기 때문이다. 특히 LG전자의 가전 부문인 창원 공장은 도요타 최고 경영진에게도 깊은 인상을 남겼다. 도요타의 조 후지오 회장은 2008년 5월 LG전자 창원 공장을 방문해 직원들의 열정과 경영진의 혁신 노력에 감탄

하며 "도요타보다 뛰어나다"고 말하기도 했다.

도요타가 특히 배우고자 한 것은 삼성전자였다. 삼성전자는 직접 조사하기가 쉽지 않았기 때문에, 한국의 외부 전문가들이나 업계 관계자를 통해 삼성전자만의 강점을 연구해나갔다. 특히 2007년 애플이 아이폰을 처음 출시한 이후 모바일폰의 절대 강자이던 노키아가 속절없이 무너진 데 비해, 심각한 위기에 처했던 삼성전자가 빠르게 전세를 뒤엎고 세계 시장을 제패하게 된 이유를 조직과 의사결정의 관점에서 깊이 분석했다. 특히 이런 놀라운 실적이 단기간에 가능했던 이유를 강인한 리더십과 조직원에 대한 동기부여 측면에서 자세히 분석했다.

그런데 업종의 차이를 떠나 도요타의 컴퍼니제가 삼성전자의 사업부제에 비해 차기 리더를 뽑는다는 측면에서 더 혁신적인 이유가 있다. 창업가문 3세인 아키오 현 사장의 후임은 전문경영인이 될 것이라고, 아키오 사장 스스로 못을 박았기 때문이다. 삼성전자의 CEO도 전문경영인이긴 하지만 그 위에 창업가문 출신이 부회장으로 존재한다. 이에 반해 아키오 사장은 "다음 CEO는 여러분 가운데 나올 겁니다. 그러니 도요타의 차기 CEO를 향해 도전하세요"라고 말했다. 컴퍼니제를 통해 현장에서 싸워 이기는 리더를 많이 육성하고, 이 가운데에서 차기 CEO까지 뽑겠다는 얘기다.

2

리더의 반성—
거인의 어깨 위에 올라탄
난쟁이의 자각

　　　　　　　　　"우리는 거인의 어깨 위에 있는
난쟁이들과 같기 때문에 거인보다 더 많이, 그리고 더 멀리 있는 사
물을 볼 수 있다. 그러나 이는 우리 시력이 좋기 때문도 아니고, 우리
신체가 뛰어나기 때문도 아니다. 거인의 거대한 몸집이 우리를 들어
올려 높은 위치에 싣고 있기 때문이다."

　　12세기 영국의 정치 이론가 존 솔즈베리가 한 말이다. 여기에서
'거인'이란 선대先代의 많은 위인들이 쌓아 올린 지식과 지혜라고 할
수 있을 것이다.

　　많은 리더가 자신을 거인이라고 착각한다. 기업과 사회의 구성원
들도 이런 착각에 빠져 있다. 산업화된 한국은 그 이전 세대가 일궈낸
노력의 결과이며, 이전 세대의 노력 또한 그때까지 한국에 축적돼온

긍정적 혹은 부정적 환경의 산물이다. 엄밀히 말해 그것은 현재의 우리가 잘해서 얻어진 결과가 아닌 것이다.

도요타의 리더들은 자신들이 거인이 아니라는 점을 냉철하게 인식하고 있다. 도요타는 세계 최대 자동차회사이자 일본 최대 기업이며, 2015년에 30조 원의 영업이익을 기록한 초우량 기업이다. 그러나 도요타의 리더들은 자신들이 '거인의 어깨 위에 올라탄 난쟁이'일 수 있다는 사실을 잊지 않는다. 가장 잘나가는 순간에 조직 전체를 뜯어고치는 제2의 창업에 나설 수 있는 것도 이런 자각이 있기 때문이라고 할 수 있다.

2014년, 일본에서 〈리더스Leaders〉라는 TV 드라마가 방영된 적이 있다. 도요타자동차 창업자인 도요다 기이치로를 모델로 하여 자동차 국산화를 위해 모든 노력을 다한 창업자와 직원들의 고뇌와 열정을 담았다. 도요다 아키오 사장은 시사회 도중 눈물을 흘리기도 했다고 한다. 시청률은 도쿄 일대에서 최고 15.4%, 도요타의 근거지인 나고야에서는 22.2%까지 올랐다. TV 인기 드라마도 시청률 10% 넘기기가 쉽지 않다는 일본 분위기를 고려하면 대단한 성과였다. 그런데 여기에서 주목할 것은 드라마의 제목이 '리더'가 아니라 복수형 '리더스'였다는 점이다. 아키오 사장은 이 복수형의 의미를 강조했다고 한다. 즉 창업자인 도요다 기이치로가 혼자 도요타를 일으킨 것이 아니라, 수많은 리더와 함께 회사를 키워나갔다는 것이다. 과거 창업자 이외에 많은 종업원 출신의 리더가 지금의 도요타를 있게 했다는 점을 깨달아야 한다고 강조한 것이다.

이것이 한국 기업의 리더들에게 주는 메시지는 무엇일까. 지금 회사가 내는 성과는 선배들이 일궈낸 결과의 기반 위에 있는 것이기 때문에, 현상 유지만 하는 것은 사실상 아무것도 하지 않는 것이나 다름없다는 뜻이다. 후대를 위해 성장의 기회를 만드는 일을 도외시한다면, 직원과 조직과 사회에 대한 직무유기일 수 있다는 얘기다. 과거 선배들의 노력으로 지금의 한국이 있는 것과 마찬가지로, 지금의 리더들은 다음 세대가 더 높은 위치에서 세상을 볼 수 있도록 더욱 노력하고 고민하여 더 나은 무엇을 만들어내야 한다는 얘기다.

한국은 산업화를 통해 지금의 준準선진국 지위에 올랐다. 그러나 산업화의 주역들은 사라져 가고, 생산자의 평균 연령도 높아져 가고 있다. 설비도 노후화되기 때문에 유지보수 비용은 점점 높아진다. 따라서 지금 아무것도 하지 않으면서 과거 선배들이 만들어놓은 경쟁력을 그대로 유지하기란 절대 불가능하다. 선진국처럼 날이 갈수록 모든 것에 대한 비용이 올라갈 것이다. 따라서 비용을 낮추고 효율을 높이기 위해 끊임없이 고민하고 노력하고 장기적인 계획을 세워야 한다. 그러지 않으면 지금의 지위를 유지하기도 어려워질 것이다. 왜냐하면 도요타처럼 지금도 잘나가는 저 바깥의 기업들이 끊임없는 자기 혁신을 통해 경쟁력을 높여갈 것이기 때문이다. 아무것도 하지 않으면 퇴보한다. 사실 우리는 거인의 어깨 위에 올라탄 난쟁이인 것이다.

과거 리더의 통합적 능력을
재현한다

도요타에 관한 많은 이야기 중 하나다. 아주 먼 훗날, 세상이 사라지고 도요타 본사가 있던 곳도 흔적만 남게 됐다. 이후 외계인들이 찾아와 땅을 파보고는 이렇게 추정한다. "이곳에 종이와 관련된 회사가 있었을 거야". 그만큼 도요타는 자료와 매뉴얼을 소중히 여기는 회사라는 우스갯소리다. 지난 80년 역사에서 그들이 배운 것, 실패한 것, 개선한 것 등에 대해 기록하고 이를 후대에 전하는 일은 도요타의 중요한 업무였다.

그런데 회사 규모가 점점 커지고 매뉴얼이 쌓이면서, 매뉴얼의 내용을 보존하고 전하는 일 자체를 감당하기가 어려워졌다. 조직이 너무 세분화되고 관료화되면서, 매뉴얼 내용을 전체적으로 소화해 활용할 수 있는 사람도 줄어들었다. 도요타가 2008~2009년 1,000만 대 리콜 사건으로 큰 위기를 겪은 것도 매뉴얼에 의존하는 문화, 관료화된 조직 문화 때문이었다.

2016년 4월에 신체제 개편을 통해 컴퍼니제를 단행한 것도 매뉴얼대로만 하려고 하는 분위기, 도전하는 것보다 문제를 일으키지 않는 것을 더 중시하는 조직 문화를 무너뜨리기 위해서라고 할 수 있다. 컴퍼니제 등을 통해 실무에서 스스로 능력을 검증받아 올라서는 리더를 키워보자는 것이다. 과거 일본의 뛰어난 리더들이 성장하게 된 환경을 다시 만들어보자는 것이다.

과거 뛰어난 창업가 곁에는 뛰어난 전문경영인들이 존재했다. 도요타의 예만 봐도 도요다 기이치로, 도요다 에이지 등의 전설적 오너 경영자와 함께 오노 다이이치大野耐一, 가미야 쇼타로神谷正太郎 같은 이들이 있었다. 오노 다이이치는 도요타 경쟁력의 정수라 불리는 도요타생산방식을 집대성한 인물로, 도요타가 가진 강한 현장력의 원류라고 할 수 있다. 판매의 신神으로 불리는 가미야 쇼타로는 일본에 현대적 딜러(판매대행회사) 시스템을 정립했다. 딜러들이 돈을 벌고 행복해야 좋은 고객서비스가 가능해지고, 좋은 고객서비스가 반복되면 차가 더 많이 팔려 결국 생산자인 도요타도 더 번성하게 된다는 것이었다. 가미야의 노력 덕분에 '판매의 도요타'라는 말까지 생겨날 정도였다.

혼다도 마찬가지다. 혼다 소이치로本田宗一郎라는 창업자 옆에 후지사와 다케오藤澤武夫라는 뛰어난 관리자가 존재했으며, 기술 부문에서도 구메 다다시久米是志라는 인물이 존재했다. 후지사와는 혼다라는 다소 기벽이 있는 천재가 뜻을 펼칠 수 있도록 회사 재정을 도맡아 창업주를 보필했다. 혼다의 3대 사장을 맡기도 했던 구메 다다시는 CVCCCompound Vortex Controlled Combustion (복합와류연소) 엔진을 완성해 혼다 시빅이 미국에서 저공해 자동차로 이름을 떨치며 큰 인기를 모을 수 있도록 한 주인공이다. 그는 혼다의 기술혼이 무엇인지를 세계에 알리고 이를 혼다의 조직 문화에 스며들게 했다.

이들의 특징은 회사 설립 초창기에 창업자와 함께하면서, 사실상 회사 전반의 과정을 경험하며 올라갔다는 것이다. 처음부터 온갖 문제와 부딪치고 이를 해결하기 위해 회사 내 모든 부분의 전문가들과 노력하는 과정에서, 회사 전체를 들여다볼 수 있는 안목과 실행력을 갖춘 인물들이다.

그러나 도요타의 리더 혹은 앞으로 리더로 육성될 인재들은 과거 리더들처럼 회사 일 전반을 초기 단계에서부터 경험하고 해결해나가는 과정을 거치기가 어려웠다. 조직이 워낙 거대하고, 기능 조직이라는 큰 업무 구분이 존재하기 때문이었다.

아키오 사장이 2009년 취임 이후 세계적 금융 위기·대량 리콜·엔고·동일본 대지진 등 온갖 악재를 뚫고 회사를 부활시키고, 2015년 사상 최대 이익까지 냈으면서도 계속 고민한 부분이 바로 이것이었다. 어렵게 부활하기는 했지만 도요타의 대기업병, 관료적 문화를 없애지 않고는 이 이상의 도약은 어렵다고 봤다. 일본 시청자를 감동시켰던 〈리더스〉의 주인공들이 도요타에서 더는 나올 수 없는 것 아니냐는 위기의식에 휩싸였다.

그래서 현재의 리더나 리더 후보들이 과거의 리더들처럼 초기 단계에서부터 회사 일 전반을 경험하면서 시스템을 파악하고 종합적인 문제 해결 능력을 쌓아나가도록 조직체계를 뜯어고친 것이다. 컴퍼니의 사장은 과거 리더들처럼 모든 일을 들여다보고 조정하고 결정하고 실행해야 한다. 컴퍼니 사장 아래에 있는 수많은 중간 리더와 직원들 역시 이전의 기능 조직 안에 있었을 때와 달리, 자신들이 직접 권한을 위임받아 문제를 해결해야 한다. 도요타는 컴퍼니제를 통해 좀 더 다양한 문제에 직접 부딪쳐 종합적인 문제 해결 능력을 얻을 수 있는 환경을 만듦으로써, 더 능동적이고 적극적이고 의지력 있는 리더들이 생겨날 확률을 높이고자 했다.

'잃어버린 20년'의 실패한 리더들,
한국에서 재현되나

리더 육성이라는 문제에서 한국 사회가 과거 일본의 '잃어버린 20년'과 같은 실패를 되풀이하고 있다는 지적도 있다. 1990년대 이후 최근까지 일본에서는 문제를 일으키지 않는 리더, 조직에 변화를 일으키기보다는 조직을 잘 다독거릴 수 있는 리더가 사장에 오르는 경우가 많았다. 직급이 오를수록 '무능의 레벨'이 계속 쌓여, 최종적으로 사장이 되면 아무것도 하지 않고 할 수도 없는 '무능의 최고 지위'에 오른다는 우스갯소리도 있다.

어떤 회사는 회사 내에 여러 파벌이 있는 경우, 파벌을 타파하고 실력주의로 인재를 등용하는 대신 주요 파벌이 돌아가면서 1년씩 사장을 맡는 식으로 문제를 해결하기도 한다. 조직 내에서 각자의 이익을 훼손하지 않는 가장 무난한 방법이라는 논리다. 이는 소비자보다는 조직의 안정이 최선으로 간주된 것이며, 어렵고 도전하는 길은 피하고 쉽고 타협하는 길을 택한 것이다.

물론 조직이 어떤 경쟁이나 변화 환경에도 노출되지 않고 현상 유지를 할 수 있는 상황이라면, 이것도 방법일 수 있다. 문제는 세상의 어떤 조직도 그게 불가능하다는 것이다. 아무 문제도 일으키지 않는 리더는 달리 말해 아무것도 하지 않는 리더다. 이런 리더는 무능할 뿐 아니라 기업의 미래 성장에 해악을 끼치는 존재다. 일본에서도 과거에 이러한 리더들이 회사의 경쟁력을 좀먹고 문제를 키웠다.

한국 역시 예외가 아니며, 그런 부조리가 현재도 이어지고 있다.

문제를 해결하는 대신, 조직과 조직원의 눈에 보이는 이익만 챙기면서 부실을 은폐해온 기업의 대표 사례를 우리는 지켜보고 있다. 2016년 8월 대우조선해양 비리를 수사 중인 검찰에 따르면, 현 경영진마저 1,200억 원에 달하는 회계 조작을 벌였다. 검찰은 이미 대우조선이 지난 10년간 5조 원이 넘는 분식 회계를 저지른 사실을 확인하고 전임 사장들을 구속했다. 그런데 현 경영진까지 잘못된 관행을 고치기는커녕 실적 조작을 되풀이한 것이다. 이 회사는 2015년까지 최근 수년간 임직원에게 수천억 원대 성과급 잔치까지 벌였다. 그런데도 정부와 대우조선 대주주인 산업은행은 눈덩이처럼 불어난 부실을 메워주느라 2015년 10월 4조 원을 지원하기로 했다. 대우조선해양은 한국 제조업 신화의 중요한 축을 이루며 세계 최고의 조선산업을 일구는 데 중추적 역할을 한 기업이다. 하지만 이제는 성장동력을 잃어버린 것은 물론, 국가와 사회에 큰 짐이 된 것이다.

대우조선해양의 리더들은 단기적 성과에만 골몰하고, 장기적으로 회사가 성장하기 위해 무엇을 어떻게 해야 할지 큰 그림을 그리려는 노력은 하지 않았다. 노조의 주장이 불합리하다는 걸 잘 알면서도, 이대로 가면 회사가 도저히 버틸 수 없다는 것을 깨닫고도, 자신의 재임 기간에만 문제가 없으면 된다는 생각에 이를 묵인했다. 현장의 목소리와 직원들의 무한한 가능성을 믿고 개혁에 나서는 대신, 직원들로부터 터져 나오는 당장의 불만을 잠재우기 위해 당근을 주는 데만 신경 썼다.

단지 대우조선해양 리더들만의 문제가 아니다. 이 기업의 무능할 뿐 아니라 부패한 리더들이 어딘가 동떨어진 곳에서 온 인물들이 아

리더를 제대로 세우지 못한다면,
지금 아무리 거대해 보이는 조직이라도
사상누각에 불과하다.

니기 때문이다. 한국의 운명은 앞으로 이런 리더들이 나오지 않도록 할 수 있는가, 문제를 덮는 것이 아니라 해결하고 미래 성장동력을 찾아나가는 리더들을 길러낼 수 있는가에 달려 있다.

왜 대우조선해양 사태 같은 일들이 계속 터져 나오는 걸까? 결국 모든 문제는 하드웨어가 아니라 소프트웨어에서 비롯되기 때문이다. 조선업을 포함해 한국의 모든 제조업은 사람을 모으고, 돈을 모으고, 사업 목적을 세워 이익을 추구하면서 성장해왔다. 기계설비 들여오고, 공장 세우고, 재료 사 와서 물건 만들면 회사가 성립되는 것이라고 보는 하드웨어적인 접근법이었다. 그러나 훌륭한 회사의 조건은 소프트웨어에 있다. 지속적으로 이익을 내고 재생산하고 회사를 돌아가게 하는 것은 조직 구성원의 가치체계와 가치관, 즉 무엇을 중요시하느냐의 문제로 귀결된다. 그것을 만들어내는 사람이 리더인 것이다.

따라서 한국 기업이 리더를 제대로 세우지 못한다면, 지금 아무리 거대해 보이는 조직이라도 사상누각에 불과하다. 기업의 리더로 누가 뽑히고 그들이 어떤 일을 하는가가 중요하다. 결국 조직의 구성원은 그것을 보고 쫓아가게 되어 있으니 말이다.

도요타가 조직을 뜯어고쳐 컴퍼니제를 단행한 것은 좀더 뛰어난 리더를 뽑기 위해서였다. 도요타의 컴퍼니제 그 자체를 따라 하는 것은 핵심이 아니다. 중요한 것은 도요타가 사상 최대 수익을 낸 성공적인 조직을 뜯어고치면서까지 리더 육성에 대해 깊이 고민해온 과정을 생각해봐야 한다는 것이다. 그리고 우리 나름대로 어떻게 훌륭한 리더를 양성해나갈지 그 해법을 찾아야 한다는 것이다.

도요타는 가장 잘나가는 순간에 더 나은 리더를 찾기 위해 조직의 전면 개편이라는 힘들고 어려운 길을 선택했다. 그 길을 택하기 위해 리더의 선택과 육성에 대해 깊이 고민했다. 반면 한국의 기업들은 어떤가? 도요타보다 사정이 나아서 아무것도 하지 않아도 되는 것인가? 그토록 잘나가는 도요타도 뼈를 깎는 변화에 나섰다. 그런데 위기에 처한 한국의 기업들이 리더에 대한 위기의식을 갖지 못한다면, 우리가 과연 기업의 밝은 미래를 기대할 수 있을까?

3

현장 중시

　　도요타에서 현장은 모든 경영자에게 일종의 성역이다. 일본어로 '겐바現場'라고 하는데, 이 단어에는 한국어의 '현장'과 완전한 동일어라고 말하기 어려울 만큼 존중과 신뢰의 마음이 담겨 있다. 겐바의 한자 겐現은 '나타나다, 드러나다'라는 뜻이다. 영어로는 'appear', 'become visible'의 의미다. 다시 말해 현장은 회사의 다양한 문제점과 기풍, 해결방법, 아이디어 등을 보여주는 곳이다.

　　도요타의 주요 자리에 포진한 리더들 역시 자동차 만드는 일을 밑바닥에서부터 해오며 오랜 시간에 걸쳐 성장한 현장형 인재들이 대부분이다. 현장은 회사의 장단점이 여실히 드러나는 곳이지만 현장에 가본다고 해서 누구나 알 수 있는 것은 아니다. 제대로 알아차리려면 오랜 트레이닝과 경험으로 쌓인 지식과 지혜가 필요하다. 도요타의 현장형 리더들은 서류상으로 완벽하게 돌아가는 것처럼 보이게 하는 사람이 아니라 공장에서 직접 현물을 보고 그곳에서 드러나는 문제를 깨닫고 해결해나갈 수 있는 사람을 의미한다. 이것은 절대 당연한 것이 아니다. 자동차회사라고 해도 재무·구매 출신이 리더가 되는 경우도 많으며, 어떤 회사는 CEO를 포함해 다수가 재무 출신으로 이뤄져 있기도 하다.

자동차회사에는 차량의 기획, 설계 등을 포함한 연구개발^{R&D}과 재무·품질·구매 등의 주요 부서가 있다. 자동차산업 역사에서 회사가 흥하는 시기에는 자동차를 만드는 현업 쪽의 리더가 경영진의 다수인 경우가 많았다. 반대로 회사가 정체·쇠퇴하는 시기에는 재무나 구매가 주도권을 잡는 경우가 많았다.

GM은 회사가 망하기 직전까지 오랫동안 자동차를 직접 만드는 부서 대신 재무본부^{treasurer's office} 출신이 CEO에 올랐다. 이들은 생산·판매 등 실무 분야를 거치지 않고도 GM의 노른자위를 독차지했다. 고급 양복에 고급 시계를 차고 다녔고, 고층 빌딩 펜트하우스에서 투자자들과 만나 위스키와 시가를 즐겼다. 생산 현장을 찾아가는 일은 홍보용 사진을 찍을 때 외에는 거의 없었다. 이들은 사석에서 "GM은 망해도 우리는 안 망한다. GM이 망하게 되더라도 우리 없이는 청산 업무를 진행할 수 없기 때문"이라고 공언할 정도로 오만했다. 파산 직전의 CEO였던 릭 왜고너^{Rick Wagoner}와 프리츠 헨더슨^{Fritz Henderson}도 재무본부와 그룹 CFO(최고재무책임자)를 거친 인물들이다.

결국 GM은 2008년 망했다. 흥미로운 것은 '우리는 절대 안 망한다'던 재무 출신들이 일거에 쫓겨났다는 것이다. 이후 GM은 길고 힘든 회생의 길에 올랐는데, 그 과정에서 영웅이 탄생했다. 2013년 메리 바라[Mary Barra] 글로벌 신차개발 담당 부사장이 신임 CEO에 임명된 것이다. 그녀는 세계 자동차산업 역사상 최초의 여성 CEO일 뿐 아니라, GM 최고의 현장 전문가였다. GM 공장에서 고졸 인턴사원으로 시작해 미국 최대 자동차회사의 CEO에까지 오른 입지전적 인물이다.

그녀는 현장을 잘 알기 때문에 어떻게 하면 효율을 높이고 원가를 줄일 수 있는지 잘 알았다. 메리 바라의 모든 지혜는 그녀가 35년간 GM의 거의 모든 현장을 거치며 축적한 경험과 반성의 산물이었다. 그 지혜는 GM의 최근 제품에 그대로 반영되고 있다. 신차의 디자인과 성능, 품질이 점점 좋아지고 있다. 신차 이미지가 좋아지고 판매가 늘기 시작했다. 메리 바라의 자동차 만들기 철학은 아키오 사장이 외치는 '더 좋은 차 만들기'와 전혀 다르지 않다. GM이 다시 올바른 길로 가기 시작한 것이다.

GM 차량의 한국 판매 상황도 바뀌기 시작했다. 최근 GM이 한국에 내놓은 경차인 신형 스파크와 중형 세단 말리부는 디자인·성능·품질 면에서 동급의 국내 경쟁 차종을 제치고 우위를 점하기 시작했다. 특히 GM이 경차 분야에서까지 약진하고 있다는 것이 놀랍다. 1970~80년대 GM은 값싼 일본 소형차가 미국 시장에 물밀듯 들어오자, 아예 소형차 만들기를 포기하고 일본에 시장을 내줬다. 대당 마진이 적은 소형차를 포기하고 중·대형차에만 집중해도 돈 버는 데는 지장이 없다고 판단한 것이다. 그 결과 일본 차에 밀리고 한국 차에 밀려 몰락의 길을 걸어야 했다. 그랬던 GM이 1980년대 말 싼값을 무기로 미국 소형차 시장을 공략했던 나라인 한국 땅에 소형차보다도 작은 경차를 내놔 한국 업체를 이기기 시작한 것이다. 한국GM

의 경차 스파크는 2016년 1~8월 누적으로 5만 2,355대가 팔려 같은 기간 4만 6,137대가 팔린 기아자동차의 모닝을 누르고 국내 경차 판매 1위에 올랐다.

이번에는 독일로 가보자. 독일 자동차회사들은 예전부터 현장형 리더를 중시해왔다. 주요 독일 자동차회사의 CEO나 주요 임원 가운데는 오랫동안 자동차 개발 현장을 거친 인물이 많다. 현장형 리더를 얼마나 중시하는지 보여주는 단적인 사례도 있다. 국내 자동차회사의 한 생산 전문가에 따르면, 독일의 유명한 자동차회사에는 현장에 마이스터(장인)의 마이스터, 즉 킹마이스터들이 있는데 이들은 여든 살까지 일하면서 현장을 지도한다고 한다. 이런 킹마이스터들은 부인과 집에서 아침 먹고 회사에 나와 강의하고 지도해주고, 점심 먹고 저녁이 되기 전에 퇴근해 다시 개인생활을 즐긴다. 이들은 현장의 마이스터들도 해결하지 못하는 매우 어렵고 복잡한 문제를 함께 풀고, 위기 때마다 돌파구를 찾아내며 필요한 조언을 한다. 이런 문화는 젊은 현장 기술직들에게 큰 동기부여가 된다. 자신도 열심히 일하면 나중에 여든 살까지 회사에서 존경받으며 기술직 리더로 일할 수 있다는 희망을 갖게 해주기 때문이다. 그만큼 현장 인력이 존중받는 문화에서만 가능한 얘기다.

이것이 의미하는 바는 무엇일까? 한국이 과거 미국 등이 저지른 실수를 따라 한다면, 즉 현장을 멀리한 리더들이 CEO가 되는 경우가 많아진다면, 일본은 물론 미국에까지 밀리는 상황이 올 수 있다는 얘기다. 도요타는 '약한 본사, 강한 현장'이라는 말이 있을 만큼 현장의 능력이 강한 데 비해 본사의 리더십이 상대적으로 약했다는 평을 들

도요타는 '약한 본사, 강한 현장'이라는
말이 있을 만큼 현장의 능력이 강한 데 비해
본사의 리더십이 상대적으로
약했다는 평을 듣던 시절도 있었다.
그러나 최근 전사 조직을 개편하면서
본사의 능력까지 깅해지고 있다.

던 시절도 있었다. 그러나 최근 아키오 사장 주도로 전사 조직을 개편하면서 본사의 능력까지 강해지고 있다. 오랫동안 재무 출신이 득세하면서 현장의 능력이 약화됐던 GM은 메리 바라가 CEO가 된 이후 현장이 강화됐고, 이를 기반으로 제품 경쟁력이 무섭게 좋아지고 있다. 반면 국내에서는 과거에 비해 상당수 기업의 경영진이 현장에서 멀어지는 경향을 보인다. 현장을 오랫동안 경험하며 올라온 리더가 줄고 재무 출신, 컨설턴트 출신 등이 실권을 잡는 경우가 늘어나고 있다.

일본 경제를 이야기할 때 흔히 '잃어버린 20년'이라고 하지만, 한국이 그보다 상황이 나은 건 아니다. 짧게는 10년, 길게는 20년에 걸쳐 '잃어버린 현장'의 시간을 보내왔기 때문이다. 물론 한국에도 건전한 공장이 없진 않다. 하지만 대부분이 본사와 연구소, 나아가 고객과 동떨어진 채로 운영된다. 그러면서 발전은커녕 나날이 퇴화되어가고 있다. 업계에 따르면, 현대자동차에서 은퇴하거나 경질된 임직원 가운데 구매·품질·정비 할 것 없이 100명이 넘는 고급 인력이 중국 완성차·부품업체에 가 있다고 한다. 한국에서는 이들의 경험을 존중하거나 써주는 곳이 많지 않고, 회사에서 명예롭게 내보낸 것도 아니니 중국 간다고 탓할 일도 아니다. 오히려 이들의 오랜 경험이 한국의 현장 대신 중국의 현장을 키우는 데 쓰인다는 사실이 안타까울 뿐이다. 전문가들은 자동차 설계·생산기술에서도 중국이 한국을 완전히 따라잡을 날이 얼마 남지 않았다고 입을 모은다. 현장을 중시하지 않고, 현장을 아는 리더를 존중하지 않는다면 한국 업계 전반에서 이런 경향은 더 심해질 것이다.

도요타 수뇌부는 현장형 리더

도요타는 원래부터 현장 중심 조직이었다. 그러나 '현장을 중시한다'는 말에는 여러 의미가 담겨 있다. 회사가 현장을 중시한다고 말은 하면서 현장을 잘 모르는 인물을 리더로 임명한다면, 현장 중시는 립서비스에 불과한 것으로 여겨질 것이다. 따라서 현장을 중시하기 위해서는 현장을 잘 아는 리더가 반드시 주요 자리에 있어야 한다.

도요타의 신체제 개편에서 나타난 중요 특징 중 하나가 자동차를 직접 만들어본 사람을 중용했다는 것이다. 도요타가 79년의 역사 동안 현장을 강조하지 않은 적은 한 번도 없었지만, 그간 리더들의 면면으로 볼 때 그 깊이는 시대에 따라 달랐다. 도요타에서는 이번 신체제 개편에 앞서 자동차를 직접 만드는 데 관여하는 고위 임원들의 인사를 단행했다. 격변이라 할 만큼 많은 이동이 있었다. 핵심은 현장 능력이었다. 현장에서 인정받고 성장해온 인물들이 많았다. 그와 함께 리더로서 비전을 보여주고 종합적 판단 능력을 갖춘 인물들이 대거 부상했다.

구체적으로 얘기하면, 수석 엔지니어^{CE} 출신, 즉 자동차를 기획 단계부터 개발·생산·판매까지 모두 경험해본 이들이 핵심 임원에 많이 포진했다. 예컨대 미래창생센터는 본사 차원에서 외부와 제휴해 미래 기술이나 비즈니스를 창조하는 역할을 한다. 이곳 센터장을 맡은 가토 미쓰히사 부사장은 글로벌 전략 준중형차 코롤라의 CE를 16년이나 맡았던, 도요타를 대표하는 현장통이다. 그리고 코퍼레이트 전략부는 전사적 관점에서 조직 최적화 전략을 세우는 역할을 한다. 이 부서를 책임지는 데라시 시게키寺師茂樹 부사장은 도요타를 대표하는 대형 세단인 크라운의 CE였다. 또 4개 완성차 컴퍼니 가운데에서도 연간 판매량 500만 대로 가장 비중이 큰 중·대형차 컴퍼니의 요시다 모리타카吉田守孝 사장(본사 기준 직급은 전무)은 도요타의 고급차 브랜드인 렉서스의 CE였다. 신체제의 핵심 리더들인 이들 3명은 자동차 만들기에서 가장 뛰어난 종합적 지식과 경험을 가진 인물들이라 할 수 있다.

도요타의 이러한 인사는 당연한 것이 아니다. 자동차회사 리더들 가운데는 자동차에 대한 진짜 지식이나 경험이 없는 이들도 많다. 대개 자동차회사 리더들은 '내가 차에 대해 다 안다'고 말한다. 그러나

CE처럼 진짜 자동차 만들기의 업무를 맡아본 적이 없는 리더는 자동차회사의 업무 전반을 장악하기가 어려울 수 있다. 업무를 제대로 장악하지 못하는 리더의 특징 중 하나는 지시가 구체적이지 않다는 것이다. 지시의 정확한 방향이 무엇인지 이해하기 어려운 경우도 많다. 또 질문이 많지 않다. 현장에서 질문을 많이 했다가는 자신의 얕은 지식수준이 다 드러나기 때문이다. 무엇이 문제인지, 무엇을 물어야 하는지 모르기 때문에 질문하기가 어렵다. 업무를 장악하지 못하면 스스로 명확한 방향을 세워 목표를 제시하기가 어려워지고, 자신의 확실한 의견이 없기 때문에 질문도 하지 못하는 것이다.

반면 현장에 강한 리더는 업무를 완벽하게 장악하고, 특히 일의 '맥脈'을 정확히 꿰뚫는다. 그래서 몇 가지 질문만으로도 현장이 제대로인지 아닌지 판별하고, 훌륭한 직원을 발탁하여 육성하고, 현장을 빛나게 할 수 있다. 노력하지 않고 공부하지 않는 직원도 금방 찾아낼 수 있다.

현장을 꿰뚫지 못하는 리더는 현장에 득이 되지 못하고 오히려 해를 끼친다. 현장을 힘들게 하고 조직의 의욕을 무너뜨린다. 직원의 능력을 제대로 꿰뚫을 수 없기 때문에 인사를 할 때에도 인상평가나 친소 관계에 지나치게 의존할 우려가 있다. 오히려 현장을 잘 아는 중간 리더들을 배제하기 십상이다. 그런 중간 리더들은 자신이 통제하기 어렵고, 또 지시를 내리면 현실과 맞지 않는다며 말을 잘 듣지 않거나 반발하기 때문이다.

도요타 신체제에서 미래창생센터장을 맡고 있는 가토 부사장의 인물 탐구를 통해 도요타의 리더가 얼마나 현장을 꿰뚫고 있는지 짐

현장에 강한 리더는 업무를 장악하고,
특히 일의 '맥'을 정확히 꿰뚫는다.
그래서 몇 가지 질문만으로도 현장이
제대로인지 아닌지 판별하고,
훌륭한 직원을 발탁하여 육성하고,
현장을 빛나게 할 수 있다.

작해볼 수 있다. 가토 부사장은 현재 도요타 연구개발 분야를 책임지는 핵심 인물로, 필자는 지금까지 그를 두 차례 인터뷰한 적이 있다. 그는 2012년 도요타의 R&D·제품기획 총괄 부사장에 올랐다. 도요타그룹에서 도요다 아키오 사장에 이은 이인자라고 할 수 있다. 그가 임명됐을 때 도요타 사람들은 모두가 깜짝 놀랐다. 자동차를 제대로 아는 인물임에는 틀림이 없지만, 2006년에 자회사로 좌천된 이후 줄곧 한직에 머물렀기 때문이다. 1976년 도요타에 입사한 가토 부사장은 글로벌 전략 차종인 준중형차 코롤라의 제품기획을 16년 동안이나 맡으면서 네 번의 신모델을 내놓았다. 이 차종들은 크게 히트했다. 이후 최고급 대형 세단인 크라운 부활 프로젝트까지 성공시키며 승승장구했다. 하지만 2006년 갑자기 소방차 등 특수차량을 만드는 자회사로 밀려났다. 원가절감에 경도돼 있던 와타나베 가쓰아키渡邊捷昭

전 사장 등 경영진과의 충돌 때문으로 알려졌다. 당시 그는 원가절감보다 제품에 더 충실해야 한다는 의견을 강하게 주장했고, 이 때문에 좌천됐다는 얘기가 있다.

가토 부사장이 도요타의 이인자가 된 후 제품개발 조직도 크게 바뀌었다. 그는 "전에는 디자이너가 처음 생각한 디자인이 조직 내 제약 때문에 관철되지 못하는 사례가 많았다"며 "지금은 디자이너가 원하는 바를 구현하도록 설계·부품 분야에서 최대한 협력하는 쪽으로 시스템을 고쳤다"고 했다. 2016년 현재 도요타의 신차들을 보면 우선 모양이 근사해졌다. 차도 좀더 단단해 보인다. 가토 부사장의 역할이 컸다고 생각한다.

그는 인터뷰에서 도요타의 과거 문제점도 솔직하게 시인했다. "2006년경에는 모두가 죽을 만큼 바빴어요. 그 와중에 어떤 일에 대해 '왜'라고 묻거나 다른 아이디어를 내면 이상한 사람으로 취급받았죠. 조직에 여유가 없다 보니 실수를 통해 배우고 사람을 키우는 게 어려워졌던 겁니다." 그는 "시키는 것 외에 다른 얘기를 못 하게 하는 상황까지 치달았던 게 제일 큰 문제였습니다"라고 말했다. 그러면서 "자회사 4년의 경험이 나를 더 성숙시켰고, 회사와 내 모습을 객관적으로 보게 하는 기회가 됐어요"라고 덧붙였다.

가토 부사장을 직접 봤을 때의 느낌은 온화했다. 그러나 그는 그동안 만나본 수많은 자동차회사 R&D 담당 고위 임원 가운데서도 매우 구체적이고 정확한 표현을 구사했다. 자동차 현장을 너무나 잘 알기에 가능한 일이었을 것이다.

역사적으로 보면 이렇게 현장을 중시하는 리더가 도요타에만 있었던 것은 아니다. 자동차산업 역사상 가장 뛰어난 현장형 리더를 꼽을 때 꼭 등장하는 인물이 1920~50년대 미국 GM의 전설적인 경영자 알프레드 슬론^{Alfred P. Sloan}이다. 1875년에 태어난 알프레드 슬론은 MIT에서 전기공학을 전공했으며, 1899년에는 포드자동차에 베어링을 납품하는 하얏트 롤러 베어링이라는 회사의 사장이 됐다. 이 회사가 GM에 흡수되면서 그는 GM의 일원이 됐다. GM 부사장을 거쳐 1923년 GM 최고경영자^{CEO}가 됐고, 1937년 회장까지 올랐다. 슬론은 1923년부터 1946년까지 23년간이나 GM CEO로 활동했다. 또 1956년까지 GM 회장으로 재직하면서 30년 이상 GM의 경영을 총괄했다.

그는 시보레·폰티악·올스모빌·뷰익·캐딜락 등 각각의 브랜드를 통해 서민층부터 부유층에 이르기까지 서로 다른 소비계층에 가장 적절한 브랜드 전략을 확립했다. 슬론의 이런 전략은 GM이 1930년대부터 포드를 누르고 업계를 선도해나가는 데 굳건한 밑바탕이 됐다.

그는 이공계 엘리트였지만 철저히 산업 현장을 밟아 올라간 인물이다. 1940년대 GM의 연구 프로젝트를 맡으면서 슬론과 직접 대면했던 경영학자 피터 드러커^{Peter F. Drucker}는 자신의 저서에서 슬론에 대해 이렇게 묘사했다. "외향적인 성격이었지만 매사에 공정하기 위해 직장에서는 친구를 만들지 않았으며, 자신의 신념과 업무를 분리하기 위해 개인적인 것을 포기한 원리원칙주의자였다." 또 드러커는 슬론이 현장의 목소리에 귀를 기울였고, 철저한 능력 위주 인사를 하기 위해 무던히 애썼다고 회고했다. 드러커가 슬론에게 "최고경영회의에서 대부분의 시간이 회사의 정책 결정보다는 직책에 합당한 사람을 정하는 일에 쓰이는 것은 낭비"라고 말하자, 슬론은 이렇게 말했다. "회사 업무에 종사하는 사람들을 관리하는 결정보다 더 중요한 게 무엇인지 말해보세요. 적절치 못한 사람을 공장에 앉힌다면 우리가 내린 '정책 결정'들은 무용지물이 되고 말 겁니다."

슬론은 미국 경제와 산업에서 자신의 위치를 높이 평가하긴 했지만, 검소했고 허례허식을 싫어했다. 그가 있던 뉴욕 록펠러센터 사무실 내부는 매우 단출했다. 매주 2~3일을 디트로이트에서 머물렀지만 호텔 스위트룸이나 별도 아파트 대신 GM 빌딩의 꼭대기 층에 있는 아무것도 갖춰져 있지 않은 방에서 잤다. 또 개인 식당을 사용하지 않고 항상 간부용 카페테리아에서 식사했다.

이를 보면, GM의 리더는 원래 완벽한 현장형이었음을 알 수 있다. 다만 시간이 흐름에 따라 처음의 그 위대한 정신이 퇴색되고 잊혔을 뿐이다. GM의 현 CEO 메리 바라는 그런 의미에서 현장을 중시했던 전설적 리더 알프레드 슬론 시절로의 복귀인 셈이다.

도요타는 공장 현장직도 고위 임원에 오른다

2013년 도요타 본사 공장을 찾은 적이 있다. 그곳에서는 현장 인재를 양성하기 위해 수작업을 일일이 가르치고 있었다. 자동화를 못 해서가 아니라, 더 효율적인 자동화가 가능한지 알기 위해서는 우선 작업의 기본 원리를 익혀야 하기 때문이다. 도요타생산방식의 기본 원칙은 현장 작업자가 원리원칙을 확실히 익혀 작업을 개선하고 품질을 높인다는 것이다. 그러기 위해서는 미래 인재들이 직접 손끝으로 '모노즈쿠리(물건 만들기)'의 기본을 익혀야 한다.

공장 한쪽 회의실에서 만난 가와이 미쓰루河合滿 기술총책임자는 "작업자가 생산 과정을 장악하지 못하면, 아무리 뛰어난 엔지니어가 생산라인을 설계한다고 해도 결국 낭비와 문제가 발생할 수밖에 없다"고 했다. 프리우스 같은 첨단 차량도 맨 처음에는 모터에 구리 코일 하나까지 손으로 감아보면서 고민해야 하며, 그렇게 하지 않고는 절대 좋은 자동화 라인이 나올 수 없다는 얘기였다. 기술총책임자는 도요타 생산직의 최고위직으로, 전무급에 해당한다. 도요타에서 전무는 한국 대기업의 부사장 정도에 해당할 만큼 높은 직급이다.

다른 자동차회사는 생산 분야의 최고위직도 대졸 엔지니어들이 승진해 맡는 경우가 대부분이다. 예컨대 현대자동차만 봐도 고졸 생산·기술직은 제아무리 능력이 뛰어나도 차장 이상 승진하기는 거의 불가능하다. 반면 도요타는 생산·생산기술처럼 현장 경험이 중요한 분야에서는 학력과 무관하게 승진이 이뤄진다. 당시 자리를 같이했던 기리모토 게이스케 글로벌 홍보실장은 가와이 기술총책임자에 대해 "중학교 졸업 후 도요타에 입사해 50년간 현장을 지켜온 '도요타생산방식의 영혼'과도 같은 분"이라고 말했다. 도요타에는 중·고졸 생산직 가운데 능력을 인정받아 중역까지 오른 인물이 꽤 있다.

가와이 기술총책임자는 "50년 회사생활에서 시련이 없었던 시기는 한 번도 없었다"고 말했다. 열심히 해서 목표를 달성하면 상사는 항상 "수고했다. 이게 100이라면 남은 것이 또 100이다"라고 얘기했다는 것이다. "정말 열심히 했으니까 이제부터는 좀 여유를 갖고 하자"는 얘기는 지금까지 한 번도 들어본 적이 없다고 했다. "그동안 리먼 쇼크, 품질 문제(리콜 사태), 지진 등 엄청난 위기가 있었지만 문제를 해결하는 과정에서 인재 양성까지 저절로 됐으니 현장에선 그만큼 더 실력이 붙었다고도 말할 수 있다"고 그는 얘기했다.

이게 중요한 이유는 생산직도 회사의 고위직에 오를 수 있다는 것을 모든 직원에게 보여준다는 점이다. 생산 현장의 최일선에서도 열심히만 일하면 회사가 최고 대우를 해준다는 것을 모두에게 알림으로써, 모든 생산직이 더 보람을 느끼고 일에 대한 동기를 스스로 부여하게 하는 효과가 있다.

필자는 현대자동차의 현장에서 정말 뛰어난 기여를 한 고졸 출신 생산·기술직들이 승진하지 못하고 인정받지 못해 결국 좌절하는 경우를 꽤 봤다. 그런 상황에서 고졸 생산직들에게 강력한 동기부여를 하는 것은 오직 임금밖에 없을지 모른다. 현대자동차 생산직들이 임금 협상에 목숨을 거는 이유도 회사에서 자신들의 가치를 확인할 수 있는 수단이 임금밖에 없기 때문일지도 모른다.

사정이 이렇다 보니 현대자동차에서는 생산라인을 설계하고 운영하는 엔지니어들과 노조원인 생산직 사이에 업무 개선을 위한 협업이 거의 이뤄지지 않는다. 대화가 사실상 단절된 게 십수 년에 이른다. 이런 기업 문화는 단순히 생산성을 떨어뜨리는 데 그치지 않고, 현장에서 개선하고 현장에서 배우는 과정 자체를 무너뜨린다. 따라서 제조기업이 현장에서 얻을 수 있는 무한한 지식과 기회를 놓칠 수밖에 없다. 이 같은 사례는 현대자동차만의 문제가 아니다. 현장을 중시하지 않는, 현장형 리더가 중용되지 않는 한국의 상당수 제조 현장에서 빈번히 발생하는 문제다.

이렇게 되면 제품을 만들 때 돈과 물량으로 승부하는 자동화에만 치중함으로써, 현장의 리더가 현장을 완벽하게 장악하고 개선과 발전의 여지를 찾아내는 일에 소홀해질 수 있다. 이런 일이 반복되면 현장에서 일어나는 일을 본사의 리더나 현장의 중간 리더가 잘 모르게 되고, 문제가 발생해도 이를 아예 모르거나 현장의 일부 인력이 문제를 쉽게 은폐하는 일도 가능해진다. 최근 현대차 생산라인 개선에 참여한 외부 컨설턴트는 "현대차의 생산기술 엔지니어들 능력이 도요타에 비해 점점 떨어지고 있다"면서 "개인의 능력이 모자라서가 아니라 오랫동안 현장의 목소리를 듣고 개선할 기회를 외면했기 때문"이라고 말했다.

4

우선은
전문가여야 한다

"우리는 평생 해온 경기에 대해 놀랄 만큼 무지하다."

1950~60년대 뉴욕 양키스에서 활약했던 전설적인 스타 플레이어 미키 맨틀이 한 말이다. 영화 〈머니볼^{Moneyball}〉이 시작할 때 나오는 자막이기도 하다.

2008년 글로벌 금융 위기 직전, 금융 전문가들의 초대형 사기행각과 그 사기를 미리 발견한 이들의 이야기를 담은 영화 〈빅쇼트$^{The Big Short}$〉에는 이런 대사가 나온다. "복잡해서 당신은 이해할 수 없다고 말하는 전문가는 절대 신뢰하지 마라."

자신이 오랫동안 해온 일에 대해 잘 모르는 리더, 즉 전문성이 부족한 리더들이 의외로 많다. 전문가가 자기 분야에서 두각을 나타내게 되는 비결은 간단하다. 그 분야를 사랑하기 때문이다. 영화 〈베테랑〉에서 배우 황정민이 맡은 광역수사대 형사를 생각해보자. 일의 본분을 알고 그 일을 사랑하고 존중하기 때문에, 끊임없이 노력하고 또 그렇게 노력하는 인간을 존중하고 도와준다. 이런 사람이 전문가다.

전문성이 생기면 문제가 보이고 문제를 풀어나갈 맥이 보인다. 보이기 때문에 풀고 싶어 한다. 그것을 방해하는 부당한 세력에 대해서는 저절로 분노하게 된다. 또 중요해 보이지 않지만 중요한 것, 중요해 보이지만 실은 중요하지 않은 것을 구분할 수 있다. 지금 해야 할 것과 나중에 해도 될 것에 대한 구분도 할 수 있다. 물론 이런 모든 판단이 완벽한 것은 아니기 때문에 죽을 때까지 공부하고 노력하길 게을리하지 않는다. 일을 사랑하는 전문가는 목표를 향해 나아가고자 노력하는 사람을 인정하고 끌어준다. 좋아하거나 싫어하거나 또는 사랑하거나 증오할 수는 있어도, 관점이 뚜렷하고 노력해서 말하고 행동한 것을 절대 무시하지 않는다. 반면 가짜 전문가는 겉으로 들어주는 척하며 좋은 평판을 얻으려 하지만, 실제로는 마음으로 듣지 않는다.

전문가는 자신의 분야에 대한 역사를 꿰고 있다. 과거에 어떤 일이 있었는지를 알고 있기 때문에, 위험한 선을 넘지 않도록 주의한다. 또 어느 선을 넘었을 때 어떤 문제가 발생할 수 있다고 확실히 얘기해줄 수 있다. 비전문가는 그것을 모르기 때문에 위험한 일을 하면서도 그게 얼마나 위험한지를 알지 못한다. 전문가가 없거나 현장에서 배제되면, 예컨대 세월호 같은 사건을 막을 수 없게 된다. 큰 배는 원래 전복되기 어렵도록 수많은 안전장치가 마련돼 있다. 따라서 여간해서는 전복되지 않는다. 전복이 됐다면 관리·감독 과정에서 전문가가 없었거나, 제거됐거나, 무시당했을 가능성이 크다.

GM이 자사 차량의 점화장치 결함을 알고도 10년간 은폐했다가 2015년에 무려 3,000만 대를 리콜하고 10억 달러(약 1조 원)의 벌금을 낸 사건이 있었다. 이것이 밝혀진 것은 내부 전문가의 고발 때문이었다. 이 전문가는 잘못된 것을 더는 두고 볼 수 없어 결국 내부고발을 감행했다. 그 결과 GM은 막대한 손해를 입었다. 하지만 결국 수습하는 데 성공했고, 최종적으로는 이 전문가가 회사에 큰 기여를 한 셈이 됐다.

이것이 어떻게 회사에 대한 기여가 되느냐고? 문제가 더 커지는 것을 막아주기 때문이다. 이는 같은 해인 2015년 말 불거진 폭스바겐그룹의 연비 조작 사건과 대조해보면 분명해진다. 이 경우는 내부 고발이 이뤄지지 않았고, 결국 미국의 한 대학 조사팀이 실시한 배기가스 실증조사에서 적발되면서 사기행각이 드러났다. 결국 폭스바겐은 미국에서 터진 연비 조작 사건으로 전 세계에서 차량 1,100만 대를 리콜했고, 사태 수습비용으로 총 100조 원가량을 써야 할 것으로 보인다. GM의 리콜 수습비용과 비교하면 어마어마한 수준이다. 폭스바겐 내부에 전문가가 없었을 리 만무하다. 그 많은 전문가가 연비 조작을 막는 데 전부 실패했거나 무력화됐던 것이다.

필자가 만난 자동차 업계의 최고 전문가 중에는 특정 회사에서 일하고 있지만, 국가와 사회를 위해 사명감을 갖고 일한다는 의식이 강한 이들이 많았다. 세월호 사건은 그런 전문가들이 전부 무력화됐기 때문에 발생했으리라고 추정할 수 있다. 따라서 이 사건에 대해서는 당시 선박 운항회사의 전문가들은 물론, 정부와 당국 전문가들의 관리·감독이 왜 전부 무력화됐는지, 혹은 왜 그 순간 그 위치에 전문가들이 없었는지에 대한 심각한 성찰이 필요하다. 이것은 누구의 잘잘못을 따지기 이전에 한국 사회와 사회 리더들의 전문성에 관한 문제다.

도요타 컴퍼니 사장들은
모두가 전문가

도요타가 위기에 쉽게 무너지지 않고 위기를 통해 한 번 더 도약할 수 있었던 이유는 우선 도요타의 리더들이 전문가이고, 그래서 조직 내 전문가들을 어떻게 써야 할지 잘 알았기 때문이다. 컴퍼니 사장이 된 7명을 살펴보자. 이들 모두가 자기 분야와 현장에서 최고 전문가라는 평가를 들으면서 성장해온 인물들이다.

아키오 사장은 자동차 전문가라고 말하기 어려울 수도 있다. 그러나 이런 관점으로 생각해보자. 그는 2016년 1월 소형차 제휴관계에 있던 다이하쓰자동차를 완전 자회사로 한다고 발표하는 기자회견에 다이하쓰 사장과 함께 출연했다. 꽤 긴 시간 양사 사장의 발표와 질의·응답이 이뤄졌는데, 그 진행이나 대답의 수준이 대단히 훌륭했다. 발표는 프롬프터를 읽어서 한다고 하더라도, 기자들과의 질의·응답은 즉흥적일 수밖에 없는데도 답변이 완벽했던 것이다. 34만 명 직원을 이끄는 도요타 총수인 그가 다른 임원들에게 맡기기만 하는 것이 아니라, 스스로 회사 전반의 일을 꿰고 있다는 방증이다.

2016년 5월의 실적발표회에서도 마찬가지였다. 보통 한국 대기업의 실적발표회장이라면, 기업 총수가 직접 등장해 친절하게 설명하지 않는다. 하지만 이 발표회장에 등장한 3명의 임원 중에는 아키오 사장이 있었다. 그는 재무 담당 부사장의 수치에 기반을 둔 실적 발표에 앞서 도요타가 지금 어떤 일을 하고 있고, 앞으로 무엇을 목표로 하는지 등을 상세하게 설명했다. 설명은 훌륭했다. 역시 모든 발표가 끝난 뒤 기자들과의 질의·응답이 있었는데 그의 답변은 막힘이 없었다. 이런 점에서는 아키오 사장 역시 전문가라고 할 수 있을 것이다.

아키오 사장은 외국의 유명한 자동차 경주대회에 출전하기도 한다. 그냥 재미 삼아 즐기는 수준이 아니다. 매우 어렵고 위험하고 전문적인 경주대회에 직접 헬멧을 쓰고 복장을 갖추고 프로 드라이버들 사이에서 전력을 다해 드라이빙에 나선다. 아키오가 자동차를 좋아하는 것은 맞지만, 단지 즐길 생각이라면 사적인 공간에서 좋은 차 갖다 놓고 몰아보면 그만일 것이다. 그런데도 그는 군이 최정상급 자동차 경주대회에 직접 나간다. 왜 이런 일을 할까? 그만큼 자신이 자동차 전문가들의 세계를 사랑하고 존중한다는 것을 도요타의 전 직원과 고객에게 보여주는 것이다.

일본의 대표적 기술기업 중 한 곳으로 세이코엡손을 꼽는다. 필자는 우스이 미노루碓井稔 사장을 나가노 현 마쓰모토 시에 있는 세이코엡손 본사에서 만난 적이 있다. 그는 '리더는 전문가여야 한다'면서 이렇게 설명했다. "하나의 기술을 끝까지 파고들어 본 사람은 기술과 경영에 본질적으로 통하는 것이 많다고 느끼게 됩니다. 무엇보다, 선택하고 우선순위를 정한다는 점이 그렇습니다. 이것도 하고 저것도

"하나의 기술을 끝까지 파고들어 본 사람은
기술과 경영에 본질적으로 통하는 것이
많다고 느끼게 됩니다. 무엇보다,
선택하고 우선순위를 정한다는 점이 그렇습니다.
이것도 하고 저것도 하고 싶겠지만
선택헤야만 합니디"

하고 싶겠지만 시간과 자원에 한계가 있기 때문에 선택해야만 합니다. 또 어떤 쪽이든 방향을 압축해야만 할 때가 옵니다. 우선순위와 방향을 제대로 잡지 못한다면 회사의 힘을 집중할 수 없게 됩니다. 어디에 집중할 것인가 하는 문제에는 결단력과 함께 식견이 필요합니다. 이때 기술을 끝까지 추구해서 성공해본 경험이 많은 도움이 됩니다."

도요타나 세이코엡손 같은 기업에서는 리더가 기술에 대해 아주 깊이 이해하는 것이 중요하다는 얘기다. 기술을 아주 깊이 이해한다는 것은 '대중이 그것을 정말 필요로 하고 편리하다고 생각할까'라는 문제까지 고민한다는 뜻이다. 기술을 아주 깊이 이해하는 리더는 설사 어떤 기술의 선택이나 개발에서 큰 실패를 경험하더라도 반드시 교훈을 얻게 된다. 이런 점이 반복되면서 뛰어난 리더에 가까워질 수 있다.

최근에는 리더의 덕목으로 조합이나 연결 능력을 강조하기도 한다. 하지만 리더의 전문성 수준이 낮다면 아무리 연결하고 조합하더라도 연결과 조합의 수준 자체가 떨어질 것이다. 그래서 뛰어난 리더는 우선 전문성을 갖춰야 한다. 전문가를 리더에 등용함으로써 더 많은 전문가를 키워낼 수도 있다. 자신이 그 분야 전문가가 아닐 때는 직원 가운데 누가 최적이고 최고인지 알기 어렵지만, 그 분야의 전문가라면 문제점이 무엇인지 파악하고 적재적소에 인재를 배치할 수 있다.

이와 반대되는 사례를 들어보자. 리더가 전문성을 갖지 못하는 경우에 발생할 수 있는 일로, 실제 일어났던 사건이다. 현대자동차의 외부 컨설턴트 출신 본사 마케팅 중역이 어느 날 현대자동차의 내수 시장 주력 SUV인 싼타페 담당 실무자에게 이렇게 물었다. "싼타페 잘 팔리죠? 가솔린이 많이 팔리죠?" 이 말을 들은 싼타페 담당자는 할 말을 잊었다. 싼타페의 내수 판매 차종 가운데는 디젤 엔진 모델만 있을 뿐 가솔린 엔진 모델은 아예 없기 때문이다. 이 담당자는 "그 중역이 자동차에 대해 잘 모르는 경우가 적지 않아서, 일선 영업소에 방향을 알 수 없는 지침이 남발돼 힘이 빠진다"고 말했다.

또 한 자동차 관계자는 현대자동차 양재동 본사의 상품기획 실무자들을 상대로 강연을 한 뒤 충격에 빠졌다. 40~50분 정도 강연한 뒤에 질의·응답 시간을 가졌는데, 자동차를 기획하는 핵심 인력들의 질문 수준이 도요타를 비롯한 외국 자동차회사에서 비슷한 일을 하는 인력과 상당한 차이가 있었기 때문이다. 더욱 놀라운 것은 이들이 스스로를 대단한 전문가라고 생각한다는 것이었다.

전문성 없는 정부 리더가
업계 망친다

정부의 자동차 관련 정책에서 전문성이 부족해 아쉬운 결과를 초래한 사례도 있다. 2014년 전후로 시행하려 했던 저탄소 협력금 제도다. 탄소배출을 적게 하는 차, 연비가 좋은 차에는 보조금을 주고 탄소배출을 많이 하는 차, 연비가 나쁜 차에는 벌금을 매기는 제도였다. 그런데 국내의 한 자동차회사가 저탄소 협력금 제도를 시행하면 수입차만 이익이라는 논리를 내세워 결국 이 제도를 무산시켰다. 하지만 나중에 필자가 이 회사 관계자에게 들은 얘기는 놀라웠다. 회사가 당장의 이익을 위해 저탄소 협력금 제도를 무산시키기 위해 로비했고 그래서 성공했지만, 사실은 회사 내부의 많은 전문가는 내심 그 제도의 시행을 원했다는 것이다. 이게 무슨 얘기일까.

자동차 전문가들은 연비를 높이는 것이 다른 어떤 것보다 중요하다는 것을 당연히 알고 있다. 특히 하이브리드나 전기차·수소연료전지차 같은 것이 아니라, 가솔린이나 디젤 엔진 등 기본적인 내연기관 자동차의 연비를 높이는 것이 가장 시급하다는 것이다. 저탄소 협력금 제도가 시행돼 설사 기름 많이 먹고 배기가스가 많은 대형차가 덜 팔린다고 해도, 지금처럼 영업이익을 많이 낼 때 미리 얻어맞는 것이 낫다는 논리였다. 당장 국내 영업이 힘들다고 피하기만 해서는 나중에 더 큰 일을 당하게 되리라는 것이었다. 그런데 회사의 연구개발이나 정책결정 리더들은 연비 향상이 얼마나 절박한지를 알지 못한다. 그래서 차라리 정부가 충격요법을 써주기를 많은 이들이 내심 바랐다는 설명이었다.

당시 다른 국내 자동차회사 관계자 역시 비슷한 취지의 얘기를 했다. 그는 "정부가 바보다. 전문성과 투지는 이제 사라지고 없는 것 같다. 직을 걸고 밀어붙인다는 각오로 전문성으로 들이대면, 결국 업체들도 따라오게 돼 있다. 그런데 옛날과 달리 정부가 로비에 너무 쉽게 무너지고 전문성이 부족해 어떤 것에 주력해야 하는지에 대한 확신도, 의지도 부족한 것 같다"고 했다.

또 다른 사례도 있다. 한국에서는 자동차 결함의 조사나 원인 규명이 왜 잘 안 되는지, 소비자가 입는 피해에 대해 제조사 측의 보상이 왜 잘 안 되는지에 대한 불만이 많다. 그러면서 미국 같은 나라에서는 교통사고나 차량 결함에 대한 조사가 엄정하게 진행되고, 문제가 발견될 경우 제조사에 강력하게 책임을 묻고 징벌적 배상까지 받아낸다는 점을 부러워한다. 부러워만 할 일이 전혀 아니다. 예를 들어 경찰청의 교통사고조사 전문가들과 국토부의 차량결함조사 전문가들이 힘을 합쳐 객관적이고 투명한 시스템만 만들어낼 수 있다면, 미국보다 더 확실한 차량결함조사 시스템을 만들 수 있을 것이다.

또 자동차 결함에 대한 소비자들의 불만도 의지만 있다면 얼마든지 해결할 수 있다. 이미 한국에는 소비자원이라는 소비자 불만 처리 기관이 존재한다. 현재 소비자원은 자동차 결함에 대한 불만 신고를 접수하여 데이터를 축적하고, 이를 통해 제조사를 감시할 능력도 갖추고 있다. 그러나 소비자원 관계자들에 따르면, 소비자원 스스로 이런 강력한 감시 능력을 활용하지 않고 있다. 예를 들어 소비자원이 적극적으로 차량 결함 신고를 받은 뒤, 이를 자체 전문가가 조사하거나 관계 정부기관과 협력해 조사하고, 그 결과를 바탕으로 관계 당국이 제조사에 시정요구를 하거나 제재를 가할 수도 있을 것이다. 한때는 소비자원이 일부 전문가를 보유하고 감시 기능을 강화했던 적도 있으나, 현재는 전문가도 물러나고 소비자원의 적극적 의지도 없어졌다. 이에 따라 자동차 결함 신고에 대응하고 제조사를 감시하고 결함을 시정하도록 권고하는 기능이 오히려 약화되고 있다. 정부가 해야 할 일은 사실 자동차산업의 미래 전략 등을 세우는 것보다 이런 엄정한 관리와 감시·제재 기능이라고 할 수 있을 것이다. 기업이 미래에 먹고사는 전략을 더 효율적으로 짤 수 있는 건 기업 자신이며, 소비자의 권익 보호는 정부가 아니면 할 수 없는 일이기 때문이다.

사실 정부의 주 감독 기관인 환경부·국토교통부·산업통상자원부(옛 지식경제부)가 전문성과 의지만 가진다면, 지금이라도 얼마든지 자동차 업계를 올바른 방향으로 이끌어나갈 수 있다. 정부는 세부적인 R&D 정책까지 주도하려고 애쓸 필요도 없다. 업계의 모든 플레이어가 공정하게 경쟁할 수 있도록 엄정한 기준과 환경만 만들어줘도 정부의 할 일은 다 한 셈이다. 많은 인력과 예산이 필요한 것도 아니다. 전문성으로 무장한 소수 인력만으로도 얼마든지 가능하다. 많은 인원과 예산을 들이고도 업계를 제대로 이끌지 못하는 것은 정부 리더들의 전문성이 모자라거나, 전문가들을 제대로 쓰지 못하거나, 전문가들이 무력화돼 있기 때문이다.

게다가 통합 정책이 필요한데도 환경부·국토교통부·산업통상자원부 등이 제각각 움직이고, 심지어 부처 이기주의에 빠져 오히려 업계를 곤경에 빠뜨리는 일도 허다하다. 그동안 만났던 정부 부처의 자

사실 정부의 주 감독 기관이
전문성과 의지만 가진다면, 지금이라도 얼마든지
자동차 업계를 올바른 방향으로
이끌어나갈 수 있다.

동차 관련 부서 리더들 중 상당수가 놀라울 정도로 전문지식이 없었
다. 대신 조직 내 보스의 의향과 업계 생각이 어떤지에 대해서는 매우
민감했다. 한마디로, 로비에 취약했다. 어차피 이 자리는 곧 떠날 것
이기 때문에 다음에 어디로 갈 것인지에 목숨 거는 모습이었다. 스스
로 뭘 모르는지도 모르면서 어떻게 국가의 미래가 걸린 정책 결정을
내리고, 어떻게 업계를 올바른 방향으로 인도할 것인가. 이들이 무엇
을 밀어주고, 무엇에 분노하고, 무엇을 끊어내야 하는지를 어떻게 알
겠나 하는 생각에 절망했다.

사실 이 정도는 가벼운 수준일지 모른다. 2011년 말부터 2년간
전직 대통령 전속 사진사가 대우조선해양의 고문으로 있으면서 월급
1,000만 원과 제네시스 승용차, 사무실을 제공받았다는 보도도 있었
다. 이쯤 되면 '전문성을 가져야 한다, 기업을 관리·감독하는 직책에
있는 사람은 전문성이 생명이다'라고 말하는 것 자체가 우스워진다.
이 외에도 대우조선해양 사외이사 가운데에는 전문성이나 직무 관련

성이 없는 낙하산 인사도 많았다고 한다. 대우조선해양은 한국 조선 산업을 이끌어온 대표기업으로, 조선 전문가들의 집단이다. 다가오는 위기에 대비해 구조 개혁을 하고 성장동력을 찾아야 한다고 주장한 전문가들이 당연히 많았을 것이다. 하지만 사외이사들이 임명된 면면을 보면, 이 한국 주력 산업의 전문가 집단은 부패한 권력과 비전문가 집단의 이익을 위해 철저히 무력화됐다는 점만 확인될 뿐이다.

기본적인 것을 장악하지 못한 리더들이 그 분야 핵심을 파악하고 창의적인 수를 내기란 사실상 불가능하다. 기본이 안 돼 있는데 새로운 것을 계속 벌인다고 좋은 결과가 나올 리 있겠는가. 정부 부처에 전문성과 전문성의 축적이 필요하다. 정부 각 분야에 전문성을 갖춘 리더, 그런 리더들이 장기적 관점으로 제대로 일할 수 있게 하는 시스템 구축이 절실하다.

반면 일본 경제산업성 수소연료전지차 실장의 예를 들어보자. 수소연료전지차는 아직 상용화 이전의 기술이다. 그러나 일본 정부는 2020년 도쿄올림픽을 기점으로 일본에 수소 기반 사회의 인프라를 만들기로 하고, 수소연료전지차 보급을 중심에 두기로 했다. 그래서 이 실장은 전 세계를 돌아다니며 수소차 실태를 취재하고 심지어 한국의 자동차회사까지 찾아와 인터뷰를 한다. 매주 일본의 관련 업계와 만나 공부하고, 공부한 내용을 정책에 반영한다. 그렇게 조사한 내용을 바탕으로 업계에 혹독한 기준을 제시한다. 업계로서는 그 기준을 맞추기가 매우 어렵기는 하지만, 그게 살길이라는 것을 알기 때문에 믿고 따라갈 수밖에 없다.

전문화는 분절화가 아니다 —
전체 안목을 가진 리더를 키운다

날이 갈수록 리더에게 깊이 보는 눈과 더 많은 창의성을 요구하고 있다. 정보의 조합과 창의력의 힘은 어디에서 나올까? 도요타는 그 최고 수준이 한 분야에서 우선 최고인 사람으로부터 나온다고 믿는 듯하다. 이번 도요타의 체제 개편에서 등용된 인물들을 보면 모두가 그런 조건을 갖추고 있다.

문제는 그다음이다. 전문화에 대한 사람들의 가장 큰 오해가 전문화를 분절화·세분화라고 생각한다는 것이다. 리더에게 요구되는 전문성은 어떤 한 분야를 잘게 쪼개 각각의 부분에 뛰어나야 한다는 것과는 다른 의미다.

예를 들어보자. 한 대기업에서 사장이 연구소 소장에게 '연구소를 전문화하라'고 지시했다. 그러자 연구소 소장은 연구개발 조직을 잘게 쪼개 분절화해버렸다. 조직을 아주 잘게 쪼개는 바람에, 제품 회의라도 한 번 하려면 각 조직 담당자가 20명은 모여야 하는 상황이 됐다. 각 기능 부서가 자신들의 이익을 지키기 위해 모든 회의에 참석해야 하기 때문이다.

이는 전형적으로 전문화의 개념을 잘못 이해한 것이다. 사장이 전문화를 통해 요구한 목표는 무엇이었을까? 말할 것도 없이, 더 멋지고 성능이 뛰어나고 품질 좋은 차를 더 저렴한 가격에 만드는 것이다. 사장의 요구는 이런 목표를 더 잘 달성할 수 있도록 연구개발 조직을 좀더 효율적으로 개선해보라는 의미였을 것이다.

아키오 사장이 도요타를 컴퍼니제로 만든 것도 회사를 전문화한 것이라고 할 수 있다. 앞서의 예에서 사장의 지시를 받은 연구소 소장은 조직을 잘게 쪼개 조직의 '기능을 위한' 전문화를 추구했지만, 도요타는 더 좋은 차를 만든다는 '최종 목표를 위한' 전문화를 한 것이라고 볼 수 있다. 도요타는 컴퍼니제를 통해 신차개발회의에 참여하는 인원을 기존의 절반 이하로 줄였다. 이를 두고 회의의 전문성이 줄었다고 말할 사람은 없을 것이다. 오히려 더 좋은 차를 더 효율적으로 그리고 빨리 만들 수 있도록 조직을 전문화했다고 말할 수 있을 것이다.

예를 하나 더 들어보자. 자동차회사의 제품기획은 앞으로 어떤 차를 내놓을지에 대한 방향을 결정하는 매우 중요한 분야다. 제품기획 담당 임원이 아주 세부적인 기술에만 신경 쓴다면 오히려 문제가 발생할 수 있다. 제품기획 담당 부사장은 국제모터쇼에 휘하 임직원들을 데리고 다니면서, 경쟁사 모델을 들여다보고 자사 차량에 없는 것을 찾아내고 직원들에게 이게 왜 우리한테 없는지 질책할 수도 있을 것이다. 지엽적인 기술적 스펙에 매몰돼 이건 된다, 이건 안 된다 옥신각신할 수도 있다. 하지만 이런 것들은 제품기획 부사장급에서 할 얘기가 아니다. 큰 그림을 미리 그린 뒤에 그것을 모터쇼를 돌며 확인하거나 퍼즐을 짜 맞추는 작업을 할 수는 있을 것이다. 모터쇼를 방문해 다른 경쟁사 차량을 보기 전에, 머릿속에 자사 차량의 전체적인 제품 방향에 대한 밑그림이 이미 그려져 있어야 한다는 얘기다. 모터쇼에 가서 보고 정보를 얻어 계획을 수정한다면 늦어도 한참 늦은 것이다.

가짜 전문가는 전문화의 개념을 오해하기 십상이다. 그래서 전문화도 하지 못하고, 그렇기 때문에 제너럴리스트도 되지 못할 가능성이 크다. 하나의 분야를 제대로 파고든 사람이 진정으로 경지에 오르면, 자기 분야 이외의 것에 대해서도 관심을 갖게 된다. 전문가는 문제를 발견하고, 문제를 해결하고 싶어 하는 사람들이다. 그러니 문제를 해결하기 위해 연관성이 있는 다른 분야에 대해서도 알고 싶어 하는 게 당연하다. 그런 과정을 통해 전체를 볼 수 있는 '안목'을 가진 리더가 만들어진다. 도요타가 신체제 개편을 통해 찾으려는 리더 역시 스페셜리스트이면서 제너럴리스트인 인재다. 다시 말해, 한 분야에 전문성을 갖췄으면서도 전체를 꿰뚫을 수 있는 사람이다.

그러므로 반드시 전공자만 그 분야의 전문가가 될 수 있는 것도 아니다. 2013년에 삼성전자 스마트폰 디자인을 총괄했던 장동훈 무선사업부 디자인팀 부사장을 인터뷰한 적이 있다. 그는 미국 비즈니스 잡지 〈패스트 컴퍼니Fast Company〉가 선정한 '가장 창조적인 인물' 2위에 오르기도 했다(1위는 빅데이터 분석으로 미국 대선을 정확히 예측한 네이트 실버였다). 그는 한국IBM에 근무하고 이화여대 교수를 역임하는 등 학계와 업계를 오간 뒤에, 2006년 삼성전자에 영입됐다.

최고의 산업디자인 전문가인 그는 이런 말을 했다. "디자인 전문가가 반드시 디자인 전공자 중에서만 나온다고 생각하지 않습니다. 대학의 전공에 매몰될 필요가 없습니다. 전공이라는 것은 그저 인생이라는 긴 과정의 일부인 대학 4년 동안 한 분야를 공부했을 뿐인 것이니까요."

그는 "삼성전자 디자인 조직에는 디자인 전공이 아닌 사람도 많

도요타가 신체제 개편을 통해
찾으려는 리더 역시 스페셜리스트이면서
제너럴리스트인 인재다.
다시 말해,
전문성을 갖췄으면서도
전체를 꿰뚫을 수 있는 사람이다.

다"며 "30% 이상은 심리학·국문학·작곡·성악·통계학·문예창작
등 미술 이외 전공자"라고 했다. 또 "기업에서 점점 더 중요해지는 것
이 안목"이라며 "디자인을 스토리로 연결할 수 있는 능력이 중시된
다"고도 했다.

도요타는 컨설턴트를
리더로 뽑지 않는다

도요타가 컨설팅회사에 경영 진단 또는 전략 수립을 위탁하거나, 컨
설턴트 출신을 회사의 리더급 임원으로 뽑은 경우를 본 적이 없다. 이
유는 간단하다. 컨설턴트들이 똑똑하지 않거나 능력이 뛰어나지 않아

서가 아니라, 그들이 자동차의 전문가가 아니기 때문이다. 도요타는 사내에서 30년쯤 다져진 검증된 베테랑 엔지니어들을 각 부분의 리더로 중용하는 경우가 많다. 리더는 판단·결정·실행 능력뿐 아니라, 다른 직원들이 그 리더를 지켜보고 있다는 점에서도 중요하다. 즉 어떤 리더를 뽑아서 직원들에게 롤 모델을 제시하는가의 문제다. 전문가가 리더의 자리에 오르면 직원들은 전문성을 기르기 위해 노력할 것이다. 하지만 그 자리를 정치가가 차지한다면, 젊은 직원들도 정치를 잘해야 살아남는다고 생각하게 될 것이다.

도요타는 내부 인사들 가운데 자기 업무에서 최고인 사람들을 리더로 뽑는다. 최근에는 아예 일본의 자동차부품 업계에서 자타공인 최고의 전문가를 영입하는 사례도 생겼다. 자동차 업계 전체의 인재 풀 가운데 최고의 전문가를 뽑아 리더를 맡긴 것이다. 진정한 의미에서 전문가를 우대하는 인사라고 할 수 있다. 도요타에서는 앞으로 이런 인사 경향이 점차 늘어날 가능성이 있다고 한다.

현대자동차는 도요타와 좀 다르다. 본사의 핵심 부서장 가운데도 외부 컨설턴트 출신이 있다. 양재동 본사에서 일하는 컨설턴트 출신 직원들만 해도 세 자릿수에 달하는 것으로 알려져 있다. 반면 현대차에서 최고의 설계 전문가로 알려져 있던 한 고위 임원은 현재 회사에서 나와 개인 설계사무실을 운영하고 있다. 또 현대차에서 최고 상품 전문가로 통했던 한 고위 임원은 국내 경쟁 업체로 이직해 같은 업무를 하고 있다. 현대차 미국 판매법인장 가운데 가장 뛰어난 능력을 보여줬던 한 미국인 자동차 전문가는 구글의 무인차사업부 총괄로 자리를 옮겼다.

전문가가 리더의 자리에 오르면
직원들은 전문성을 기르기 위해 노력할 것이다.
하지만 그 자리를 정치가가 차지한다면,
젊은 직원들도 정치를 잘해야 살아남는다고
생각하게 될 것이다.

LG전자는 과거에 맥킨지 보고서에 의존하다 스마트폰 진입 시기를 놓친 일이 있다. 이는 회사의 경영방침을 외부에 의존하다 망한 사례로 꼽힌다. 웅진그룹도 외부 컨설팅사에 의존해 M&A 등을 진행하다 법정관리까지 갔다. SK그룹은 IMF 금융 위기 당시 컨설팅사 의견만 듣고 가장 먼저 구조조정에 들어갔다가 오히려 인재들이 대거 빠져나가는 역효과를 냈다. 두산그룹도 외부 컨설팅을 통해 식음료사업에서 중장비사업 등으로 업종 전환을 했다가 위기를 겪고 있다. 회사의 리더가 해야 할 중장기 전략 수립을 외부 업체에 맡겼거나, 외부 컨설턴트를 아예 회사로 영입해 리더 역할을 맡겼다가 실패한 사례들이다.

반면, 국내 기업 중 컨설팅 업계에 의존하지 않고 적절하게 활용만 하는 기업으로 삼성그룹이 꼽힌다. 국내 컨설팅 업계 관계자에 따르면, 컨설팅을 맡기는 삼성의 클라이언트 자체가 전문성이 뛰어나다고 한다. 그래서 지시가 매우 구체적이며 요구 수준도 엄격하다. '삼성에 대한 컨설팅 업무는 따내기도 어렵지만, 제대로 수행하기는 더 어렵다'는 것이 업계의 얘기다. 또 삼성그룹은 사내에 컨설팅 조직을 따로 두고 있는데, 어느 사업부로부터도 간섭받지 않고 주어진 프로젝트를 수행한다고 한다. 외부 컨설팅업체보다 삼성의 내부 사정을 속속들이 아는 데다, 비밀 노출 우려도 없이 훨씬 효과적이라는 것이 삼성 관계자들의 전언이다.

일본 최고 여성 창업자의 충고

"컨설턴트 중에는 최대한 유능하게 보이고 아는 척하려는 자세가 몸에 익은 사람이 많아요. 사업에는 1원어치도 도움이 되지 않습니다. 회사 경영은 매일같이 아수라장에서 구르는 일이에요. 자신이 바보라는 것을 밝히고서라도 도움을 구해 어떻게든 살아남아야 합니다. 컨설턴트들은 고객사에서 누가 핵심 인물인지 재빨리 파악하고, 그 사람이 듣기 좋은 얘기를 많이 해 제안이 잘 받아들여지도록 수완을 발휘합니다. 결정권자가 이런 것에 속으면 안 되는 거죠."

일본의 IT기업 디엔에이^{DeNA}의 창업자 난바 도모코南場智子의 말이다. 그녀는 일본 여성 중 당대에 사업을 일궈 가장 많은 돈을 번 인물로, 6,000억 원대 자산가로 알려져 있다. 그녀는 스물네 살 때 일본 맥킨지 컨설턴트로 사회생활을 시작했다. 하버드 MBA를 거쳐 서른네 살 때인 1996년에 파트너 지위에 올랐고, 1999년 디엔에이를 창업했다.

그녀의 얘기를 길게 소개하는 것은 그녀의 관점이 도요타의 관점과 비슷하기 때문이다. 도요타는 속내를 잘 드러내지 않는 조직이어서 난바처럼 직접적으로 얘기를 하지 않을 뿐이다. 도쿄 시부야의 초고층 빌딩에 있는 디엔에이 본사에서 난바를 직접 만나 인터뷰했는데, 인터뷰를 진행한 21층 회의실은 오모테산도와 아오야마 명품 거리가 한눈에 내려다보여 전망이 일품이었다. 하지만 그녀가 들려주는 이야기는 근사한 회사 분위기와 전혀 달랐다. 하늘 높은 줄 모르던 엘리트 여성이 직접 회사를 차린 뒤에 겪은 말도 못할 고생담, 그리고 자신이 최고라고 믿으며 쌓아왔던 컨설턴트로서의 경력이 얼마나 쓸모없었는지에 대한 이야기였다. 그녀의 얘기를 들어보면, 현장에서 고생하고 구르면서 배우고 살아남아 올라가는 이가 기업의 리더가 돼야 한다는 것을 더욱 절실하게 느낄 수 있다.

난바는 "창업을 해보니 MBA 스쿨이나 컨설팅회사에서 배운 경험들이 도움이 되기는커녕 방해만 됐어요"라고 말했다. 그녀는 "뭔가를 제안하는 입장이 아니라 정하는 입장이 된다는 게 힘들었습니다"라며, "'해야 합니다'와 '하겠습니다'의 차이가 이렇게 클 줄은 몰랐어요"라고 했다. "컨설턴트가 'A안으로 해야 합니다'라고 말하는 것도 판단이긴 하지만, 엄청난 중압감 속에서 경영자가 의사결정을 하는 것은 전혀 다른 차원이더군요."

그녀가 컨설팅과 실제 기업 경영이 다르다는 것을 깨닫는 데는 그리 오랜 시간이 걸리지 않았다. 생각지도 못한 여러 문제에 부딪혔고, 사업을 접을 뻔한 위기도 여러 번 넘겨야 했다. "사업을 하고 나서는 컨설턴트를 고용하지 않습니다(웃음). 제가 나중에 사업을 할 거라는 것을 미리 알았다면, 컨설팅회사가 아니라 일반 회사에서 일을 배웠을 겁니다. 그랬더라면 훨씬 좋았을 거예요."

이어진 인터뷰 내용을 간략히 정리해보겠다.

하지만 우선 컨설턴트로서 경험을 쌓은 뒤에 기업가가 되겠다는 사람도 많은데요.

"컨설턴트는 옆에서 말로 도와주는 사람이고, 기업가는 실행하는 사람입니다. 입장도, 요구되는 자질도 극단적으로 다릅니다. 컨설턴트를 높게 평가하지 않는다는 말이 아닙니다. '경영자가 되고 싶으니 우선 컨설턴트부터 해보겠다'는 것은 '타이거 우즈가 되고 싶으니 우선 골프 코칭부터 해보겠다'는 것과 마찬가지예요."

— 컨설턴트와 경영자의 가장 큰 차이는 무엇인가요?

"담력이 아닐까요. 올바른 결정을 내리는 것도 중요하지만, 선택한 결정을 올바른 것으로 만드는 게 더 중요합니다. 리더의 담력은 팀의 경쟁력으로 바로 연결돼요. 클라이언트에게 도움이 됐는지, 깊은 인상을 줬는지에 목숨 거는 컨설턴트 출신으로서는 전혀 다른 경험이었죠. 컨설팅회사는 담력을 기를 수 있는 곳이 아니에요."

— 그녀는 불완전한 정보에 기반을 둔 신속한 결정이 충실한 정보에 기반을 둔 느린 결정보다 몇 단계 위라는 것도 몸으로 익혔다고 했다.

"컨설턴트는 끊임없이 정보를 수집해 분석하지요. 하지만 시작도 하기 전에 정보의 순도純度를 계속 높여나가는 것은, 어느 정도 선을 넘어서면 완전히 무의미해요. 그런 일로 타이밍을 놓친다면 회사에 엄청난 죄를 짓는 겁니다."

— 컨설턴트와 경영자의 또 다른 결정적 차이로 현금 감각을 꼽았다.
"자금 사정이 어려운 회사가 대형 컨설팅회사의 클라이언트가 되는 경우는 거의 없어요. 그래서인지 컨설턴트들은 현금 감각이 둔한 편입니다. 경비를 풍족하게 쓰는 데다 봉급도 많이 받아서 낭비벽도 있어요. 돈을 쓰는 것에 대한 두려움을 모르다가 창업하는 건 큰 핸디캡입니다. 저도 이익보다 전략의 완성도를 중시하는 버릇을 고치려고 지금까지 애를 쓰고 있어요."

— 그녀는 현장의 중요성에 대해서도 이야기했다.
"컨설팅회사에서 우수함을 판단하는 기준은 논리적 사고인데, 디엔에이를 세우고 나서는 회사란 논리적인 사람만으로는 조금도 앞으로 나가지 못한다는 것을 알게 됐어요. 자칭 맥킨지의 에이스 3명이 1년 안에 수익을 내겠다고 선언하고 회사를 만들었는데, 실제로는 4년간 줄곧 적자에서 헤어나지 못했어요. 회사란 논리적인 사람 이외에 다양한 부분에서 뛰어난 사람, 현장의 전문가들이 필요해요."

— 컨설턴트 시절엔 고객 기업의 약점만 잘 보였다고 한다. 하지만 지금은 보통 회사라 해도 사실은 보통이 아닌 노력을 하고 있기 때문에 그나마 돌아가는 게 아닐까 생각한다고 했다.

"맥킨지 시절 고객을 우연히 만나게 되면 부끄럽습니다. 바닥에 머리를 조아리고 사죄라도 하고 싶어요."

— 경영대학원에서 좋은 인맥을 쌓을 수 있다면, 그걸로도 큰 도움이 되지 않을까요?

"그렇지 않아요. 도망친 곳 없이 일에서 부딪쳐가며 만드는 인맥 이외에는 실제로 사업할 때 도움이 되지 않는다는 것을 절실히 경험했으니까요. 저마다 너무 바쁘기 때문에 자기 일에서 떨어져나와 누군가를 도와준다는 건 여간 어려운 일이 아니에요. '인맥 오타쿠'처럼 여기저기 파티에 참석해 명함을 모으는 사람도 있는데, 그런 식으로는 도움이 되는 인맥을 만들 수 없어요. 인맥을 만들기 위해 경영대학원에 가려는 사람이 있다면 '지금 당신이 하는 일과 일에 대한 당신의 자세가 좋은 인맥을 만들 수 있을지를 결정한다'라고 얘기해주고 싶어요."

— 좋은 인재를 뽑는 게 가장 중요하다고 강조하며 직원 채용은 직접 챙기고 있는데, 최고 인재를 뽑는 비결은?

"테크닉으로 되는 게 아닙니다. 책략을 배제하고 혼과 마음을 다해 구애求愛하듯 해야만 해요."

5

리더는
목표를 제시하고, 전달하고,
이해시켜야 한다

도요타의 리더들이 과거에 비해 달라진 것이 있다면, 목표를 정확히 얘기하고 그것을 아주 쉽게 이해할 수 있도록 설명한다는 것이다. 아키오 사장을 보필하며 회사 전체의 연구개발 분야를 사실상 총괄한다고 볼 수 있는 가토 미쓰히사 미래창생센터장이 대표적이다. 그는 "직원들에게 이 일의 목표가 무엇이고 왜 이 일을 해야 하는가를 이해시키는 것이 특히 중요하다"며, "그렇게 하지 않으면 직원들이 마음으로 움직이지 않기 때문"이라고 했다.

업무 지시를 받았는데 이해하거나 공감하지 못한다면, 지시를 따르는 데 최선을 다하기는 어려울 것이다. 이 때문에 도요타의 리더는 우선 목표가 무엇인지를 확실하게 얘기한 뒤 모든 조직원의 이해를 구하고, 이를 다양한 방식을 통해 끊임없이 전달한다.

리더 가운데는 자기 회사의 목표를
자신 있게 설명하지 못하는 이들이 많다.
그러면서 "왜 우리 직원들은
스스로 일을 찾아서 하지 않을까"라고
불만을 터뜨린다. 직원들의 문제일까,
아니면 리더의 문제일까?

그런데 하물며 리더 스스로 회사의 목표가 무엇인지 모른다면 어떻게 될까. 또 그런 리더를 둔 회사의 직원들은 어떻게 될까. 놀랍게도 한국 기업의 리더 가운데는 자기 회사의 목표를 자신 있게 설명하지 못하는 이들이 많다. 기업의 중간 리더들만이 아니라 심지어 최고경영자들도 마찬가지다. 기업의 최고경영자라면 "우리 회사의 목표는 이것입니다. 이를 이루기 위해 우리는 이런 일을 해야 합니다"라고 말할 수 있어야 한다. 중간 리더라면 "우리 회사의 목표는 이것입니다. 이를 이루기 위해 우리 부서는 이런 일을 지금 반드시 해야 합니다"라고 말할 수 있어야 한다.

목표를 얘기하기 위해서는 일단 현상을 파악하고 파악된 정보를 바탕으로 구상을 해야 한다. 현상을 제대로 파악하려면 전문성이 필요하다. 따라서 전문가형 리더가 아닐수록 목표가 모호해지고 피상적인 것이 되기 쉽다. 또 목표와 수단을 혼동하거나, 남들과 비슷한 얘기를 반복하거나, 따분하고 뻔한 이야기를 하게 될 가능성이 크다. 리더가 목표를 명확하게 설명하지 못한다면, 목표를 조직원들에게 전달하는 것은 당연히 불가능하다.

목표가 무엇인지 모르고, 목표에 따라 지금 내가 무엇을 해야 하는지 이해하지 못한 직원들이 스스로 열정을 발휘하고 동기부여를 할 수 있을까? 쉽지 않은 일이다. 그런데도 어떤 리더들은 명확한 목표를 제시하지 않으면서도 "왜 우리 직원들은 스스로 일을 찾아서 하지 않을까"라고 불만을 터뜨린다. 직원들의 문제일까, 아니면 리더의 문제일까?

목표가 불분명했던
작전의 비극

일본 경영자들 사이에 최고의 스테디셀러 중 하나는 1984년 일본에서 출간된《실패의 본질》(한국어판: 일본 제국은 왜 실패하였는가?)이라는 책이다. 태평양전쟁 때 일본군이 벌였던 미드웨이, 과달카날 등 6개 작전을 예로 들면서 일본군이 조직론적 관점에서 어떻게 실패했는지 분석했다. 지금까지 100만 권 이상 팔린 이 책은 지금도 일본 아마존 전략·전술 서적 판매, 일본 경제·경영학자들이 뽑은 '100년 뒤에도 읽힐 것 같은 경영서' 분야에서 최상위권에 올라 있다. 사실 경영서 범주에 속하지도 않는 이 책이 30년 넘게 애독된 이유는 현재의 일본 조직이 과거 일본군의 '실패의 본질'을 되풀이하는 경우가 많았기 때문이다.

이 책이 지적하는 당시 일본군의 최대 문제점은 '작전의 목표가 불분명했다'는 것이다. 각각의 작전을 통해 무엇을 얻으려 하는지에 대한 판단이 지휘부에서부터 흔들렸다. 이뿐이 아니다. 일본군의 대표적인 전투 가운데서는 작전을 왜 시행해야 하는지를 아예 지휘부조차 명확히 설명하지 못하는 경우도 있었다 지휘관이 작전 목표를 제대로 설명하지 못하는 전투이니 이길 리 만무했다.

책에서는 목표 설정의 대표적 실패 사례로 미드웨이 해전을 든다. 진주만 공습으로 태평양 전쟁의 기선을 잡았던 일본 해군이 압도적 전력을 갖추고도 미군에 참패한 전투다. 일본군의 목적은 처음엔 미드웨이 섬 공략, 나중에는 미 함대 격멸로 바뀐다. 이렇게 중간에 작전 목표가 바뀐 이유는 군 수뇌부가 이 작전을 통해 이루려는 목표에 확신이 없었기 때문이다. 작전 목표가 모호했던 데다 도중에 목표가 바뀌었기 때문에 각 함대 사령관과 함장들도 작전 목표를 정확히 이해하지 못했음은 물론 목표 달성을 위한 각자의 임무를 제대로 공유하지 못했다.

반면 당시 미 해군의 작전을 총지휘했던 니미츠 제독은 처음부터 "일본 해군의 항공모함 이외에는 절대 손대지 말라"며 항모 격멸에만 집중했다. 일단 항모부터 없앰으로써 일본 해군이 항모에 탑재된 전투기를 활용해 기동력을 갖추고 작전반경을 넓히는 것을 차단하겠다는 목표였다. 이를 첫 단계로 해서 해전의 주도권을 잡고, 이후 일본의 거점을 하나씩 차지한 뒤 일본 본토로 들어가 전쟁을 끝낸다는 계획임을 분명히 했다. 그리고 이러한 의도를 작전에 참여하는 함장들에게까지 정확하게 전달했다. 니미츠 제독이 뛰어났던 것은 작전에 투입되는 함장들에게 무조건 "항모 이외에는 손대지 말라"고 명령만 한 것이 아니라, 왜 그래야 하는지를 이해시켰다는 것이다. 이번 작전이 개별 작전으로만 끝나는 것이 아니라 일본 본토 진입을 위한 첫 단계라는 점을 명확하게 설명한 것이다.

미드웨이 해전의 사례를 통해 이 책은 '작전이 성공하기 위해선 목표가 명확해야 하고, 작전에 참가한 모든 멤버가 목표를 공유해야 하며, 이를 통해 각자가 임무를 정확히 인식해야 한다'고 설명한다.

2009년 도요타자동차 사장에 취임한 이후 여러 차례의 위기를 극복해낸 도요다 아키오가 2012년에 회사 목표로 내건 슬로건이 있다. 일본어로 '모또 이이 구루마', 즉 '더 좋은 차'를 만들자는 것이었다. 아키오가 제시한 이 목표에 대해 처음에는 도요타 내부에서도 의아하게 생각하는 이들이 꽤 있었다. "지금도 좋은 차를 만들려고 하고 있지 않나?", "더 좋은 차라는 의미가 무엇이지?", "사장이 창업가 출신 도련님이다 보니 목표 설정이 좀 어설픈 것 아닌가" 등 온갖 얘기가 나왔다.

그러나 그 후로 몇 년의 시간이 지난 지금, 아키오 사장의 '더 좋은 차 만들기'가 의미하는 바를 이해하지 못하는 사람은 없다. 최근에 나온 신차들의 디자인이나 성능이 더 좋아지면서, 아키오 사장이 제시한 목표의 성과가 속속 증명되고 있기 때문이다.

아키오 사장은 2012년 '더 좋은 차 만들기'를 회사의 목표로 설정한 뒤, 이를 계속해서 설명해나갔다. 도요타의 핵심 가치는 좋은 차를 적절한 가격에 만들어서 소비자에게 최고의 만족을 주는 것이며, 그

성공하기 위해선 목표가 명확해야 하고,
참가한 모든 멤버가 목표를 공유해야 하며,
이를 통해 각자가 임무를 정확히 인식해야 한다.

것을 한마디로 집약한 것이 '더 좋은 차 만들기(모또 이이 구루마 즈쿠리)'
라는 것이다. 2000년대 초반 지나친 물량확대주의와 세계 제패를 위
한 야망 때문에 제품 자체에 최선을 다하지 못하다가 위기를 맞지 않
았는가. 그 일을 반면교사로 삼아 좋은 제품을 만들기 위해 최선을 다
했던 기본자세를 잊어서는 안 된다는 얘기였다.

또 하나 중요한 것은 '완벽한 차'나 '최고의 차'를 만들자고 하는
것이 아니라 '더 좋은 차'를 만들자고 말했다는 점이다. 이는 목표가
어떤 시점에서 끝나는 것이 아니라, 어제보다 오늘, 오늘보다 내일 더
좋은 차를 만들자고 스스로에게 그리고 전 조직을 향해 다짐한 것이
라 할 수 있다.

삼성과 현대차가 지난 10~20년간 극적인 성장을 거둔 것도 이
세 가지를 확실히 한 데 기인한다. 이건희 회장과 정몽구 회장 모두
'품질경영'이라는 뚜렷한 목표를 내걸었다. 이 회장은 세계 9개 도시
를 돌며 임직원 1,800명과 그 목표를 공유했고, 정 회장은 품질과 관
련된 담당자 전원에게 각각의 역할을 부여하고 이를 완수하지 못하

면 그만둔다는 각서까지 받았다.

그렇다면 현재 한국 기업들의 작전 목표는 무엇일까? 그리고 그 목표와 목표 달성에 필요한 각각의 역할을 구성원들은 얼마나 공유하고 있을까?《실패의 본질》이란 책이 지금 한국 기업들에 던지는 화두다. 이것이 제대로 설정되지 않았다면 작전(사업)을 성공시킨다는 건 애초부터 불가능하다. 목표를 제대로 얘기하지 못하는 리더는 스스로 리더의 자격이 없음을 증명하는 것이나 마찬가지다.

목표는 반드시 전달하고 공유해야 한다

도요타에서 최근 달라진 점이 한 가지 더 있다. 회사의 목표가 '더 좋은 차 만들기'라고 한다면, 상사에게 "그것은 왜입니까?"라고 질문하는 것이 권장된다는 점이다. 리더는 그 질문에 대해 설명할 의무와 책임이 있다. 이를 통해서 회사의 목표가 더 효과적으로 공유되고, 따라서 목표를 달성하려는 회사 전체의 동력이 더 커질 수 있다. 지금의 도요타는 '무조건 이렇게 하라고 지시하는 식의 의사소통은 이제 더는 불가능하다'고 얘기하는 것이다.

아키오 사장 바로 직전인 와타나베 사장 시절만 해도 상사의 지시에 대해 '왜'라고 묻는 사람은 이상한 사람 취급을 받는 경우가 적지 않았다고 한다. 도요타는 1,000만 대 판매를 눈앞에 두고 급격하게 생산량을 늘리는 중이었다. 당장의 성과를 달성하고, 당장의 물량을 맞추기 위해 전원이 뛰던 때였다. 그만큼 조직 자체가 너무 급하고 피로한 상태여서, 직원이 상사에게 '왜'라고 물어도 받아줄 여유가 없었다고 당시 도요타 관계자는 얘기했다.

그러나 그 결과 도요타는 회사가 흔들릴 만큼 큰 위기에 처했다. 사내 커뮤니케이션이 제대로 되지 않아, 심각한 결함이 발생했는데도 이를 초기에 막지 못한 것이다. 큰 반성이 있었다. 그리고 현재 도요타의 최고 리더 지위에 오른 사람 중에는 과거에 도요타가 물량주의 · 성과주의에 함몰됐을 때 '왜 더 좋은 차를 만드는 데 집중하면 안 되느냐'고 상부에 제기했다가 묵살당하거나 심지어 좌천됐던 인물들이 포함돼 있다.

직원들의 '왜'라는 물음에 대해, 그 직원이 이해할 수 있도록 답하는 것은 직원의 동기부여와도 연결된다. 결국 직원들이 '왜 이것을 해야 하느냐'고 물었을 때 그 이유를 명확하게 답해줄 수 있는 리더가 도요타에서 좋은 리더의 조건이라는 것이다.

2016년 신체제 개편도 '더 좋은 차 만들기'라는 목표를 이루기 위한 수단이라고 할 수 있다. 그리고 아키오 사장은 왜 지금 이 수단을 써야만 하는지에 대해 직원들에게 친절하게 설명한다. 아키오 사장은 이렇게 설명한다. 회사가 목표로 내세우고 있는 '더 좋은 차 만들기'를 위해 신체제로 이행한다는 것, 그리고 '기능' 중심에서 '제품' 중심으로 조직을 해체해 재배치하는 것이 신체제의 핵심이라는 것, 개편된 체제의 양대 축은 컴퍼니와 헤드오피스라는 것, 신체제를 통해 도요타는 더 좋은 차를 만들게 될 것이고 더 훌륭한 인재를 양성하게 되리라는 것이다.

직원들이 '왜 이것을 해야 하느냐'고 물었을 때
그 이유를 명확하게
답해줄 수 있는 리더가 좋은 리더이다.

아키오 사장은 회사 홈페이지에도 공개한 신체제 발표문을 통해 "이번 체제 변경의 포인트는 기능 축이 아니라 제품 축으로 일을 바꿈으로써, 기능의 벽을 무너뜨리고 조정의 일을 줄여서 모든 일이 더 좋은 차 만들기와 그것을 뒷받침하는 인재 육성에 연결되도록 하는 것"이라고 규정했다. 발표문에는 또 "제품군을 7개의 컴퍼니체제로 이행해 중단기 상품계획과 제품기획은 컴퍼니에 일임한다. 종래 기능 축 조직이었던 기술과 생산기술을 선행先行과 양산量産으로 나눠 각 컴퍼니에 재배치하고, 그룹 내에서 차량의 개발 생산을 담당하는 차체 메이커도 각 컴퍼니에 나눠서 배치한다. 책임 권한을 각 컴퍼니 사장에 집약하여 자동차의 기획부터 생산까지 일관체제를 갖춘다"라고 쓰여 있다. 도요타의 체제 개편을 머릿속에서 그림이 그려지도록 명확히 설명한 것이다.

아키오 사장은 자사 홈페이지를 통해 자신의 목소리로 목표가 어떻게 만들어졌고, 왜 우리가 이것을 해야 하는지, 목표 달성을 위해 자신은 무엇을 생각하고 있으며, 조직은 어떤 식으로 바꿔나갈 것인지 등을 상세하게 설명한다. 텍스트로 설명하기도 하고, 때로는 동영상에 출연하기도 한다. 사내 강연회뿐 아니라 소비자나 투자자 대상 설명회에도 직접 나간다. 과거의 도요타 사장들은 다소 비밀스러운 구석이 있었고, 이렇게 본인이 직접 나서서 설명하는 예는 드물었다. 하지만 아키오는 다르다. 그는 왜 이렇게 소상히 설명하는 걸까. 도요타의 34만 명 직원에게 그리고 전 세계 소비자들과 도요타 협력사들에게 도요타의 목표가 무엇인지를 명확히 알리는 것이 리더가 해야 할 가장 중요한 일이라는 것을 알기 때문이다.

이와 관련해 고모리 시게타카古森重隆 후지필름 회장의 얘기도 참고해볼 만하다. 그는 2000년대 초반 후지필름이 필름산업의 쇠퇴로 망할 위기에 처했을 때, 회사의 강점을 활용한 업종 전환을 성공시켜 회사를 완벽하게 부활시켰다. 그를 도쿄 롯폰기에 있는 후지필름 본사 사장실에서 인터뷰한 적이 있다. 그는 경영자가 반드시 해야 할 일이 네 가지 있다고 했다.

"첫째는 읽어야 합니다. 리더는 한정된 시간과 정보만으로 기업이 처한 상황을 파악해내야 합니다. 앞으로 어떻게 될지도 읽어야 합니다. 둘째는 구상構想입니다. 읽었으면 어디로 갈 것인지, 무엇을 할 것인지 목표를 세우고 작전을 짜야 합니다. 셋째는 전해야 합니다. 위기를 헤쳐나가는 출발점은 경영자의 강한 의지이지만, 혼자서는 안 됩니다. 의지를 조직 구석구석에 전파하여 위기감을 공유하고, 사원 각자가 자각하도록 해야 합니다. 마지막은 실행이지요. 경영자는 평론가나 학자가 아닙니다. '현상이 이렇다. 장래는 이렇게 된다. 그러니까 이렇게 하자'를 입으로만 떠들면 안 됩니다. 결단했어도 실행하지 않으면 의미가 없습니다."

그는 기업에 위기가 발생했을 때에는 리더의 네 가지 덕목 중 특히 '전달'이 중요해진다고 강조했다. 톱의 메시지가 조직 곳곳까지 전해지지 않으면 조직은 움직이지 않기 때문이다.

"전쟁터에 나가는 군대를 생각해보세요. 왜 싸워야 하는지, 그리고 이기기 위해 무엇을 해야 하는지 알려야만 합니다. 전투 중에 갑자기 알려서도 안 됩니다. 그 전에 미리 알려야 합니다. 아무리 어려운 상황이리도 '이것을 하면 된다'는 것만 확실해지면 인간은 노력하게 끔 돼 있으니까요."

그럼 어떻게 전달할 수 있을까? 우선 리더가 아주 명확한 목표를 얘기하고, 그 목표를 내부적으로만이 아니라 공개적으로 반복해서 강조하는 방법이 있을 것이다. 그러나 이보다 더 중요한 것이 조직을 그 메시지에 맞게 바꾸는 것이다. 도요타에서 아키오 사장은 '더 좋은 차 만들기'라는 목표에 따라 조직을 완전히 뜯어고쳤다. 이를 통해 직원들에게, 소비자에게, 주주에게 리더가 말한 목표를 달성하기 위해 회사가 전력을 다하고 있다는 강력한 메시지를 전했다.

또 기업의 투자계획을 통해서도 목표를 아주 강력하게 전달할 수 있다. 어떤 제조업체를 생각해보자. 이 업체가 지난 수년간 행한 투자 가운데 가장 큰 투자가 무엇인지를 보면, 이 회사가 앞으로 무엇을 하겠다는 것인지를 알 수 있다. 가장 큰 투자가 인공지능^AI 분야였다면, 투자자·소비자와 사내 직원들도 그 기업의 목표를 그렇게 볼 것이다. 가장 큰 투자가 땅을 사서 빌딩을 짓는 것이었다면, 모두가 그 기업의 목표를 그렇게 볼 것이다.

6

창업가문과
전문경영인을 오가는
긴장의 리더십

오너경영 체제가 좋으냐 전문경영인 체제가 좋으냐는 오래도록 논쟁이 되어왔다. 오너경영 체제는 중앙집권적 의사결정, 장기적인 책임경영 등을 통해 회사를 발전시킬 수 있다는 장점이 있다. 반면 단점도 있는데 권력이 절대화·장기화되면서 오너의 전횡이 심해질 수 있고, 특히 경영권이 2·3세로 이어질 경우 무능한 경영자가 회사를 위험에 빠뜨릴 수도 있다. 전문경영인 체제는 오너경영 체제의 단점을 막을 수 있는 반면에, 단기적 성과에 집중하기 쉬워 회사의 장기적 성장 능력을 저해할 우려가 있다. 특히 한국 대기업은 최근 창업가문 4세 경영으로까지 이어지면서 사회정의나 경제 효율 면에서 온당한지에 대한 고민과 반발이 나오고 있다.

그렇다면 도요타는 어떨까?

도요타의 현재 CEO 겸 사장인 도요다 아키오는 창업가문 3세다. 2009년 사장에 취임한 그는 이듬해 1,000만 대 리콜 사건에 대해 소명하기 위해 미국 의회 청문회에 출석했다. 그런데 사건이 터졌다. 의원들의 집중 추궁을 받던 중에 그만 울어버린 것이다. 그로서는 감정이 복받쳐서 벌어진 일이었지만, 이 일로 미국은 물론 일본의 도요타 안팎에서도 말이 많았다. '울보 사장'이라는 비난이 있었고, 이렇게 유약한 사람이 거대 그룹 도요타의 위기를 어떻게 극복하겠느냐는 우려도 무척 컸다.

아키오 사장을 직접 본 것은 대여섯 번 정도다. 대부분 국제모터쇼 등의 도요타 발표회장에서였는데, 수년 전 한번은 나고야에서 열린 도요타 행사에서 꽤 오래 그를 지켜볼 수 있었다. 직접 이야기를 나눈 것은 10분 정도였지만 그가 다른 도요타 임원들이나 일본 기자들과 얘기하는 모습을 1시간 정도 지켜봤다. 그가 주는 인상이 그리 강한 편은 아니다. 카리스마 있는 모습도 아니다. 눈빛이 예리하거나 말이 지극히 논리적이라거나 대단히 스마트해 보인다는 느낌도 아니다. 오히려 평범하고 다가가기 쉬워 보일 정도다. 도요타 직원들이 그를 대하는 태도를 봐도, 이 일본 최대 기업의 총수는 제왕적 CEO와는 상당한 거리가 있다. 어떤 직원들은 그를 '아키오짱'이라 부르기도 한다. '아키오상(씨)'의 애칭인데, 보통 거리낌 없는 대상에 대해 이런 표현을 쓴다. 도요타 직원들이 사석에서 아키오 사장에 대해 얘기하는 것을 본 적도 있는데, 사장을 두려워한다거나 그에 대해 말하길 조심스러워하는 낌새는 전혀 없었다. 그런 아키오짱이 지난 7년간 다른 어떤 사람보다 더 훌륭하게 도요타를 이끌어온 것이다.

도요타는 오너경영 체제가
아니다

아키오는 어떻게 해서 취임 전후로 벌어진 각종 메가톤급 위기를 극복하고, 회사를 최고 위치에 올려놓을 수 있었을까? 필자는 그 비결이 도요타의 창업가문과 전문경영인 사이의 건전한 긴장관계에서 비롯된다고 본다. 즉, 아키오가 오너 가문 출신으로서 사장으로 존재하기는 하지만, 절대적인 권력자는 아니라는 것이다.

아키오 사장을 포함한 도요다 가문의 그룹 지분은 2%가 채 되지 않는다. 따라서 아키오 사장은 그룹 지분을 통해 지배하는 것이 아니라, 창업자 가문의 상징성과 신뢰를 기반으로 주주들의 지지를 받아 선출됐다고 보는 것이 타당하다. 따라서 아키오 사장은 회사의 실질적인 '오너'가 아니며, 그 역시 경영을 제대로 하지 못하면 언제든지 쫓겨날 가능성을 안고 있다. 아키오 사장 자신도 "(내가 회사에 도움이 되지 못한다는 평가가 내려질 경우) 언제든지 사장직을 그만둘 각오로 일하고 있다"고 밝힌 적이 있다. 즉 창업가문 출신 사장이라고 해서 그룹을 독점해 지배하는 것이 아니라, 주주와 이해관계자들에게 항상 평가받는다는 점을 인식하고 있다는 뜻이다. 다만 도요타그룹은 창업자 가문이 상징적인 구심점 역할을 잃지 않고 있다는 점에서 매우 안정적이고 뛰어난 경영구조라고 할 수 있다.

아키오 사장은 도요타자동차의 11대 사장인데, 창업자 가문 출신으로는 일곱 번째다. 창업자인 도요다 기이치로를 포함해 창업가문이 1~2대 사장을 지냈고, 이후 도요타 내부에서 성장한 전문경영인이

3~4대 사장을 했다. 5대 사장은 다시 창업가문 출신인 도요다 에이지가 맡았다. 에이지가 사장을 맡았던 시기는 1967년부터 1982년까지로, 도요타가 글로벌 자동차회사로 막 뻗어 나가던 매우 중요한 시기였다. 에이지는 뛰어난 리더십으로 회사를 급격히 성장시켰다. 또 렉서스라는 브랜드를 새로 만들어 미국 고급차 시장을 공략함으로써, 도요타의 제품 이미지를 한 단계 높이는 데도 공헌했다. 이후 6~7대인 1995년까지 현 아키오 사장의 아버지인 쇼이치로를 포함해 2명의 창업가문 출신이 연이어 사장을 맡았다. 그러다가 1995년 이후 2009년까지는 오쿠다 히로시(8대), 조 후지오(9대), 와타나베 가쓰아키(10대) 등 전문경영인이 3대째 연달아 사장이 되었다.

이렇듯 도요타의 최고경영자는 창업가문과 전문경영인이 번갈아 맡아왔으며, 이들 간의 건강한 긴장관계가 서로를 발전시켜왔다. 창업가문은 전문경영인을 존중하고, 전문경영인은 그런 창업가문을 신뢰한다. 도요타의 대주주와 이해관계자들도 이 관계를 잘 이해하고 있으며, 상황에 따라 적임자라고 판단되는 인물을 CEO로 정한다는 컨센서스(구성원들의 총의)가 형성돼 있다. 도요타 창업가문과 전문경영인 사이의 이런 '긴장의 리더십'은 도요타가 수많은 위기를 겪으면서도 그 위기를 빨리 극복하고 더 강해지도록 하는 동력이 되고 있다. 리더십에 문제가 생기면 즉각 제동을 걸고 분위기를 쇄신할 수 있기 때문이다. 그래서 연달아 위기를 맞아 휘청거릴지라도 완전히 무너지기는 어려운 구조의 리더십이라고도 할 수 있다.

도요타에서 CEO를 맡는다는 것이 전문경영인이라고 해서 더 어렵고, 창업자 가문 출신이라고 해서 더 쉬운 것이 아님을 보여주는 처절한 사례도 있다. 아키오 사장 이전의 도요타 역대 사장 10명 중 재임 중 또는 퇴임 직후에 사망한 사람이 4명이나 된다. 창업가문 출신인 1대 리사부로가 격무로 사망했고, 2대 기이치로(도요타자동차의 창업자)는 병을 얻어 사장 자리에서 물러난 뒤 결국 숨지는 불운을 겪었다. 전문경영인 출신의 4대 사장 나카가와 후키오도 1967년 급성 심근경색으로 사망했다. 당일 오전 도쿄 출장을 갔다가 나고아 본사로 돌아와 업무보고를 받고 임원회의를 주재한 뒤, 저녁 회식에 참석했다가 갑자기 사망했다. 7대 사장인 도요다 다츠로도 뇌졸중 때문에 사장에서 물러나 병석에 있다가 결국 숨졌다. 이런 사례들을 통해 알 수 있는 것은 도요다 가문의 적자^{嫡子}라고 해서 반드시 사장이 되는 것도 아니고, 또 사장이 된다 해도 무소불위의 권력을 행사할 수 있는 것도 아니며, 사장이 된 이후에도 죽도록 노력해야 한다는 것이다.

일본 매스컴에서는 2009년 창업자 3세인 아키오가 사장에 올랐을 때 '도요다 가문의 대정봉환^{大政奉還}'이라고 쓰기도 했다. 대정봉환은 1868년 메이지유신 당시 도쿠가와 막부가 천황에게 권력을 넘긴 것을 가리키는데, 도요다 가문이 사장을 다시 배출한 것을 여기에 비유한 것이다. 또 '미카와^{三河}주의'라고 해서 도요타 창업가문과 도요타 본사, 종업원과 협력업체의 관계를 막부 시절의 주군과 사무라이 관계에 비유하기도 했다. 도요타의 본거지인 나고야 지역은 예전에 '미카와'라는 이름으로 불렸던 곳인데, 막부 시절 맨몸의 농민들이 사무라이 부대를 무찌를 정도로 충성심과 근면성으로 유명했다고 한다. 이를 근거로 도요타가 이 지역 특유의 충성심을 바탕으로 커나갔다고 보는 시각도 있다.

그러나 창업 이래 도요타의 경영체제를 들여다보면 반드시 절대적 충성심으로만 움직이거나 창업자 가문이 권력의 우위를 점하고 있다고 말하기는 어렵다. 아키오 이전에는 14년에 걸쳐 전문경영인 CEO 체제가 이어졌다. 그 체제에서의 장단점 가운데 단점을 보완하기 위해 도요다 가문과 도요타의 모든 관계 세력의 컨센서스를 통해 도요다 아키오가 추대됐다고 보는 것이 오히려 맞을 것이다.

아키오가 사장에 오르기 전 뛰어난 경영 능력을 보여줬던 것은 아니다. 그는 게이오대 법학부를 졸업한 후 미국 뱁슨대 경영대학원에서 MBA를 취득했다. 이후 미국 현지 투자은행에서 잠시 일하다가 스물여덟 살이던 1984년 도요타에 평사원으로 입사했다. 이후 본사 모토마치 공장의 현장직·경리부·생산조사부·차량부 등을 거쳐 2001년 임원, 2002년 상무, 2003년 전무에 올랐다. 그리고 2005년 부사장으로 승진하여 정보사업·조달 분야를 담당했다. 이후 상품기획·국내영업·글로벌영업기획·고객서비스 부문 등을 두루 맡았다. 지도자 수업을 받기는 했지만, 그가 사장이 될 수 있을지는 불분명했다. 그러다가 2009년 사장에 임명됐다. 이는 회사가 리먼 쇼크에 따른 300만 대 재고, 이후 1,000만 대 리콜 등으로 최악의 위기 상황에 놓이면서 조직의 새로운 구심점이 필요했기 때문이다.

이후 CEO로서 능력을 보여주는 것은 그 스스로 헤쳐나가야 할 문제였다. 도요타 사장을 역임했던 아버지 쇼이치로를 비롯해 많은 자문역이 주변에서 그를 지원하긴 했지만, 그는 스스로 능력을 보여주기 위해 최선을 다했다. 결국 지금의 성과는 아키오 스스로 불안과 위기를 극복해가며 이뤄낸 것이라 할 수 있다.

도요타에서 창업가문과 전문경영인 사이의 긴장관계는 예전에도 존재했다. 전문경영인 출신의 도요타 4대 사장 나카가와가 사망한 지 보름 뒤에 도요타의 창업자 기이치로의 사촌인 에이지가 5대 사장에 취임했다. 그때도 일본 매스컴은 이를 '도요다 가문의 대정봉환'이라고 썼다.

당시 에이지는 "도요다 가문 사람이기 때문에 사장이 된 것 아니냐"는 기자들 질문에 "나는 적임자이기 때문에 선택됐다고 생각한다"라고 당당하게 반론했다. 그냥 하는 말이 아니었다. 에이지는 도요다 가문에서 기이치로와 더불어 수재 중의 수재로 꼽혔다. 기이치로와 마찬가지로 도쿄제국대학 기계공학과를 졸업했고, 직접 그린 자동차용 디젤 엔진 설계도를 졸업논문 격으로 제출했을 정도다. 이 같은 전통은 계속 이어졌다. 기이치로, 에이지뿐 아니라 이후에 창업자 가문 CEO를 지낸 쇼이치로, 다츠로까지 4명의 창업가문 경영자가 모두 자동차에 대한 전문지식을 두루 갖춘 것으로 평가받았다.

에이지 사장 이전의 이시다와 나카가와 사장 시대에는 경영 실무는 사장이, 생산과 기술은 부사장이던 에이지가 담당하는 이중 구조였다. 그러다가 에이지가 사장으로 승격하여 전권을 장악하자 기술 경영에 일관성이 생겼다. 도요타 내 최고 자동차 전문가 중 한 명인 에이지의 방침에 따라 개발이 진행됐고, 설비 투자와 인사도 그가 결정함으로써 더 좋은 차를 만들어낼 기반이 마련됐다. 이는 아키오 사장이 내세우는 목표 '더 좋은 차 만들기'와도 맥이 통한다. 아키오는 기이치로나 에이지처럼 기계공학을 전공한 전문 엔지니어 출신은 아니다. 그렇지만 그 역시 자동차 레이싱에서 준準 전문가이며 특히 도

제왕학의 본질은 제왕의 독주가 아니다.
독주하면 오래 못 간다.

요타 내 최고 자동차 전문가들과 오랫동안 깊은 교감을 가지며 자동차에 대한 안목을 길러왔다.

이렇듯 제왕학의 진짜 본질은 제왕의 독주가 아니다. 독주하면 오래 못 간다. 조선 왕조가 그렇게 문제가 많았는데도 오백 년을 지속한 이유가 왕권과 신권의 긴장관계에 있다는 분석도 있다. 그런 의미에서 한국의 일부 대기업은 권력의 긴장관계를 통해 장기적 성장을 도모한다는 측면에서 볼 때 경영에 실패하고 있다. 한국 오너경영의 장점이 강력한 톱다운 능력이라고 하지만, 최근의 상황을 보면 제대로 된 톱다운경영이 이뤄지고 있는지도 의문이다. 기업의 오너가 권력의 이점을 취하는 데만 치중하고, 기업의 미래가 걸린 중요한 의사결정에 대해서는 스스로 감당하지 않고 아래에 맡겨 경쟁만 시키거나 외부에 위탁하는 경우가 적지 않기 때문이다.

장기적인 계획을 세우고, 투자에 대한 맥을 짚어주고, 계획을 실행하게 하는 것은 결국 기업 최고경영자의 몫이다. 최근 상황을 보면, 한국의 오너경영 체제와는 성격이 다른 도요타 쪽이 오히려 톱다운의 장점을 더 잘 활용하고 있는 것처럼 보인다.

일본 무라타 사장이 전하는
이상적 지배구조

세월이 흐름에 따라 창업가문 출신 경영체제에서 전문경영인 체제로 이행되는 기업이 많을 것이다. 전문경영인 체제가 더 잘 작동하게 하려면, 창업가문이 전문경영인의 성과를 주시하다가 성과가 나빠지면 경질할 수 있는 장치를 마련해야 한다는 게 전문가들의 견해다. 전문경영인에게 권한을 몰아줄 경우, 경영진이 주주의 이익보다 자신의 이익을 위해 회사 자원을 오용하는 '대리인 문제agency problem'가 생길 수 있다. 그런데 창업가문이 의결권 등을 통해 전문경영인을 적절히 견제할 수 있다면 경영성과가 잘 나타난다는 것이다.

이때의 의결권은 창업가문이 직접 보유한 주식의 의결권만을 의미하는 것은 아니다. 도요타는 창업가문이 보유한 주식이 전체의 2%도 안 되지만, 도요타의 CEO를 선임하는 데 강력한 영향력을 행사한다. 창업가문이 도요타 주주들로부터 신임을 얻고 있기 때문이다. 만약 지분의 30%를 갖고 있다는 이유로 경영성과도 없고 이해관계자들의 컨센서스도 형성돼 있지 않은 창업가문 출신이 CEO 자리를 차지한다면, 결국 피해를 보는 건 주주들이다. 반면에 주주들의 신임을 얻은 사람이라면, 단지 몇 퍼센트의 지분을 가진 창업가문 출신이라고 해도 CEO가 되는 데 아무 문제가 없는 것이다. 그것이 바람직한 기업 지배구조이고, 그런 지배구조의 우수 사례를 보여주는 것이 바로 도요타라고 할 수 있다.

일본의 또 다른 기업 사례를 통해서도 이런 지배구조의 장점을 쉽게 이해할 수 있다. 일본 최고의 전자부품 기업 무라타村田제작소를 보자. 일본에는 무라타를 포함하여 교세라, 오므론, 일본전산 등 이른바 '전자부품 7인방'이 있다. 소니나 샤프 같은 일본 대표 가전 기업들이 쇠락한 가운데, 이들이 일본 전자산업의 자존심을 지키고 있다. 7인방 중에서도 최근 몇 년 사이 '원톱'으로 떠오른 곳이 있는데, 성장률과 이익 양쪽에서 단연 돋보이는 무라타제작소다. 이 회사는 기본 단가 3원에 지름 0.2mm의 '적층積層 세라믹 콘덴서'라는 제품을 주로 만든다. 애플·삼성·LG는 물론 세계 거의 모든 스마트폰·태블릿PC에 들어가는 부품이다. 세계적으로 이 부품 시장에서 무라타의 점유율은 50%에 이르며, 영업이익률은 25%에 달한다.

무라타의 현재 사장 무라타 쓰네오村田恒夫는 1950년 무라타를 창업한 무라타 아키라 초대 사장의 셋째 아들이다. 아버지와 장남인 형에 이어 2007년 3대 사장에 취임했다. 그를 교토 근교의 무라타 본사에서 인터뷰한 적이 있다. 도요타의 아키오 사장처럼 평범하고 온화해 보이는 인상이었다. 그에게 "무라타는 오너 기업인가요?"라고 단도직입적으로 물었다.

"제가 물론 창업자의 아들이긴 하지만, 무라타는 상장기업이고 저희 가족 지분은 2%가 안 됩니다. 이런 회사를 오너 기업이라고 할 수 있을까요?"

아주 명쾌한 답변이다. 그렇다면 어떻게 형에 이어 그가 사장이 될 수 있었을까?

"무라타의 주식은 금융기관이 36%, 외국 법인이 40%를 갖고 있습니다. 최대주주는 JP모건체이스은행입니다. 전임 사장(형)이 저를 후임으로 추천하긴 했지만, 이사회와 주주총회에서도 제가 적임자라고 판단했기에 그 추천안에 동의했다고 생각합니다. 그래서 저는 경영을 잘못하면 언제든 경영권을 내놓아야 하고, 그럴 각오가 돼 있습니다.”

무라타제작소의 4대 사장은 누가 될까? 무라타 가문에서 또 나올까?

그는 “정해진 게 없다”고 했다. 우선 자신의 자식들은 무라타에 입사하지 않았다고 했다. 형의 아들이 무라타에서 일하고 있지만, 그가 4대 사장이 될지 어떨지는 자신도 모른다는 것이었다. 형의 아들이 사장에 오르는 것이 기업의 지속 성장에 도움이 된다고 생각한다면 주주들이 동의해줄 것이고, 그렇지 않다면 4대 사장은 전문경영인이 될 것이다.

즉 도요타나 무라타 사례에서 볼 수 있듯이 창업자 가문이 세대를 이어 강력한 기업가 정신을 유지할 때, 주주의 신임을 얻는 형태로 기업 경영에 관여할 수 있다. 이것이 창업가문과 전문경영인 사이의 상호 보완과 견제 관계로 이어진다면, 기업의 지속 성장 가능성을 더 높여줄 것이다.

만약 창업가문이 기업 경영에 관여하기를 아예 포기하거나 주주의 일원으로서만 만족한다면, 기업의 지속 성장 가능성을 높여줄 CEO 선정 방법에는 어떤 것이 있을까?

최근 일본 기업들 사이에 늘어나고 있는 ‘지명위원회’ 같은 협의체를 생각해볼 수 있다. 지명위원회는 사장 등 경영진 인사를 논의하는 위원회를 말한다. 2016년 중순까지 이를 도입한 상장기업은 500

여 곳으로, 2014년보다 4배 이상 늘었다. 기업의 장기적 성장을 가능하게 해줄 사장을 뽑으면서도 경영진 인사의 투명성까지 높이겠다는 의도다. 전문경영인 체제라고 해도 사내 실력자가 인사 결정권을 쥐고 흔든다면 후계자 선정에 문제가 발생할 수 있으니, 이를 막겠다는 얘기다.

지명위원회는 2015년 6월 정부 주도로 '기업통치지침'이 만들어지면서 설립이 늘고 있다. 기업통치지침은 상장기업에 기업가치 향상을 요구하는 일종의 행동지침이나. 이사회 역할과 경영 전략이 선정 그리고 주주와의 대화 등에서 지켜야 할 원칙 등을 제시한 것으로, 도쿄증권거래소와 금융청이 마련했다. 강제력은 없지만 지침대로 실시하지 않는 기업은 그 이유를 투자자에게 설명해야 한다.

73개 항목의 원칙을 모두 지키고 있는 기업은 2016년 중순 현재 전체 상장사의 10% 선이라고 한다. 시간이 갈수록 대부분 업종으로 확산되고 있는데, 세븐&아이홀딩스·세콤·스미토모화학·미쓰비시제지 등이 2015년 도입했다. IHI도 2015년 6월에 지명위원회를 만들었는데, 위원 4명 중 3명을 사외에서 뽑았다. 니토리는 2016년에 지명위원회를 설치하고 지명위원 5명 중 과반인 3명을 사외에서 뽑았다. 창업자 니토리 아키오 회장의 독단이 아니라 외부의 눈을 통해 투명한 절차를 밟고 중장기적 성장을 노리겠다는 게 지명위원회 설립 이유다.

2016년 일본에서는 유통 대기업인 세븐&아이홀딩스의 창업자가 경영 실적이 꾸준하게 좋았던 전문경영인을 내쫓고 세습경영을 하려다가 지명위원회의 반발에 밀려 결국 사퇴에 이른 사건이 있었다. 상장기업에 지명위원회 설치가 늘어나면, 창업가문이 회사에서 전횡을 저지를 여지는 점점 줄어들 것이다.

한국에서도 오너경영의 한계에 대한 우려가 크다. 삼성은 일단 전문경영인이 경영 전면에 나서서 활동하고 있기 때문에 당장 위험에 빠질 가능성은 크지 않다고 말할 수도 있다. 하지만 현대자동차는 상대적으로 오너에게 권력이 집중돼 있고, 자동차에 대한 전문성보다 오너 보필 능력이 탁월한 일부 고위 임원을 제외하고는 전문경영인들의 힘이 강하지 못하다. 이 외에도 한국 대기업 가운데는 창업가문 출신 회장님의 입만 쳐다보는 경우가 허다하다. 이런 상황에서 외국의 지배구조 사례를 그대로 도입하기는 쉽지 않을지 모른다. 그러나 한국식 오너경영 체제의 변화를 위해 어떤 논의나 시도조차 하지 않는다면, 한국 기업은 경쟁력을 향상시킬 기회를 놓치고 말 것이다.

버크셔 해서웨이, BMW, 보쉬, 머크, ARM의 사례

"우연히 당신 아들로 태어났다는 것을 뺀다면, 하워드 버핏이 그 일 (이사회 의장직)에 가장 적임자라는 걸 어떻게 증명할 수 있습니까?"

버크셔 해서웨이 주주총회 참석자 중 한 명이 워런 버핏 회장 겸 CEO에게 던진 질문이다. 워런 버핏은 자신이 더는 일을 할 수 없게 될 경우, 아들 하워드가 이사회 의장직을 승계할 것이라고 밝혀왔다. 버핏은 질문에 이렇게 답했다. "경영은 별도의 CEO가 할 것입니다.

아들은 비상임 이사회 의장 자격으로 버크셔 해서웨이의 기업 문화와 가치를 유지하는 역할을 맡을 것입니다. 이 일에는 내 곁에서 커온 아들이 가장 적임자라고 생각합니다."

이 문답은 시가총액 기준 세계 5위(330조 원)에 달하는 이 글로벌 지주회사를 어떻게 물려줄 것인지에 대한 많은 내용을 담고 있다. 그는 우선 아들 하워드 버핏이 경영에 직접 관여하지 않는다고 못 박았다. 워런 버핏은 자신이 맡았던 역할을 셋으로 쪼개 나눠줄 예정인데 기업 경영은 차기 CEO가, 투자 실무는 총괄 펀드매니저가 나눠서 맡을 예정이다. 다른 하나의 역할이 이사회 의장직으로, 그 자리를 아들 하워드 버핏에게 물려주겠다는 것이다.

워런 버핏은 승계와 관련해 "미래의 CEO가 주주가치를 훼손해가면서까지 회사를 CEO 개인의 놀이터로 만들지 않을까 걱정이 크다"고 말해왔다. 버핏은 자신의 아들을 비상임 이사회 의장으로 임명함으로써, 이사회 이사들이 CEO가 기업가치를 훼손한다고 판단하는 등 불만을 가질 경우 이를 중재하거나 해결하도록 하겠다는 뜻이다. 즉 전문경영인이 독단적인 경영을 하거나 잘못된 판단을 할 경우, 이를 제지하고 해결할 최후의 안전판 역할을 자신의 아들에게 맡긴 것이다.

전문경영인이 적절히 독립성을 유지하면서도 창업가문이 전문경영인의 전횡을 강력하게 견제하는 구조는, 몇몇 글로벌 기업이 꾸준히 성장해올 수 있었던 비결 중 하나다. 세계 최대 접착제회사 헨켈Henkel도 그중 하나이며, BMW·보쉬Bosch·머크Merck 같은 글로벌 초우량 기업에서도 이런 경향이 나타난다. 이들 기업의 소유와 경영에 대한 관점을 살펴보자.

헨켈은 세계 125개국에 진출해 있고 직원이 4만 7,000명에 달한다. 1876년 설립됐으며, 1980년 헨켈 가문 출신의 마지막 CEO였던 콘라트 헨켈 박사가 CEO 자리를 내놓고 경영감독위원회 의장 겸 주주총회 위원장으로 자리를 옮겼다. 현재는 이 자리를 5세손이 맡고 있다. 창업가문 출신의 경영감독위 의장은 헨켈의 경영에 직접 관여하진 않는다. 다만 CEO가 장기적으로 안정적인 경영을 할 수 있도록 지원하는 역할을 하며, 회사의 발전을 위해 어떤 CEO를 뽑을 것인지에 대해 고민한다. 현재 헨켈의 CEO는 덴마크인으로, 헨켈 140년 역사상 비非독일어권에서 영입된 최초의 CEO다. 독일인이 창업했고 독일이 본사이긴 하지만, CEO는 외국인으로 뽑은 것이다.

BMW의 예도 비슷하다. 이 회사의 자동차 판매 대수는 2015년까지 이전 10년간 70% 증가했으며, 매출은 거의 2배인 120조 원에 달했다. 이 같이 뛰어난 실적 뒤에는 지배주주 가문이 소유와 감독은 하되 경영 전면에 나서지 않는 기업 시스템이 존재한다.

BMW의 최대주주는 지분 47%를 보유한 크반트Quandt 가문이다. BMW그룹은 1959년 심각한 경영 위기로 다임러벤츠에 인수·합병될 뻔했지만, 대주주였던 기업가 헤르베르트 크반트Herbert Quandt가 50%의 지분을 확보하면서 독자 생존에 성공한다. 1982년 헤르베르트 크반트가 사망하고 2015년 그의 부인인 요한나 크반트까지 사망하면서, 현재 크반트 가문의 지분은 헤르베르트의 아들인 슈테판 크반트와 딸인 주자네 클라텐이 총 46%를 보유하고 있다.

하지만 크반트 가문은 현재까지 BMW 공식 행사나 경영에 일절 참여하지 않는다. 언론 인터뷰는 물론 외부 노출도 극도로 피하는 것으로 유명하다. BMW그룹에서는 크반트 가문에 대해 언급하는 것이 금기사항이기도 하다.

이러한 BMW의 경영 투명성은 독일 내에서도 최상위권이다. 소유와 경영이 철저히 분리돼 있으며, 크반트 가문 출신은 그 누구도 BMW에 취직이 허용되지 않는다. 슈테판 크반트는 감독이사회 부의장으로만 참여할 뿐 경영에 일절 관여하지 않는다. 대신 그는 BMW의 독립경영과 장기직 수익체세의 최대 수호자 역할에 충실하면서, CEO의 전횡 등을 감시하고 BMW의 기업 문화와 가치가 올바로 유지되도록 하는 일을 수행한다. 이런 이유로 노조는 사측을 전폭적으로 신뢰하고 있다. 노조 입김이 센 유럽에서 BMW만큼은 2016년까지 지난 26년간 무분규를 이어오고 있다.

세계 최대 자동차부품회사인 보쉬는 독일 기업 가운데서도 독특한 지배구조로 되어 있다. 2015년 매출이 90조 원이나 되지만 비상장기업이다. 게다가 지분의 92%를 가진 보쉬 재단은 의결권이 없고, 7% 지분을 가진 보쉬 패밀리는 7%만큼의 의결권은 갖지만 경영에 일절 관여하지 않는다. 대신 지분이 전혀 없는 보쉬 경영감독법인이 재단의 위임을 받아 93%의 의결권을 가지고 전권을 행사한다. 그러나 경영감독법인 역시 회사의 일반적 경영 활동에는 거의 관여하지 않는다. 지분을 가진 쪽은 의결권이 없고, 의결권을 가진 쪽은 지분이 없는 구조다. 이런 지배·경영구조를 바탕으로 보쉬는 장기적 관점의 책임경영을 실천해왔다. 1861년 설립된 보쉬는 창사 이래 127년간 단 6명의 CEO만 배출했을 정도로 CEO 재임기간이 길다. 그만큼 단기 성과에 매몰되지 않고 장기적인 경영계획과 투자가 가능했다는 얘기다.

보쉬의 이런 지배·경영구조는 창업자의 깊은 고민에서 나왔다. 창업자 로버트 보쉬^{Robert Bosch}는 아들 로버트 보쉬 주니어에게 열한 살 때부터 경영수업을 시켰고, 아들이 스무 살이 되자 후계자로 임명했다. 그러나 아들이 오랜 지병으로 업무를 수행할 수 없게 되자, 그는 기업을 어떻게 안정적으로 지속시킬 수 있을지 고민에 빠졌다. 한편 로버트 보쉬는 1942년 여든한 살의 나이로 숨지기 전까지 두 번의 세계대전을 겪었는데, 국가 경제를 도탄에 빠뜨렸던 전쟁은 그의 이런 고민을 더욱 깊어지게 했다. 이 늙은 창업자는 죽기 전까지 회사의 안정적인 성장 기반을 만들어놓고 싶었다. 그래서 가능한 한 모든 전문가를 동원해 조언을 구하면서 전쟁·승계 문제 등 외부 환경에 쉽게 흔들리는 현실을 막고, 기업이 장기적으로 지속 성장할 방법이 없을지 찾아 나섰다. 결국 보쉬는 창업자 로버트 보쉬의 유언에 따라, 1946년 소유와 경영을 독자적인 형태로 완전 분리하는 투명경영을 실천하기에 이르렀다.

창립한 지 350년이나 된, 세계에서 가장 오래된 제약·화학기업 머크는 기업에 대한 창업자 가문의 감독 권한은 유지하되, 소유와 경영을 분리하는 특별한 시스템을 갖고 있다. 머크는 지분 70.3%를 소유한 지주회사 이머크^{E. Merck}가 소유하고 있다. 이머크는 머크의 직계 후손, 그들과 혼인 관계로 맺어진 배우자, 그리고 그들의 후손 150여 명이 출자한 합자회사다. 150여 명의 파트너가 총회를 열고 5년 임기의 10여 명을 뽑아 '가족위원회'를 구성한다. 가족위원회는 다시

'9인 위원회' 멤버를 선출하는데, 머크 가문 후손 중 5명과 제약·화학 전문가 4명으로 구성된다. 이렇게 구성된 9인 위원회에서 머크의 CEO 등 최고 경영진을 뽑는다.

규모가 1억 유로를 넘지 않는 인수합병 건에 대해서는 머크 가문의 간섭 없이 최고 경영진이 결정할 수 있다. 그러나 이들의 선임·해임 권한은 이머크의 9인 위원회가 가지고 있다. 또 최고 경영진 5명은 머크가 아니라 이머크에 속하며 월급도 이머크에서 받는다. 또 창업자 가문의 일원이 미크의 신입사원이나 중간관리자로 가는 경우는 없다. 머크에서 일하려면 다른 회사에서 능력을 인정받은 후 머크의 고위 직급에 지원하는 길뿐이다. 머크 가문이기 때문에 뽑아주는 것은 없으며, 자신의 능력만으로 충분히 승부할 수 있다는 사실이 입증될 경우에만 일할 자격을 준다.

포드는 창업자의 증손자인 빌 포드 주니어가 이사회 의장을 맡고 별도의 전문경영인을 세우는 구조로 되어 있다. 창업가문 경영과 전문인 경영 시스템을 혼합한 경우다. 포드 가문은 여전히 포드 지분 40%를 보유하고 있는데, 가문의 대표로 빌 포드 주니어가 이사회 의장직을 맡고 있다. 빌 포드 주니어는 2000년 포드가 파이어스톤 타이어 결함으로 최대 위기를 맞았을 때 스스로 CEO를 겸임하면서 경영 전면에 나서기도 했다. 사태를 수습한 이후인 2006년에 전문경영인에게 다시 자리를 물려주었다.

창업자의 소유권이 아예 사라졌는데도 장기적인 리더십이 잘 유지되는 회사도 있다. 1990년 설립된 영국 최고 IT기업 ARM은 2016년 현재 창업자 지분이 전혀 없다. 이들은 완전히 2선으로 물러나 있고,

이 가운데 일부가 원로 자격으로 회사에 자문을 할 뿐이다. 지분은 금융권과 펀드 등이 주로 보유하고 있으며, 장기적 기업가치를 수호하는 이사회가 기업의 장기 비전경영을 지원하고 있다.

ARM은 2013년 마흔다섯 살의 나이로 사장에 임명된 사이먼 시거스Simon Segars가 앞으로 10년의 경영을 책임질 예정이다. 그는 창립 초기부터 일해온 엔지니어 출신이다. 전임 사장인 워런 이스트는 2001년 서른아홉 살에 CEO 자리에 올라 13년간 경영하면서 ARM을 확고한 위치에 올려놓았다. ARM은 전 세계 모바일 CPU 설계 라이선스의 95% 이상을 독점하는 기업으로, 2015년 1조 4,000억 원의 매출에 영업이익률 40%를 기록했으며 매년 두 자릿수 성장을 지속하고 있다.

ARM에서는 2016년 7월에 이런 지배구조에 큰 변동이 발생했다. 일본 IT 업계 거물 손마사요시孫正義가 사장으로 있는 소프트뱅크가 36조 원이라는 거액을 들여 ARM의 지분 100%를 인수한 것이다. 그러나 손 사장은 ARM의 경영구조를 바꿀 생각이 없다고 한다. 그가 이 회사를 천문학적인 금액에 사들인 이유 중에는 이 회사의 뛰어난 지배 · 경영구조가 포함돼 있기 때문일 것이다.

7

리더는
비정해야 한다

　　　　　　　　도요타가 지금까지도 잘해온 거대
기업의 조직체계를 송두리째 뜯어고친 것은, 이 회사가 상상 이상으로
자신을 객관화할 수 있는 조직이라는 것을 보여준다. 즉 리더가 조직
의 발전을 위해 당장 필요하다고 판단하면, 자기파괴적 혁신도 서슴지
않는다는 얘기다. 도요타는 규모가 작은 벤처기업이 아니다. 일본 최대
기업이자 세계 최대 자동차 기업이다. 변화의 고통을 감내해야 하는
조직원들 입장에서는 리더의 결정이 비정非情하다고 느낄 수도 있다.

　　그런데 아키오 사장은 비정하다고 여겨질 수도 있는 조직 대수술
을 어떻게 그토록 단숨에 실행할 수 있었을까? 아키오 사장과 그를
둘러싼 최고 경영진이 도요타라는 거대 조직의 발전을 위해서는 조
직을 지금 당장 수술해야만 한다고 확신했기 때문이다.

　　리더가 상황을 잘 파악하지 못해서 왜 변화가 필요한지를 모른다

리더가 자신과 자신의 조직을
철저히 객관화해 바라보고, 변화가 필요할 때
단행할 수 있으려면 비정해야 한다.
그 비정함은 리더의 전문성, 그리고
조직과 제품과 고객에 대한 깊은 사랑에서 나온다.

면, 당연히 변화해야 한다는 생각 자체를 하지 못할 것이다. 또 조직의 대수술이 필요하다는 것을 리더가 안다 하더라도, 조직 내부에서 발생할 당장의 반발을 이겨내기를 두려워한다면 변화는 불가능할 것이다. 그러므로 리더가 자신과 자신의 조직을 철저히 객관화해 바라보고, 변화가 필요할 때 그 변화를 단행할 수 있으려면 비정해야 한다.

그 비정함은 리더의 전문성, 조직과 제품과 고객에 대한 깊은 사랑에서 나온다. 전문성이 없으면 왜 더 좋은 제품을 만들기 위해 지금 당장 조직을 뜯어고쳐야만 하는지 리더 스스로 문제의식을 느끼지 못할 것이다. 조직과 제품과 고객에 대한 깊은 사랑이 없다면, 온갖 불편과 반발을 사면서까지 굳이 조직을 뜯어고치려 하지 않을 것이다. 스티브 잡스가 자신이 무능하다고 생각한 사람들을 가차 없이 해고한 것도 이런 맥락에서 접근하면 이해될 수 있다. 그에게 사장의 지위 따위는 중요하지 않았을 것이다. 지위가 아니라 제품에 모든 것을 걸었기 때문에 비정할 수 있었을 것이다. 반면 제품이 아니라 사장이라는 자리 자체가 목표인 리더도 세상에는 꽤 많다. 이런 리더들은 비정한 판단을 내리기를 꺼리고, 자신의 평판을 더 신경 쓴다. 제품보다 자신의 자리가 더 중요하기 때문이다.

사랑하는 어린 아들을 바라보는 아버지의 심정을 생각해보자. 아버지가 아들을 깊이깊이 사랑한다면, 당장 아들에게 잘해주는 것만을 생각하지 않을 것이다. 아들의 미래를 생각할 것이고, 아들의 밝은 미래를 위해 아버지로서 지금 해야 할 것과 하지 말아야 할 것에 대해 고민할 것이다. 아들이 자신의 길을 열어가도록 최대한 도와주고 싶지만, 그것이 오히려 아들을 망치게 되지 않을까 걱정도 할 것이다. 또한, 언제든 그에게 비정해져야 하는 순간이 오리라는 걸 알 것이다.

비정하려면 정직해야 한다

영화 〈올모스트 페이머스Almost Famous〉는 미국의 한 열다섯 살 소년이 음악잡지 객원기자 자격으로 록그룹을 따라다니면서 겪는 성장영화·음악영화·로드무비다. 고교생인 윌리엄 밀러는 음악잡지 〈크림〉의 편집장인 레스터 뱅스를 만나게 된다. 밀러가 기고한 음악 비평을 높이 평가한 뱅스는 밀러에게 음악기자가 되는 길을 열어준다. 뱅스 덕에 밀러는 록그룹 '스틸 워터'의 전국 투어를 따라다닐 수 있게 되고, 이 과정에서 밴드의 소녀팬 페니 레인을 만나 사랑에 빠진다.

영화에서 전설적인 음악 전문기자로 나오는 뱅스는 밀러가 음악

기자가 되고 싶다고 찾아오자, 한참을 생각한 뒤 이렇게 조언한다.

"록스타를 취재하게 되면 엄청난 친구들이 생길 거야. 하지만 그들은 가짜 친구야. 널 망치려 들 거다. 잘 들어. 록스타와는 친구가 될 수 없단다."

그리고 뱅스는 겨우 열다섯 살의 소년 밀러를 앞에 두고 음악기자 세계의 현실을 들려준다. 상대를 덜 자란 '어린애'가 아니라 미래의 '동료'라고 생각했기에 가능한, 아주 솔직한 얘기였다.

"점점 추하게 되지. 그들은 네게 술을 사줄 거야. 넌 여자도 만나고, 공짜 여행도 하고, 약을 같이 하게 될 수도 있어. 멋지게 들리겠지만, 그들은 네 친구가 아니야. 단지 네가 자신들에 대해 신성한 글을 써주길 바라지. 록스타의 천재성에 대해서."

그리고 그는 밀러에게 "네가 기자로서 올바른 명성을 쌓으려면, 정직honest해야 하고 비정unmerciful해야 한다"고 말한다. 또 그는 록스타와 어울린다고 해서 스스로 대단한 사람이 된 것처럼 착각하지 말라고 주문한다. 기자는 절대 쿨cool한 존재가 될 수 없다는 것이다. 그런 겉멋에 현혹되지 말고, 취재하는 스타나 음악 관계자들로부터 좋은 소리 들으려 하지 말고, 정직하게 비정하게 글을 쓰라는 얘기였다.

이게 무슨 얘기일까? 음악기자는 스타를 취재하고 음악을 평가하는 일을 한다. 자신의 지식과 경험과 판단에 따르면 되는 일이다. 그런데 록스타가 사주는 술을 마시고, 친구처럼 지내고, 그들과 비밀을 공유한다면 어떻게 될까? 그 스타와 그의 음악에 대해 공정한 글을 쓰기는 어려워질 것이다. 그리고 이는 독자들에게는 끔찍한 일이 될 것이다.

기자의 최고 덕목은 독자들에게 최고의 기사를 전달하는 것이다.

내용이 공정하지 못하다면, 그 기사는 좋지 않은 것이다. 그렇기 때문에 비정해야 한다. 그런데 뱅스는 밀러에게 조언하면서 비정한 기사를 쓰되, 반드시 정직해야 한다는 말을 덧붙였다. 정직하지 않은 비정은 진짜 비정이 아니라 부당한 공격이 될 수 있기 때문이다. 비정하려면 대상을 가리지 말아야 하고, 비정의 기준이 달라서도 안 된다.

리더 역시 마찬가지다. 아키오 사장은 컴퍼니제를 통해 기존에 막강한 권력을 행사하던 도요타의 기능 조직을 해체하여 7개의 컴퍼니 안에 재배치해버렸다. 기존의 기능 조직 수장들은 충격에 빠질 수밖에 없다. 또 기능 조직의 수장을 따랐던 수많은 중간간부도 새로운 컴퍼니 조직에서 각자도생하고 경쟁해야 하는 상황에 놓인다.

최근 도요타는 그동안 자신들의 최고 강점으로 알려진 TPS(도요타생산방식)에도 메스를 가하기 시작했다. 2016년 4월 〈닛케이테크놀로지〉에 따르면, 도요타는 공장의 IoT Internet of Things(사물인터넷, 생활 속 사물들을 유무선 네트워크로 연결해 정보를 공유하는 것)화를 위한 현장 IT 네트워크 표준으로 이더캣EatherCAT을 채택했다. 이더캣은 독일의 통신규격으로, 특히 산업용 시설이나 공작기계 등의 IoT화를 위해 급속히 확산되고 있다. 도요타는 TPS를 IoT 시대에 맞춰 새롭게 도약시키려 하고 있는데, 세계 곳곳에 있는 자사 공장의 모든 기기와 시스템을 연결해 수십 개 공장이 마치 하나처럼 움직이게 하겠다는 전략이다.

이더캣을 활용하면 공장의 생산성이나 재고관리 등을 전 세계 공장 단위에서 실시간으로 최적화할 수 있다. 도요타가 사용하던 기존 시스템으로는 이 같은 목표를 달성하기가 어려웠기에 외부의 IT 네트워크를 전면 도입한 것이다. 이더캣은 독일 자동차 공장들이 많이 사용하는데, 도요타의 조사 결과에 따르면 독일 공장의 효율이 최근 높아진 데는 이더캣의 도움이 컸다. 도요타는 이더캣이 자신들 것보다 낫다고 인정하고, 자신들의 핵심 역량까지 오픈 이노베이션(기업이 필요로 하는 기술과 아이디어를 외부에서 얻어 활용하는 것)하기로 결단을 내렸다. 자신들의 TPS가 최고라고 자만하지 않고, TPS 네크워크 기반까지 순식간에 외부의 것으로 바꾼 것이다.

이는 절대 쉬운 일이 아니다. 도요타의 전 세계 공장 기반을 뜯어고친다는 얘기이기 때문이다. 그만큼 생산기술 인력들의 저항도 컸을 것이다. 도요타 인력들이 새 기반에 맞춰 다시 배워야 할 것도 많을 것이다. 그러나 오쿠라 모리히코大倉守彦 선진기술개발 컴퍼니 공정개선 부장은 "TPS를 IoT에 기반한 생산시스템으로 진화시키는 데 이더캣이 가장 적합했다"면서 "독일 것이든 일본 것이든 우리는 공장 효율을 높이는 데 가장 좋은 기술을 사용할 것"이라고 밝혔다.

도요타는 이미 각국의 공급업체들에도 같은 네트워크를 보급하고 있다. 도요타의 전 세계 공장은 물론 관련 부품업체 공장들까지 전부 하나의 거대한 IT 네트워크로 연결된다면, 또 한 번 생산성의 혁신이 일어날 것이다.

이 일은 도요타의 리더 아키오 사장의 비정한 일면을 보여준다. 그리고 이런 비정함에 대해 직원들은 '왜 지금까지 잘 해온 조직체계와 생산 시스템을 뜯어고쳐야 하는가, 왜 직원을 계속 힘들게 하는가, 왜 조직을 스스로 불안하게 하는가, 왜 이렇게까지 해야 하는가'라고 물을 수 있다. 아키오 사장이 그 질문에 답하고 직원들을 설득할 수 있으려면 정직해야 한다. 아키오의 답은 '조직 전체의 성장을 위해 그렇게 하는 것이 더 옳다고 믿기 때문이다'일 것이다. 거기에 다른 속 사정이나 어두운 비밀은 없는 것이다.

아키오 사장은 자신이 모두에게 칭찬받는 멋지고 쿨한 CEO가 되기를 원하지는 않는 것처럼 보인다. 2015년 10월 29일, 그는 도쿄 모터쇼에서 일본 출신 메이저리그 선수 스즈키 이치로와 함께 무대에 섰다. 이치로 선수는 "항상 타석에 들어서지만, 내년이 되면 모든 것이 또 달라진다. 계속해서 새로운 도전"이라고 말했다(스즈키 선수는 2016년 8월 메이저리그 통산 3,000안타를 돌파하는 대기록을 세우기도 했다).

아키오 사장은 이치로 선수를 바라보면서 이렇게 얘기했다.

"'이건 무리다, 안 된다'고 주장할 만한 이유는 얼마든지 있을 겁니다. 하지만 제로 타수 제로 안타로는 놀라운 일은 절대 일어나지 않습니다. 우리는 항상 새로운 것에 도전해야 합니다. 제가 먼저 계속해서 타석에 들어가겠습니다. 여러분, 저와 함께 타석에 들어갑시다. 함께 갑시다."

도요타가 지금 가진 것에 안주하거나 지금 성과를 자랑하는 것이 아니라 언제든 더 좋은 것이 나타났을 때, 그리고 새로운 환경에 놓였을 때 스스로 바뀌고 도전해야 한다는 뜻이다. 그는 자신이 항상 타석에 먼저 들어설 것이라고 강조했다.

대선과 소선의 차이

리더가 때로는 비정해야 한다는 대표적 사례로 일본항공^{JAL}의 파산과 부활을 얘기할 수 있다. JAL은 2010년 파산했는데, 일본에서 역대 망한 기업 가운데 규모가 가장 컸다. 그런데 불과 3년 만에 부활에 성공했다. 2013년 JAL의 회생 직후 오니시 마사루大西賢 당시 JAL 회장을 인터뷰했는데, 그는 "망해보고서야 무엇이 중요한지 가슴으로 깨닫게 됐다"고 했다.

아시아 최대 항공사 JAL은 누적 적자를 견디지 못해 2010년 1월 파산보호(한국의 법정관리)를 신청했다. 그다음 달 일본에서 가장 존경받는 경영자 중 한 사람인 이나모리 가즈오稻盛和夫 교세라 창업자 겸 명예회장이 구원투수로 영입됐다. 그리고 JAL 정비 책임자 출신의 오니시가 사장으로 발탁됐다. 두 사람은 그해 8월 전 직원 4만 8,000명 가운데 1만 6,000명을 내보냈다. 그들은 일본 기업사에서 전무후무한 이 매머드급 구조조정을 단 1년 만에 끝내버린다. 그 뒤 JAL은 2011년부터 매년 2조 원대 영업 흑자를 냈고, 2012년 9월 증시에 재상장됐다.

JAL이 망한 이유는 이미 잘 알려져 있다. 무늬만 민영기업인 비효율의 온상, 정부 낙하산의 천국으로 불렸으니 말이다. 포퓰리즘 정치에 휘둘려 적자인 줄 알면서도 전국 각지로 노선을 늘렸고, 강성 노조는 정년퇴직한 스튜어디스에게까지 월 500~600만 원씩 연금을 지급하도록 만들어놓았으며, 비겁한 경영진은 문제가 자신의 재임기간에 터지는 게 두려워 메스를 대려 하지 않았다.

오니시 회장은 당시 상황을 이렇게 설명했다.

"망하기 전 JAL 경영진은 '조금씩 손을 대자. 차츰차츰 좋아지겠지' 이런 식으로 생각해왔어요. 피를 많이 흘리지 않도록 하면서도

'소선은 대악과 닮았고, 대선은 비정과 닮았다'

개선될 방법을 생각해왔죠. 하지만 그럴 수 있는 상황이 아니었어요. '피를 많이 흘리더라도 당장 수술을 해!'라고 말해야 했습니다. 그런데 아무도 그런 말을 하지 않았죠."

그렇다면 이나모리와 오니시는 어떻게 전 직원의 3분의 1을 내보낼 수 있었을까. 종신 고용이 살아 있는 일본, 그것도 직군별로 강성 노조 8개가 버티고 있던 '노조 왕국' JAL에서 어떻게 그 일이 가능했을까.

"이나모리 회장은 제게 이런 말을 했습니다. '소선小善은 대악大惡과 닮았고, 대선大善은 비정과 닮았다'고요. 몇몇 사람에게 작은 선을 베푸노라고 한 일이 전체적으로 보면 좋지 않은 일일 수 있다는 뜻입니다. 반면, 사람들에게 아주 쓰라린 것을 얘기하는 편이 전체적으로는 아주 좋은 일일지도 모른다는 것입니다. 예전 경영자들은 '이렇게 하면 피를 조금만 흘리고도 반드시 좋아질 것'이라 믿으며 소선을 반복해왔다고 생각해요. 하지만 그건 옳지 않았습니다. 많은 피를 흘리지 않으면 회사는 재생할 수가 없었던 겁니다."

JAL의 구조조정 특성 중 하나가 '단숨에 해치운다'였다.

"사실 이나모리 회장과 제가 오기 전까지 애초의 구조조정 계획은 3년에 걸쳐 서서히 하겠다는 것이었습니다. 하지만 신체제, 즉 이나모리 회장과 저의 체제에서 경영진 간에 격론이 벌어졌습니다. 결론은 '구조조정은 단번에 해버려야만 한다'는 것이었습니다. 구조조정을 서서히 했더라면 직원들 마음이 전부 조각나버렸을 겁니다. 단번에 끝내서, 남은 직원이 전원 일치단결하여 새로운 목표로 나아가도록 해야만 했습니다."

이는 도요타가 전사 조직 개편을 실행할 때, 오랫동안 준비해왔지만 실행은 순식간에 한 것과도 맥이 통한다. 두요타처럼 거대한 조직이라면 경영진이 이렇게 생각할 수도 있다. '한꺼번에 너무 크게 바꾸면 조직에 혼란이 올 거야. 또 조직원들이 너무 힘들어하지 않겠어? 그건 좋지 않아.' 그러나 도요타는 단숨에 대대적으로 메스를 댔다.

JAL의 오니시 회장은 이런 말도 했다.

"기업들 입장에서 자신들은 나름대로 노력하고 있다고 생각하는지는 모르지만, 사실은 훨씬 더 큰 노력을 해야만 하는 곳에서 머뭇거리고 있는 겁니다. 물론 우리가 했던 방법 이외에도, 문제를 해결하는 다른 방법이 있을지 모릅니다. 그쪽이 속은 편하겠지요. 하지만 '그렇게 계속해서 시간을 끌면 JAL처럼 쓰러질 수도 있습니다'라는 말은 꼭 해주고 싶습니다."

대선은 비정한 것이다. 리더가 어려운 것은 이 때문일 것이다. 한국의 기업들이 도처에서 경쟁력을 잃어가고 있으며, 근본적인 구조 개편의 압박도 커지고 있다. 그러나 실제로 고통을 감내하며 대대적인 구조 개편, 조직 대수술에 들어간 기업은 많지 않다. 크게 건드리려 하지 않으면서 회사가 좋아질 것이라고 착각하는, 사실은 소선을 베풀면서 대악을 저지르고 있는 리더가 많은 것은 아닌지 생각해본다.

미래는 설계를 잘하는 자만 살아남는다

박근혜 정부가 2013년 2월 출범 이후 최우선 국정 운영 과제이자 성장과 일자리 창출의 핵심 전략으로 강조한 것이 창조경제라는 개념이다. 영국의 경영 전략가인 존 호킨스John Howkins가 2001년 펴낸 《창조경제The Creative Economy》라는 책에서 처음 사용한 말이라고 한다. 호킨스는 창조경제를 "새로운 아이디어, 즉 창의력으로 제조업과 서비스업, 유통업, 엔터테인먼트산업 등에 활력을 불어넣는 것"이라고 정의했다.

정부의 설명을 보자. 먼저 창조경제의 범위는 "재화와 용역의 '창조·생산·분배'를 아우르는 개념으로 전통예술, 축제, 음악, 책, 그림, 공연예술, 영화, 방송, 디지털 애니메이션, 비디오 게임, 건축, 광고 등"을 망라한다고 돼있다. 또한 "창조경제의 핵심은 창조산업이며, 창조산업은 창조성과 지적자산을 일차요소로 재화와 용역을 생산하는 유형의 산출물뿐 아니라 무형의 지식과 예술 서비스를 포괄한다"라고도 설명한다.

뭔가 방향은 좋은 듯하나, 창조경제를 이루기 위해 무엇을 어떻게 해야 하는지에 대한 그림이 머릿속에 잘 그려지지 않는다.

창조경제라는 것을 다시 정의해보자. '무형의 자원을 활용하여 부가가치를 높여, 경제를 성장시키고 일자리를 만들어내는 것'이라고 재해석해보는 것이다. 그렇다면 무형의 자원을 통해 성장하고 일자리를 만들어내기 위해 '무엇'을 해야 할까. 그 '무엇'을 단 하나의 단어로 표현한다면, '설계'라고 얘기하고 싶다.

설계를 통해 무에서 유를 창조해낸 사례는 박정희 시대에 이미 있었다. 정부가 경제개발에 전력을 기울이고 있을 당시, 박 대통령이 조선소를 방문했다고 한다. 건조된 선박을 보고 박 대통령은 뛸 듯이 기뻐했다. 하지만 설계 도면을 모두 외국에서 사 왔다는 보고를 듣고는, 그 자리에서 설계 도면을 만드는 학과를 대학에 만들라고 지시했다. 그래서 급히 탄생한 것이 '기계설계학과'라는, 다른 나라 대학에서는 보기 드문 이름의 학과다. 당시 박 대통령은 경제발전에 대한 의지도 강렬했지만, 설계가 갖는 중요성을 제대로 인식하고 곧바로 이를 발전시키기 위한 실행 방안을 지시했다는 점에서 뛰어났다.

이후 조선, 자동차 등에서 수많은 엔지니어가 배출됐고, 과거처럼 외국에서 도면을 사 오지 않고서도 배를 만들고 자동차를 만들 수 있게 됐다. 외국의 설계도를 베끼는 일도 많이 사라졌고, 스스로 설계할 수 있는 능력도 축적됐다. 그러나 제품 만드는 일의 규모가 커지고 복잡해지고 더 수준이 높아질수록, 현재의 설계 수준으로는 감당하기 어려운 일이 터져나오기 시작했다. 거대한 배를 만드는 능력은 세계 최고 수준에 올랐지만 복잡한 해양 플랜트선을 만드는 일에 도전하다 보니 어마어마하게 복잡한 새로운 설계의 세계에 부딪혀야 했다. 선진 자동차업체들과 글로벌 시장에서 경쟁하면서 다양한 종류의 차를 대량으로 만들어내다 보니, 기존의 설계만으로 해결되지 않는 복잡성의 폭발 문제가 나타나기 시작했다.

이렇게 감당하기 어려운 수준으로 복잡해지는 설계의 문제를 해결하려면, 난마처럼 얽혀 있는 문제들을 단순화해야 한다. 그래서 나온 것이 제품 설계 전체의 근간이 되는 운영구조인 아키텍처, 자동차 업계의 최근 이슈인 레고블록형 설계인 것이다.

이런 설계가 잘못될 경우 일이 개별적으로 처리되는 당시에는 빠르게 잘 마무리되는 것처럼 보일지라도, 일의 전체 구도로 보면 점점 더 복잡해지고 효율이 저하되는 결과가 나올 수 있다. 설계가 잘돼 있으면 비슷한 일을 반복하면 할수록 속도와 힘이 붙지만, 설계가 잘못돼 있으면 비슷한 일을 반복하는데도 매번 새로 시작하는 식의 에너지 낭비가 일어난다. 설계를 잘하면, 일을 하는 개개인이 천재나 능력자가 아니더라도 잘 그려진 그림의 의도에 따라 전체 효율을 향상시키는 방향으로 움직여나갈 수 있다. 반대로 설계를 잘못하면, 알아서 일하는 소수의 능력자에게만 업무가 몰리며, 결국엔 아무리 뛰어난 개인도 해결할 수 없는 상황에 빠진다. 이때 조직 내 나머지 대다수는 업무의 방향성을 잃고 비효율의 늪에서 허우적거리게 된다.

1

도요타의
미래 설계 전략 ─
TNGA

도요타는 미래에 대비하고 지속
성장을 가능케 하기 위해 'TNGA^{Toyota New Global Architecture}'를 내세웠다.
TNGA는 무엇이고, 이것이 도요타의 '창조경제'에 어떻게 효과를 낸
다는 걸까?

우선 아키오 사장이 내놓은 도요타의 목표를 생각해보자. 앞서 봤
듯이 '더 좋은 차 만들기'가 그것이다. 더 좋은 차란 지금보다 디자인
이 멋있고 달리는 맛도 있으면서, 기름은 덜 먹고 가격도 비싸지 않은
차를 말한다. 한마디로 더 매력적인 차, 소비자의 선택을 더 많이 받
는 차라는 뜻이다.

이 목표를 달성하기 위해서는 구체적 수단이 필요하다. 기업은 한
정된 비용으로 최대의 효과를 내야 하는데, 더 좋은 차를 만들려면 더

"레고블록형 설계는 한글과 비슷하다.
자음·모음 24개를 붙여 수천 발음을 만들어내는
한글처럼
자동차부품군 수십 개를
정해진 콘셉트에 따라 다양하게 조합해
특성이 다른 새로운 차량을 수천 개 만들어낸다"

많은 비용이 든다. 즉 더 좋은 차를 만들되, 비용을 높이지 않을 방법이 필요하다. 그래서 도요타가 2012년 처음 내놓은 것이 바로 TNGA라는 설계 혁신 전략이다. 단일 차량의 설계 효율만 생각하는 것이 아니라 도요타가 만드는 전체 차량의 설계를 하나의 거대한 '계획plan'이나 '건축구조architecture'로 보고, 이 전체 설계의 효율을 높일 방안을 찾아낸다는 것이었다. 예를 들어 엔진·차체·조향操向·배기·시트 등의 각 부분을 하나의 레고블록처럼 일체화하여 개발하고, 이 레고블록을 조합해 여러 종류의 차를 만들어낸다는 것이다.

일본의 자동차 설계 컨설턴트인 히노 사토시日野三十四는 "레고블록형 설계는 한글과 비슷하다"고 말했다. 그는 "한글은 자음·모음 24개를 붙여 수천 발음을 만들어내지 않는가"라면서 "자동차부품군 수십 개를 정해진 콘셉트에 따라 다양하게 조합해 특성이 다른 새로운 차량을 수천 개 만들어낸다고 보면 된다"고 설명했다. 레고블록형 설계를 적용하면 자동차의 각종 부품을 조립하는 방식 자체가 하나로 바뀌기 때문에 새 차를 개발할 때마다 바꿔야 할 부분이 아주 적어진다.

도요타는 2013년의 조직 개편을 통해서 TNGA 부문을 크게 강화했고, 2016년 신체제 개편에 앞서 단행한 차량개발 부문 임원 인사에서도 TNGA와 관련된 인재를 대거 중용했다. 도요타가 TNGA를 위해 눈에 보이는 자산을 대대적으로 투입한 것은 아니다. 눈에 안 보이는 설계의 프로세스를 바꾸고 거기에 투입되는 인재들의 사고방식을 바꿈으로써, 결과적으로 더 저렴한 가격에 더 좋은 차를 만들 수 있도록 한 것이다. 더 좋은 차를 만들면 더 많이 팔 수 있고, 더 많이 팔면 회사가 더 성장하게 될 것이다. 물론 이렇게 프로세스를 바꾸는 데에는 많은 비용이 든다. 하지만 이것은 일회성 비용이 아니라 미래의 자동차 개발과 투자에 지속적으로 좋은 영향을 미치는 장기 투자의 일부라고 할 수 있다.

'규모의 불경제'를 해결한다

효율이나 혁신이라는 단어를 구호처럼 입에 올리는 기업은 많다. 하지만 구체적으로 무엇을 어떻게 추구해야 할지 명확한 그림을 그리지 못하는 기업이 대부분이다. 기업이 효율을 추구하는 데 가장 큰 걸림돌은 무엇일까? 도요타에서 쓰이는 말로 설명하자면 '규모의 불경제'다.

날아오는 공 하나를 혼자서 잡기는 쉽다. 공이 2개 날아오면 혼자서는 잡기 어렵지만 2명이라면 쉽게 잡을 것이다. 공 3개를 3명이 잡는 것도 어렵지 않을 것이다. 그러나 공 10개를 10명이 잡으려 한다면 얘기가 달라진다. 누가 어떤 공을 잡을지 면밀하게 판단하고 커뮤니케이션하지 않으면 놓치는 공이 많아진다. 기업도 마찬가지다. 도요타처럼 규모가 커질수록 고려해야 하는 변수가 늘어나고 작업이 매우 어려워진다. 따라서 복잡성을 해결하지 못하면 오히려 효율이 떨어지고 문제가 터지게 된다.

이 문제에 대해 아키오 사장은 2016년 5월 실적발표회에서 "연간 500만 대를 만들 때 일하는 방법과 1,000만 대를 만들 때 일하는 방법은 다르다"면서 갑자기 그림까지 보여가며 이야기했다. 그는 삼각형을 300만 대, 사각형을 400만 대, 육각형을 600만 대 생산체제라고 생각해보자고 했다. 각 도형의 내부에서 이웃하지 않는 2개의 꼭짓점을 이어보자. 삼각형에서는 꼭짓점이 3개이기 때문에 이웃하지 않는 2개의 꼭짓점을 이을 방법이 없다. 그냥 삼각형 그 자체로만 존재할 뿐이다. 하지만 사각형에서는 2개의 선을 그릴 수 있고, 육각형에서는 9개의 선을 그릴 수 있다. 아키오 사장은 "300만 대 생산체제에서는 일하는 방식이 거의 정해져 있다고 한다면, 600만 대 생산체제에서는 일이 아주 복잡해진다"고 설명했다. 이어서 그는 십각형(1,000만 대 생산체제)을 보여줬다. 십각형에서는 내부에서 꼭짓점을 잇는 선을 무려 35개나 그릴 수 있다. 아키오 사장은 "1,000만 대 체제에서는 600만 대 체제와는 전혀 다른 복잡성이 발생한다. 또 꼭짓점 하나에 변화가 생기면 다른 선에도 전부 변화가 생겨버린다"고 말했다.

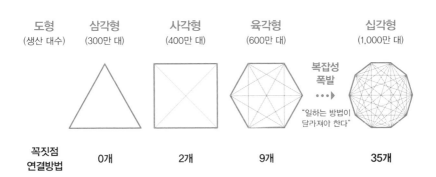

일하는 방법의 변화

도형 (생산 대수)	삼각형 (300만 대)	사각형 (400만 대)	육각형 (600만 대)	십각형 (1,000만 대)

복잡성
폭발

···▶

"일하는 방법이
달라져야 한다"

꼭짓점 연결방법	0개	2개	9개	35개

아키오 사장이 마지막에 십각형을 예로 든 것은 '규모의 불경제'로 인한 조직력의 한계를 연간 생산량 1,000만 대로 봤기 때문이다. 도요타뿐 아니라 GM과 폭스바겐도 1,000만 대를 눈앞에 두고 큰 위기에 빠졌는데, 이것이 우연이 아니라는 얘기다. 현대자동차그룹도 현재 800만 대 수준을 생산하는데, 2019년을 전후로 1,000만 대 생산체제를 갖추겠다는 내부 목표를 세워놓고 있다. 이처럼 기업의 규모를 확대할 때는 이에 따른 '규모의 불경제', '복잡성의 폭발'을 반드시 해결해야 한다. 그래야만 한 단계 도약할 수 있다.

도요타가 2016년 4월에 시행한 신체제, 즉 컴퍼니제는 이 같은 규모의 불경제를 해결하기 위한 것이다. 신체제에서는 7개 사내 회사(컴퍼니)를 만들고 소小사장을 임명해 각 회사가 모든 업무를 스스로 추진하게 했다. 조직이 너무 비대해진 탓에 내부 조율에 너무 많은 에너지가 소모되고, 이 때문에 참신한 아이디어나 성장동력을 찾기 어려워졌다고 봤기 때문이다. 그래서 회사를 일부러 쪼개 규모를 줄인

기업의 규모를 확대할 때는
이에 따른 '규모의 불경제',
'복잡성의 폭발'을 반드시 해결해야 한다.
그래야만 한 단계 도약할 수 있다.

다음에 각 회사가 스스로 길을 찾아 성장하도록 유도하겠다는 것이다. 쉽게 말하면 1,000만 대 회사로는 규모의 불경제가 심해지니, 회사를 쪼개 여러 개의 300만 대짜리 회사로 돌아가겠다는 얘기다.

　도요타의 컴퍼니제는 규모의 불경제 문제를 '인사와 조직의 관점'에서 접근한 것이라 할 수 있다. 이를 '자동차 설계의 관점'에서 다시 생각해보자. 도요타 정도의 실력을 갖춘 회사라면, 1개의 차량을 개발하면서 설계를 최적화하기란 쉬운 일일 것이다. 그런데 도요타는 2016년 현재 100여 종의 차량을 만들고 있다. 2015년 3월 26일 '더 좋은 차 만들기'의 전개 상황에 대한 중간발표회가 있었다. 그 자리에서 당시 도요타 R&D 총괄이었던 가토 미쓰히사 부사장은 "도요타 내의 자동차 개발 플랫폼Platform(엔진과 변속기 등을 포함한 기본 뼈대를 말하며 한 플랫폼으로 여러 차종을 만들 수 있음) 소분류가 100종류로 증대된 상황이고, 이들 차량에 들어가는 엔진의 종류만 800가지에 달하는 상황"이라며 운영의 어려움을 털어놨다.

자세히 들여다보면 이렇다. 도요타가 만드는 차량에 장착되는 엔진은 현재 16종류다. 하나의 엔진에는 배기량이 다른 엔진이 여럿 있다. 같은 배기량에 출력이 다른 엔진이 또 여럿 있다. 여기에다 차량 플랫폼이 전륜구동 방식인지 후륜구동 방식인지에 따라서도 또 나눠진다. 이런 식으로 하나의 엔진에 대한 배리에이션(이형)이 계속 만들어지다 보니, 전체 엔진 종류만 800개에 달하게 된 것이다. 그런데 도요타가 자동차를 만들 때 생각해야 하는 것이 100종류의 플랫폼, 800종류의 엔진이 전부가 아니다. 한 대의 자동차는 3만 개의 부품으로 만들어진다. 100종류의 차량에 들어가는 3만 개의 부품, 그것들이 만들어내는 경우의 수를 상상해보라. '복잡성이 폭발한다'는 표현이 이해될 것이다.

이런 고민에 대한 해답으로 도요타가 내놓은 것이 바로 TNGA다. 레고블록형 설계 전략인 TNGA는 자동차의 각 기능 부분에서 공통의 개념을 뽑아낸 뒤, 이를 하나의 레고블록처럼 미리 설계해놓고, 각 차량의 사정에 맞게 이 레고블록을 끼워 맞춰 새로운 차를 완성해낸다는 개념이다. 이를 활용하면 1,000만 대 이상을 만들 때 빚어지는 '복잡성의 폭발' 문제를 해결할 수 있다.

플랫폼 공용화에서
레고블록형 설계로

도요타의 사례에서 드러나듯이 자동차회사는 규모가 커짐에 따라 개발 차량의 수가 늘어나고. 이에 따라 차량에 들어가는 부품과 기술의 종류도 기하급수적으로 증가한다. 이때 각각의 차량에 들어가는 부품이나 기술을 전부 개별적으로 사용하고, 각각의 설계도 따로 한다면 개발비가 엄청나게 높아질 것이다. 그러면 원가가 너무 올라가서 소비자들이 원하는 가격에 매력적인 자동차를 공급하기가 어려워진다. 결과적으로 시장의 경쟁에서 밀리고 만다.

그렇다고 저렴한 부품을 쓰거나 일부 기술을 빼고 자동차를 만들 수도 없다. 차량의 원가를 낮출 방법이 없을까? 원가 경쟁의 핵심은 제조 원가의 80%를 차지하는 부품·재료비를 어떻게 효과적으로 낮추느냐에 있다. 부품·재료비를 낮추려면 우선 '규모의 경제'를 실현해야 한다. 어떤 부품을 10만 개 사는 것보다 100만 개, 200만 개 사는 것이 가격부터 납품 조건까지 절대적으로 유리하다.

이런 규모의 경제를 달성하기 위해 자동차회사들은 1990년대 이후 플랫폼 공용화 전략을 사용해왔다. 플랫폼 전략은 각 자동차 모델의 겉모습은 다르더라도 차량 하체에 해당하는 부분, 즉 차의 기본뼈대·엔진·변속기·서스펜션(현가장치) 등을 공용화하는 개념이다. 플랫폼을 공유하면 같은 부품을 더 많은 차량에 적용할 수 있기 때문에 부품 단가를 낮출 수 있다. 또 같은 플랫폼을 사용하기 때문에 신차를 개발할 때의 개발기간도 크게 줄일 수 있다.

그런데 문제도 있다. 플랫폼 공용화를 확대할수록 원가는 낮출 수 있지만, 차의 기본 형상이나 운전하는 맛까지 비슷해진다는 점이다. 제품의 차별성이나 매력이 떨어지면 소비자에게 외면당해 전체 매출이 줄어드는 결과가 나올 수 있다. 이래서는 원가를 절감하더라도 크게 의미가 없다. 실제로 1990년대 이후 최근까지 도요타 등에서 플랫폼 공용화 전략을 통해 나온 차들은 독일 차 등에 비해 개별적인 모델의 특성이나 달리는 맛이 부족하다는 비판을 받기도 했다. 그래도 지금까지는 큰 문제가 아니었다. 도요타 특유의 원가절감과 높은 생산성을 통해 비싸지 않은 가격에 고품질의 자동차를 내놓았고, 그것만으로도 차는 잘 팔렸기 때문이다.

그런데 최근 들어 도요타에 위기가 찾아왔다. 폭스바겐 같은 독일 차가 가격은 높이지 않으면서, 성능과 품질이 획기적으로 좋아진 것이다. 도요타의 동급 차량에 비해 가격은 별로 비싸지 않은데, 차량의 기본기와 운전하는 맛은 훨씬 뛰어났다. 도요타는 같은 성능의 차를 만든다고 가정했을 때 폭스바겐보다 더 저렴하게 만들기는 어렵다는 결론에 도달했다. 자동차 만들기에서 실력을 자부해왔던 도요타로서는 충격이었다. 게다가 도요타는 차량의 가짓수가 너무 많아지고 들어가는 부품이 너무 복잡해지면서, 효율을 끌어올리는 데 한계를 느끼고 있었다. 폭스바겐이 도요타에 칼끝을 겨누고 있는데, 도요타는 스스로 힘에 부쳐 허덕거리는 상황이었다.

그렇다면 폭스바겐은 어떻게 도요타를 위협할 만큼 경쟁력 있는 신차를 내놓을 수 있었을까? 이를 설명하려면 잠시 과거로 거슬러 올라갈 필요가 있다.

1976년 일본의 유명한 자동차 평론가 도쿠다이지 아리쓰네德大寺有恒는 일본에 처음 수입된 폭스바겐의 해치백 골프를 몰아본 소회를 이렇게 적었다.

"마치 별세계에서 온 차를 몰고 있는 것 같았다. 당시 일본은 전륜구동 소형차라면 누구와 붙어도 자신이 있다는 자만심이 가득할 때였다. 하지만 골프는 일본 차와 차원이 달랐다. 충격이었다."

그 정도로 일본을 놀라게 할 만큼 기술력을 자랑하던 폭스바겐이었다. 그랬던 폭스바겐이 1990년대 들어 노사갈등과 고비용 구조를 극복하지 못해 크게 고전하게 된다. 이후 독일의 노동개혁, 창업가문 출신의 중앙집권적 경영 등으로 차츰 상황이 개선되기는 했다. 하지만 폭스바겐에는 한 가지 치명적 단점이 있었다. 원가 경쟁력이 일본 차나 한국 차에 비해 떨어진다는 것이었다. 그렇다고 비용을 마냥 줄일 수도 없었다. 예컨대 인건비가 문제라고 해서, 독일이나 유럽 공장의 인건비를 아시아나 개발도상국 수준으로 낮출 수는 없는 노릇이었다. 매력 있는 차를 만들기 위해서는 고급 부품과 고급 인력을 포기할 수 없었다. 폭스바겐은 고민에 빠졌다. 어떻게 하면 고급 부품과 고급 인재를 쓰고도 차량 제작 원가를 낮출 수 있을까?

플랫폼 공용화 전략으로는 한계가 있었다. 폭스바겐그룹은 주력 대중차 브랜드인 폭스바겐 외에도 고급차 브랜드인 아우디, 최고급 스포츠카 브랜드인 포르셰·벤틀리·부가티·람보르기니, 중저가 브랜드인 세아트·슈코다 등 승용차 브랜드만 8개를 거느리고 있었다. 각 브랜드의 자동차 플랫폼을 공용화하면 비용은 절감되겠지만, 자동차들의 성격까지 비슷해지는 문제가 있다. 게다가 플랫폼을 공용화한다고 해도 플랫폼에 들어가는 부품들이 점점 복잡해져서 규모의 경제를 통한 원가절감도 기대에 미치지 못했다.

폭스바겐의 이런 고민에 대한 해답이 바로 레고블록형 설계 방식이었다. 폭스바겐은 2000년대 중반 스웨덴의 대형 상용차회사 스카니아^{Scania}를 주목했다. 스카니아는 경쟁 업체보다 월등한 10% 중반대의 영업이익률을 내는 업체로 유명했다. 폭스바겐은 스카니아가 개발비를 줄이면서도 성능이 뛰어난 차를 만들어내는 비밀이 레고블록형 설계에 있음을 알게 됐다. 그래서 2005년에 우선 그룹 내 고급차 브랜드인 아우디부터 그 방식을 적용하여 생산하기 시작했다. 2008년에는 아예 스카니아를 인수해 자회사로 만들었고, 이후 그 '영업 비밀'이 폭스바겐그룹 전체에 확산됐다. 2012년 2월에는 자사의 레고블록형 설계 전략인 MQB^{Modularer Querbaukasten}를 발표했다. '큰 덩어리의 부품들이 서로 다른 차종을 넘나들며 결합되는 구조'라는 의미다.

MQB는 다양한 자동차의 외형적인 부분을 공용화하는 것이 아니라, 공통의 기능을 가진 부문의 '설계 개념' 자체를 규격화하고 공용화하는 것이다. 폭스바겐은 자동차를 차체, 파워트레인, 내·외장, 전자장치의 네 가지 분야로 나누고 그 하위 개념으로 30개 부품군을 만들었다. 즉 30개 부품군을 레고블록 쌓듯 조립하여 새로운 차를 만들 수 있도록 한 것이다. 일단 레고블록만 있으면, 그다음부터는 온갖 형태를 쉽게 만들어낼 수 있는 것과 비슷한 원리다.

그런데 자동차는 엔진이 가로(자동차의 진행 방향과 90도 각도)로 배치되느냐 세로(자동차의 진행 방향과 같은 방향)로 배치되느냐, 전륜구동이냐 후륜구동이냐에 따라 이 같은 레고블록을 쌓는 기반도 달라진다. 폭스바겐은 이런 레고블록을 쌓는 판을 네 가지 형태로 만들어놓았다. 네 가지 형태의 판에 30개 블록을 조합하면 폭스바겐의 모든 차를 만들 수 있다는 얘기다. 폭스바겐은 1993년에 16개나 되던 플랫폼을 1997년에 6개로 줄였고, 이제 4개의 '레고블록형 통합 설계 방식'으

폭스바겐 자동차

설계의 진화

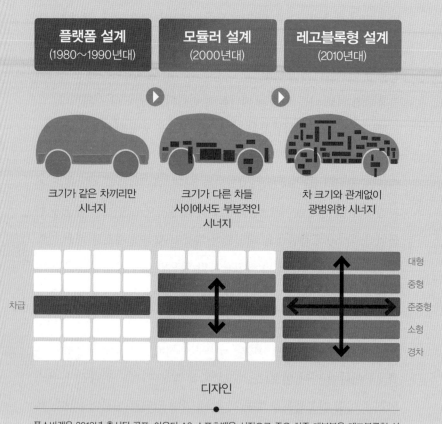

플랫폼 설계 (1980~1990년대)	모듈러 설계 (2000년대)	레고블록형 설계 (2010년대)
크기가 같은 차끼리만 시너지	크기가 다른 차들 사이에서도 부분적인 시너지	차 크기와 관계없이 광범위한 시너지

차급 / 대형 / 중형 / 준중형 / 소형 / 경차

디자인

폭스바겐은 2013년 출시된 골프, 아우디 A3 스포츠백을 시작으로 주요 차종 대부분을 레고블록형 설계 방식으로 개발하고 있다. 현대차는 모듈러 설계까지는 업계 톱 클래스였으나 아직 레고형 설계 단계로 이행하지 못하고 있다.

로 바꾼 것이다.

MQB의 기본 사상은 '대폭적인 원가절감을 위해서는 차량 설계 과정의 근본적인 전략 수정이 필요하다'는 것이다. 다시 말해 플랫폼 공용화를 좀더 고차원적인 공유의 개념으로 끌어올린 것이라고 할 수 있다. 플랫폼 공용화에서는 한 플랫폼의 크기가 대개 일정하기 때문에 비슷한 크기의 차종끼리만 공용화할 수 있었다. 예를 들어 소형차 플랫폼으로 다양한 소형차를 만들고 중형차 플랫폼으로 다양한 중형차를 만들 수는 있지만, 소형차 플랫폼으로 중·대형차를 만들 수는 없었다. 하지만 MQB는 이런 제한을 없앨 수 있다. 플랫폼처럼 일정한 형태를 공유하는 것이 아니라 자동차에 필요한 여러 기능의 개념을 공유화해, 이를 레고블록처럼 각기 독립된 패키지로 만든 것이기 때문이다. 예를 들어 운전석과 가속 페달, 브레이크, 스티어링휠(핸들) 사이의 연결구조를 하나의 패키지로 만들어 이를 소형차든 중형차든 대형차든 모두 적용할 수 있도록 한 것이다. 폭스바겐의 실제 차종에 대비해보면 예전에는 소형차인 폴로와 중형 세단인 파사트는 다른 플랫폼으로 만들어야 했지만, MQB에서는 폴로도 파사트도 하나로 만들게 된다는 얘기다. 폭스바겐그룹의 다른 브랜드인 아우디·세아트·슈코다도 모두 마찬가지다.

이렇게 등장한 폭스바겐의 신차종들은 예전보다 개발비·부품비가 낮아졌고, 특히 자동차 무게가 크게 줄었다. 무게가 줄어들면 연비는 물론 성능까지 차량의 모든 부분이 좋아진다. 이는 MQB라는 설계의 혁신 없이는 불가능한 일이었다.

MQB는 경쟁사가 쉽게 카피할 수 없다. 폭스바겐이 오랜 기간 차근차근 추진해온 노하우와 기업 문화의 집약체이기 때문이다. 예를 들어 폭스바겐의 엔진은 차량 크기에 상관없이 기본 구조가 거의 같다. 그 덕에 MQB 체계 안에서 어떤 차량에도 엔진을 레고블록처럼 각각의 조합에 짜 맞출 수 있다. 그런데 예를 들어 현대자동차는 현재 만들고 있는 차량의 엔진·변속기·레이아웃(부품 배치) 등이 제각각인 경우가 많다. 이럴 경우에는 MQB 전략을 따라 하고 싶어도 따라 할 수가 없다. 현재의 엔진 라인업 등을 완전히 뜯어고치지 않고서는 규격화가 어렵기 때문이다.

또 MQB 같은 레고블록형 설계 전략이 구체화되려면 모기업(자동차회사)과 협력업체(부품회사)의 장기적인 협력관계가 구축되어야 하고, 협력업체의 자체 연구개발 능력도 수반되어야 한다. 만약 협력업체가 모기업의 과도한 원가절감 압력 등으로 이익을 제대로 내지 못하고, 그에 따라 충분한 연구개발 능력을 갖지 못한다면 이 설계 전략은 효과를 거두기 어렵다.

도요타는 2012년 4월에 TNGA 전략을 처음 발표했다. 폭스바겐이 MQB 전략을 발표하고 나서 불과 2개월 뒤의 일이었다. 이것만 보면 도요타가 폭스바겐과 동시에 레고블록형 설계 전략을 추진한 것으로 보이지만, 사실은 폭스바겐의 레고블록형 설계 전략을 따라간 것이다. 기본 개념을 폭스바겐에서 일부 가져왔다는 사실은 도요타 스스로도 부정하지 않고 있다. 폭스바겐이 2000년대 중반 이후 추진하던 레고블록형 전략을 도요타도 참고해오고 있었다. 그런데 폭스바겐이 2012년에 MQB 전략이라고 이름 붙이며 대대적으로 치고 나가자, 도요타도 서둘러 TNGA라는 이름을 붙인 비슷한 설계 전략을 공표하고 열심히 추진하기 시작했다고 보면 된다.

그만큼 자동차 전문가 집단인 도요타가 보기에도 폭스바겐의 MQB는 당장 따라 해야만 할 만큼 혁신적이었던 것이다. 2000년대 중반 이후, 몇몇 자동차 설계 전문가는 플랫폼 공용화에 이어 일어날 자동차 제조 분야의 혁신으로 레고블록형 설계 전략을 꼽아왔다. 따라서 도요타가 관련 연구를 전혀 하지 않다가 폭스바겐을 그대로 따라 했다고 보기는 어렵지만, 폭스바겐 MQB가 예상보다 빨리 진전되는 데 크게 자극받은 것은 분명하다.

이런 점들에 주목해보면, 자동차 제조사들이 미래에 살아남기 위해 어떤 부분에 집중하는지 알 수 있다. 즉, 미래 경쟁력의 승부처가 어디에 있는지 알 수 있다. 폭스바겐이 MQB로 승부를 건 이후, 세계 주요 회사들의 자동차 설계 전략은 급변하기 시작했다. 닛산은 사실 도요타보다 먼저 레고블록형 설계 전략을 발표했다. 폭스바겐이 MQB를 2012년 2월 6일 발표했는데, 닛산은 불과 20여 일 뒤인 2월 27일에 CMF^{Common Module Family}라는 이름으로 비슷한 전략을 발표했다. 도요타의 발표는 그로부터 한 달 반 뒤인 4월 9일이었다.

닛산의 전략은 차량을 엔진, 콕핏(운전석), 프론트 언더(전면 하단), 리어 언더(후면 하단) 등 4개 부분으로 나누고 각 부분을 조합해 차량을 개발하는 방식이다. 폭스바겐의 전략과 매우 닮았다. 닛산은 2013년 6월 CMF 전개 계획을 발표하면서 2020년까지 연간 160만 대, 14개 모델의 닛산 차량에 CMF를 도입하겠다고 밝혔다. 2013년 말에 등장한 중소형 SUV 로그와 엑스트레일이 CMF를 활용해 만들어진 최초의 차량인데, 원가는 낮아지고 차량 성능은 좋아져 호평을 받았다.

CMF 도입 이후 닛산에서는 이전의 차량보다 더 가볍고 연비도 뛰어나며 멋진 디자인의 차들이 속속 등장하고 있다. 특히 제휴관계인 르노삼성 신차들도 CMF 체제로 점차 바뀌어가고 있다. 소비자 입장에서 이런 설계 변화의 내막까지 알기는 어렵다. 그렇지만 최근 한국에 출시된 SM6 등 르노삼성의 신차를 보면 차량 가격은 높이지 않으면서 차가 더 커지고 고급스러워지고, 성능과 디자인이 더 좋아졌음을 느낄 수 있다. 르노삼성은 연간 자동차 총 생산량이 20만 대 수준이기 때문에 개발·생산에서 규모의 경제를 이루기엔 턱없이 부족하다. 그런데도 SM6 같은 경쟁력 있는 차를 한국 시장에 내놓을 수 있는 것은 설계 혁신을 통해 극적인 원가절감을 이뤘기 때문이다.

이 외에 소규모 자동차회사 가운데 볼보^{Volvo}도 레고블록형 설계 방식으로 치고 나가고 있다. 볼보는 자사 모든 소형차의 기존 플랫폼을 대체할 CMA^{Compact Modular Architecture}와 중·대형차 플랫폼을 대체하는 SPA^{Scalable Product Architecture}를 도입하고, 2019년까지 현재의 모델 전체를 이 두 가지 방식으로만 만들어낼 예정이다. 2014년 하반기에 볼보는 무려 12년 만에 SUV XC90의 완전 변경 모델을 내놓았다. SPA를 기반으로 만들어진, 볼보 최초의 레고블록형 설계 차량이다. 볼보는 2015년에 창사 이래 최대인 50만 3,000대를 판매했지만, 규모의 경제를 이루기엔 크게 모자라는 수준이다. 업계에서는 프리미엄차회사라면 연간 150~200만 대, 대중차회사라면 연간 300~400만 대는 돼야 규모의 경제를 이룰 수 있다고 보고 있다.

이 때문에 볼보 같은 회사는 다른 덩치 큰 회사처럼 거액의 개발비를 쏟아붓거나 규모의 경제를 통해 부품 단가를 낮추기가 어렵다.

그런데도 신형 XC90에 대한 업계의 반응은 폭발적이었다. 멋지고 고급스럽고 성능이 높아졌음에도, 가격은 오히려 예전보다 더 경쟁력을 갖췄기 때문이다. 이 때문에 볼보에서 앞으로 나올 신차들에 대한 기대감도 한껏 높아졌고, 볼보는 잊힌 존재에서 업계를 선도하는 프리미엄 브랜드로 다시 떠오르고 있다.

설계의 힘으로 생산, 제품, 애프터서비스, 기업 이미지 혁신까지

설계 혁신의 이점은 원가 경쟁력을 높이는 데에만 있지 않다. 생산, 제품, 애프터서비스[A/S], 나아가 기업 이미지의 혁신으로까지 이어진다. 모든 것이 설계에서 시작돼 서로 연결되고 또 연결된다.

첫째, 설계 혁신을 통해 생산 혁신을 이룰 수 있다. TNGA를 활용하면, 설계부터 생산까지 하나의 프로세스로 만들어 전체를 최적화하기가 쉬워진다. 과거에는 설계와 생산이 서로 분리돼 있었다. 설계 부서는 자동차를 설계만 하면 그걸로 끝이었다. 설계한 차가 공장에서 어떻게 생산되는지는 공장 사람들 소관이었다. 그런데 TNGA는 설계를 단순화함으로써 생산공정도 단순화하고 유연하게 해준다.

자동차를 만드는 공장을 짓는다고 생각해보자. TV 등에서 보면 자동차 공장 내부의 조립라인에서 수십 대의 용접 로봇이 차체에 스폿 용접을 하면서 불꽃을 일으키는 모습, 컨베이어 벨트 위에서 천천히 움직이는 미완성 차량에 작업자들이 하나씩 부품을 끼워나가는 모습 등이 등장한다. 그러나 자동차 공장은 공장의 설비와 작업자만 중요한 것이 아니다. 그 공장의 컨베이어벨트 위에 자동차가 올라가기 전까지 수많은 전前 공정이 있으며, 부품·물류·자재업체 등의 협업 또한 필요하다. 따라서 제아무리 도요타라고 해도 아프리카의 나이지리아 같은 곳에 갑자기 자동차 공장을 지을 수는 없다.

그러나 레고블록을 사용해 차를 만드는 설계·생산 시스템이 완성되면, 이런 완성차 공장이라는 개념 자체가 바뀔 수 있다. 차에 필요한 레고블록 가운데 한 부분을 나이지리아의 공장에서 만들 수도 있다. 더욱이 현지에서 경력이 적은 어린 작업자를 고용해도 된다. 즉 복잡한 공정과 숙련공의 작업, 그리고 한곳에 집약된 컨베이어 벨트를 통해서만 가능했던 자동차의 대량생산이 훨씬 쉬운 일로 바뀔 수 있다는 얘기다. 여기서 한발 더 나아가 레고블록 설계가 좀더 진화한다면, 하나의 레고블록을 메가 서플라이어(대형 부품회사)에 아예 맡길 수도 있다.

이렇게 되면 지금처럼 각각의 자동차회사가 대부분의 차량을 자사 공장에서 생산하는 구조에 격변이 일어날 수도 있다. 쉽게 말해 폭스바겐이나 도요타 같은 자동차회사들이 현재는 공장을 모두 자체 보유하면서 연간 1,000만 대 정도를 생산하지만, 레고블록형 설계와 생산 시스템이 완성되면 생산의 전부 또는 일부를 외부 업체에 위탁하는 방식으로 연간 2,000만 대, 3,000만 대를 어렵지 않게 생산하는 날이 올 수도 있다는 얘기다.

또 레고블록형 설계와 생산이 고도로 발전하면, 생산의 자동화 수준이 현재보다 비약적으로 높아질 수 있다. 부품과 생산공정이 철저이 규격화되면, 자동차 생산에 가장 많은 인력이 투입되는 의장라인에서도 자동화가 급속히 이뤄질 것이다. 할리우드 SF영화 〈마이너리티 리포트^{Minority Report}〉를 보면, 주인공 톰 크루즈가 '2054년형 렉서스'를 생산하는 미래 공장 내부에서 적에게 쫓기는 장면이 나온다. 이 공장 내부를 보면 자동차가 조립되고 있긴 한데 인간 작업자가 전혀 보이지 않는다. 거의 완벽한 무인 자동화 공정으로 신차가 만들어지는 것이다. 앞으로 도요타의 TNGA가 계속 발전한다면, 〈마이너리티 리포트〉의 자동차 공장 풍경이 영화에서보다 훨씬 더 일찍 현실화될지 모른다.

도요타는 2019년에 멕시코 신공장을 가동한다고 한다. 이 공장은 TNGA의 첫 글로벌 시범케이스 공장이 될 예정이다. 주요 부품을 레고블록 형태로 만들어 TNGA의 장점을 극대화한 첫 공장이 되리라는 게 도요타 측의 설명이다. 이 공장에서는 준중형 세단 코롤라의 차세대 모델이 만들어질 것이며, 이 공장을 시작으로 도요타의 전 공장이 TNGA 체제로 바뀔 것으로 예상된다. 도요타 측이 밝힌 신공장의 키워드는 '심플, 슬림, 플렉서블'이다. 환경에 따라 늘렸다 줄였다 할 수 있는 생산라인, 생산 차종을 바꿀 때 빠르게 이동시켜 재설치할 수 있는 소형화된 설비, 컴팩트한 도장(페인트) 부스 등이 특징이다.

둘째, 설계와 혁신이 통합되면 제품이 획기적으로 좋아질 수 있다. 더 좋은 부품과 더 좋은 기술을 쓰고도 자동차 가격을 올리지 않아도 된다. 도요타는 2015년 말에 도요타를 대표하는 하이브리드카 프리우스의 4세대 모델을 내놓았다. 도요타가 TNGA를 활용해 만든 첫 모델로, TNGA 1호차인 셈이다. 4세대 프리우스는 가격은 3세대와 큰 차이가 없음에도, 차량이 더 커져 실내공간이 더 넓어졌다. 연비도 좋아졌고, 달리고 돌고 서는 자동차의 기본기가 크게 개선됐다. 이전의 프리우스는 기름은 크게 아낄 수 있었어도 달리는 맛을 느끼긴 어려웠지만, 4세대 프리우스는 달리는 맛까지 좋아졌다. 특히 자동차의 주행 성능이 뛰어나려면 차체 강성이 높아야 하는데, 이 차는 준중형 해치백의 교과서라 불리는 폭스바겐 7세대 골프(2012년 첫 출시)보다도 차체의 비틀림 강성이 더 높은 것으로 나타났다. 그만큼 차체가 단단하고 강건하다는 뜻이다.

이미 도요타는 휘하의 주요 부품업체들과 TNGA를 공유하고 이에 맞는 새로운 설계의 부품을 만들어나가고 있다. TNGA는 계획 자체가 아무리 뛰어나더라도 부품업체들이 유기적으로 뒷받침하지 못하면 완성되기 어렵다. 그렇기 때문에 외부에서 이런 계획을 베끼고 싶어도 베끼는 것이 사실상 불가능하다. 주도해나가는 대기업이 고도의 기획력을 가져야 하는 것은 물론이고, 대기업과 부품업체 간의 유기적인 팀플레이 능력, 장기적 관점의 기업 문화 등이 함께 어우러져야만 가능하기 때문이다.

TNGA 2호차는 프리우스와 비슷한 크기의 소형 크로스오버(세단과 쿠페, SUV 등의 성격이 중첩된 형태의 차량)인 'C-HR'로 2016년 12월 양산에 들어갈 예정이다. 가솔린 엔진 모델과 하이브리드 모델 양쪽으로 나오며, 도요타 최신 차량의 경쟁력을 보여줄 것으로 예상된다. 그 이후에 나올 TNGA 주력 차량은 코롤라가 될 전망이며, 2018년 말에 선보일 것으로 예상된다. 2019년 새로 가동되는 멕시코 신공장에서 TNGA 전용 생산 시스템과 맞물려 도요타의 설계·생산 혁신을 보여주는 실제 사례가 될 것이다. 그다음의 TNGA 주력은 코롤라보다 더 윗급인 중형 세단 캠리, 코롤라보다 아랫급인 소형차 야리스로 확대될 것으로 예상된다. 이들 차종 역시 설계만 바뀌는 것이 아니라 TNGA에 최적화된 새로운 생산 환경에서 만들어질 것이다.

프리우스·코롤라·캠리·야리스 등은 도요타에서 판매량이 가장 많은 주력 차종이다. 이들 차종이 TNGA 설계와 생산 시스템으로 전부 바뀌면 어떤 일이 발생할까? TNGA 1호차 프리우스에서 볼 수 있듯이 설계나 부품 조달, 생산에 드는 비용을 크게 줄일 수 있기 때문에 같은 비용으로 만든 차인데 크기와 실내공간이 커지고 디자인과 성능도 좋아질 것이다. 이처럼 신차의 상품성이 크게 높아지면서 소비자에게 더 큰 만족을 주게 될 것이다.

셋째, 레고블록형 설계가 일반화되면 소비자가 A/S 부분에서 얻는 이득도 늘어난다. 자동차회사는 이미 단종된 차량이라고 해도 통상 10년간 부품을 보유하며, 차량의 금속 패널 등을 찍어낼 수 있는 금형은 수십 년간 보관해야 한다. 수천·수만 개의 부품을 수십 년간 보유·관리하는 데에는 천문학적 비용이 든다. 그래서 그 비용을 A/S 부품의 공급 가격을 올려 충당하게 된다. 결국 소비자 부담이 늘어나는 것이다. 또 차량의 연식이 너무나 오래되면 부품을 구하지 못해 수리가 어려워지는 사태도 생길 수 있다. 현대자동차만 봐도 지금까지 만들어낸 차가 워낙 많기 때문에 각 차량의 A/S 부품을 보관하는 데 드는 비용으로 골치를 앓고 있다. 이 때문에 수년 전부터 비용을 줄이기 위해 많은 노력을 기울이고는 있으나 아직 획기적 방안을 찾지 못했다.

그러나 레고블록형 설계 방식이 일반화하면 레고블록에 들어가는 부품은 공통이기 때문에 수리에 필요한 부품 종류도 크게 줄어든다. 따라서 자동차회사는 A/S 부품의 제조·관리 비용이 줄어들어 A/S 부품값을 낮출 여력이 생긴다. 소비자로서도 자신이 보유한 차의 부품을 좀더 저렴하게, 수급 걱정 없이 구할 수 있게 된다.

마지막으로 넷째, TNGA는 기업 이미지를 높이는 데에도 큰 역할을 한다. 도요타는 2015년부터 TNGA와 마케팅을 결합하는 고차원 전략을 구사하기 시작했다. 보통 기업을 보면 내부적인 원가절감·제품 혁신 전략 따로, 홍보·마케팅 전략 따로인 경우가 대부분이다. 그러나 TNGA 같은 전략은 소비자나 투자자에게 잘만 전달하면 더없이 좋은 홍보수단이 될 수 있다. 도요타는 이것의 중요성을 잘 알고 있다.

보통 자동차에서 '설계'라는 부분은 완성된 자동차나 거대한 조립라인 등과 달리 눈에 보이지 않는다. 따라서 '설계를 혁신한다'는 것도 외부에 구체적으로 알리기가 쉽지 않다. 그런데 도요타는 TNGA를 일반 소비자에게까지 '홍보'하기 시작했다. TNGA를 일반인에게 쉽게 설명하기 위해 2015년 말에는 아예 3편의 웹 드라마까지 만들었다.

도요타 기업 홈페이지를 통해 누구나 드라마를 감상할 수 있는데, 드라마의 캐치프레이즈는 이것이다. 'TNGA, 이것이 미래의 골격이다.' 소비자 입장에서 TNGA가 무엇인지 정확히 모르더라도 일단 TNGA가 미래 도요타자동차의 근간을 이루는 핵심 개념이라는 점은 알 수 있다. 드라마에서는 일본의 유명 남녀 탤런트들이 TNGA의 프로젝트 리더, 설계 담당, 소음 담당, 안전 담당, 신입직원 등으로 등장해 도요타가 만드는 자동차를 TNGA가 어떻게 바꿀 수 있는지를 보여준다. 설계^{design}, 음향^{sound}, 안전^{safety}이라는 세 가지 주제로 나눠 신나는 음악과 큼지막한 자막, 재미있는 스토리를 통해 보여주기 때문에 일단 거부감이 없다. 도요타가 TNGA를 통해 끊임없이 설계의 혁신을 하고 있고, 이 같은 노력을 통해 소비자에게 더 멋지고 잘 달리고 안전한 차를 제공할 것이라는 믿음을 심어준다.

이 외에도 도요타 홈페이지에는 드라마를 보고 TNGA가 무엇인지 좀더 알고 싶어 하는 이들을 위해 'TNGA에 관한 46가지$^{TNGA\ 46}$ ^{Things}'라는 코너도 마련했다. '설계 혁신을 통해 새로 태어나는 자동차', '모든 개발은 드라이빙 포지션으로부터' 등의 설명이 나와 있고, TNGA를 통한 차량개발의 46가지 부분을 멋진 그래픽을 곁들여 설명한다.

도요타가 TNGA를 차량개발의 복잡성 문제를 해결하는 수단으로만 쓰는 것이 아니라, 이를 스토리로 만들어 소비자에게 알리기 시작한 이유는 무엇일까. 이처럼 혁신적인 개발 전략을 쉽게 풀어 설명함으로써 기업 이미지를 높일 수 있기 때문이다. 회사 내부적으로 규모의 불경제와 복잡성의 폭발 문제를 해결하면서, 외부적으로는 뛰어난 마케팅 수단이 되니 일석이조인 셈이다.

앞서 말한 TNGA 스토리의 3편짜리 드라마 마지막에는 TNGA에 대한 설명뿐 아니라, 자동차를 개발한다는 것이 어떤 것인지에 대한 한 줄 카피가 화면을 꽉 채운 자막으로 뜬다. '비상식만이 그다음의 상식이 된다', '정답을 찾지 마라. 만들어라', '개발은 싸움이다' 등의 내용이다. 이는 TNGA라는 설계 혁신을 통해 도요타가 얼마나 도전자 정신으로 개발에 매진하고 있는지를 소비자들에게 보여주는 한편, 도요타 내부 직원들에게도 '더 좋은 자동차'를 만들기 위해 노력하자고 외치는 것이다. 즉 소비자들에게만 기업 이미지를 높이는 것이 아니라, 직원들에게도 일의 방향성을 알려 열정과 동기를 끌어내는 일종의 사내 마케팅까지 겸하고 있는 것이다.

폭스바겐과 도요타의 혁신 경쟁

폭스바겐은 MQB라는 레고블록형 설계 전략으로 전 세계 자동차 업계에 변화의 바람을 몰고 옴으로써 이 거대한 독일 회사의 연구개발$^{R\&D}$ 능력이 얼마나 탁월한지를 보여줬다. 2015년 폭스바겐의 R&D 투자비는 15조 원 규모로, 전 세계 모든 자동차회사 가운데 단연 최고였다. 이는 2011년보다 60%나 증가한 것이다. MQB를 기반으로 한 설계·생산·제품 혁신에 주력하기 때문에 그만큼 대대적인 투자를 하는 것이다. 도요타는 2015년에 11조 원 정도를 R&D에 사용했다. 이 정도 규모도 대단하다고 할 수 있는데, 폭스바겐은 도요타보다도 훨씬 많은 R&D 투자를 하고 있다.

물론 폭스바겐이 만능인 것은 아니다. 2015년 말 미국에서 시작된 자사 차량의 연비 조작 사건으로 큰 위기에 처해 있다. 미국에 시판한 디젤 차량을 당국의 연비 측정에서만 배기가스를 적게 배출하고 실제 주행에서는 많이 배출하도록 배기가스저감장치를 조작한 것이다. 배기가스를 너무 줄이면 차량의 연비가 나빠지고, 엔진 등에 무리가 갈 수 있다. 따라서 폭스바겐은 당국의 배기가스 기준도 통과하면서 연비·성능도 높이기 위해 이런 사기행각을 벌인 것이다.

그러나 연비 조작을 이유로 폭스바겐 전체를 부정부패한 집단으로만 매도하는 것은 적절하지 않다. 폭스바겐은 전 세계 모든 자동차 회사 가운데 가장 많은 연구개발비를 쓰는 회사이며, 자동차 개발 능력은 여전히 도요타와 더불어 세계 최고다. 특히 연구개발에 과학적 방법을 도입해 큰 그림의 혁신을 이뤄가는 능력은 세계 제일이라고 할 수 있다. 폭스바겐의 연비 조작 사건은 뛰어난 기술을 가진 자동차회사가 기술력만 믿고 너무 급하게 기술개발을 밀어붙이다 부정의 유혹에 빠지는 바람에 발생한 것이다. 도요타가 물량확대주의로 치닫다가 1,000만 대 리콜이라는 최대 위기에 빠진 것과 맥이 통하는 사례라고 할 수 있다.

연비 조작 사태로 폭스바겐의 근본 경쟁력이 훼손된 것은 아니다. 사태 수습에 천문학적인 비용이 드는 것은 사실이지만, 폭스바겐은 MQB 관련 R&D 투자를 전혀 줄이지 않고 있다. 관련 R&D 투자비까지 줄인다면 폭스바겐의 장기적인 경쟁력마저 저하될 우려가 있기 때문이다. 폭스바겐은 이번 사건으로 많은 교훈을 얻었을 것이고, 그만큼 깊은 반성을 통해 개선 작업에 나서리라 생각한다. 폭스바겐이 이번 위기만 잘 극복한다면 얼마든지 다시 일어설 수 있고, 일어선 이후의 폭스바겐은 지금보다 훨씬 더 강해질 것이다.

도요타와 폭스바겐은 현재 레고블록형 설계라는 고차원적인 혁신 경쟁을 벌이고 있다. 폭스바겐이 먼저 이 전략을 업계에 알렸고 독보적으로 앞서 나갔지만, 2016년 상황에서는 연비 조작 사건이 크게 확대되면서 기세가 약간은 주춤해졌다. 그사이 도요타가 전력을 다해 TNGA 전략을 발전시켜나가고 있는 형국이다.

도요타와 폭스바겐의 레고블록형 설계 전략에는 어떤 차이가 있고, 각각 어떤 특징이 있을까? '모노즈쿠리'의 창시자로 알려진, 도쿄대 대학원 경제학연구과 후지모토 다카히로 교수는 이렇게 말했다.

"능력 측면에서 보면, 도요타는 역시 치프엔지니어^{CE}(수석 엔지니어)입니다. 개별 차량을 개발하는 프로젝트 리더가 강합니다. 제품을 만드는 사람이 가장 뛰어난 거죠. 반면에 폭스바겐은 아키텍처를 만드는 사람이 가장 뛰어납니다. 아주 재미있는 싸움이 될 겁니다. 케이퍼빌리티^{capability}(역량)에서 도요타와 폭스바겐에 차이가 있으니, 두 회사의 아키텍처가 같을 수는 없겠지요."

축구로 따지면 패스사커가 장기인 팀과 롱볼이 장기인 팀이 있는데, 패스사커가 장기인 팀이 상대 팀의 롱볼 전략에 똑같이 맞선다면 질 수밖에 없다는 얘기다. 즉 레고블록형 설계를 도입한 것은 폭스바겐이 처음이고 그에 맞서 도요타가 총력을 기울여 따라가고 있는데, 세부 방법론에서는 차이가 있으리라는 의미다. 도요타와 폭스바겐이 보유한 선수의 강점이 다르기 때문에 전략도 다를 수밖에 없다. 폭스바겐이나 도요타나 자신들의 강점과 약점을 잘 알고 있을 것이다. 앞으로도 두 기업의 승부가 기대되는 이유다. 후지모토 교수의 얘기를 마저 들어본다.

"폭스바겐의 전략은 엄밀히 말하면, 처음부터 끝까지 레고블록을 끼워 맞춰 자동차를 만들어낸다는 것보다는 자동차라는 '바다'

에 떠 있는 기능의 '섬'들을 저마다 공용화한 것이라고 볼 수 있습니다. 차량 전체에서 30개의 '툴킷$^{tool\,kit}$(도구의 세트 즉 레고블록)'이라는 개념을 도입하여, '이 부분과 이 부분, 이 부분은 전부 하나의 세트로 만들 수 있겠구나' 하는 식으로 최적의 세트구조를 만들었다는 점은 대단합니다. 이런 것이 사이언스인데, 폭스바겐이 정말 강한 부분입니다. 100년 전에 마셜이라는 영국인이 미국과 독일에서 어떻게 산업화가 성공했는지를 분석한 것이 있습니다. 마셜은 미국은 대량생산, 독일은 산업에 과학을 처음으로 조합해 성공했다고 말했어요. 지금도 마찬가지입니다. 독일은 사이언스가 정말 강합니다. 도요타는 이런 것을 폭스바겐만큼은 절대 하지 못할 겁니다. 도요타는 사전에 계획을 짜는 것이 아니라 사후에 경험적으로 쌓은 것을 잘 조화시키는 것이 주특기입니다. 폭스바겐은 그런 것을 도요타만큼 잘하지 못하지만, 사이언스를 적용해 획기적인 아키텍처를 만들어내는 능력이 있습니다. 그래서 중간중간 섬처럼 떠 있는 공용의 구조물을 연결지어 최적의 차를 만드는 '계획'을 짜낼 수 있는 겁니다."

한국 자동차산업의 선두주자, 현대자동차의 상황

그렇다면 한국 자동차산업을 이끌고 있는 현대자동차의 상황은 어떨까?

현대차는 2015년에 관련 팀을 정비하여 부품공용화 업그레이드 방안을 연구하기 시작했으나, 아직 레고블록형 설계에 대해 이렇다 할 방침을 외부에 발표한 적은 없다. 현대차 일각에서는 그동안 플랫폼 공용화 전략만으로도 상당한 성과를 거뒀기 때문에, 이를 개선하는 수준으로도 미래에 대응이 가능하다고 보는 견해도 있다. 그러나 현대차 역시 최근 차량의 종류가 늘어나고 차량에 탑재되는 기술이 점점 복잡해지고 첨단화되면서, 현재의 설계기술만으로는 해결에 어려움을 겪고 있다. 앞으로 현대차의 대응이 주목된다.

현대차는 10여 년 전부터 '모듈화'에 집중해왔다. 협력업체(부품회사)와 모기업(완성차회사)을 연결해주는 중간 단계의 회사(현대모비스)가 협력업체로부터 부품을 받아 부품을 큰 덩어리로 미리 조립한 뒤에 완성차 공장 라인에 집어넣는 것이다. 언뜻 보면 하나의 거대한 블록(피스)을 미리 완성해 납품하기 때문에 이것이 레고블록 설계와 비슷한 개념이 아니냐고 생각할 수도 있다. 그러나 이것은 엄밀히 말해, 완성차 조립라인에서 할 작업을 조립라인 바깥의 별도 공장에서 대신 해주는 것에 불과하다. 완성차 조립 단계의 생산 효율이 높아져 보이는 효과는 있지만, 자동차회사의 개발과 생산이 너무 복잡해져서 오히려 비효율이 발생할 수 있다. 이는 문제를 근본적으로 푸는 방법이 아니다.

현대자동차는 기아자동차를 포함하여 연간 R&D 투자가 2013년 3조 원, 2014년 3조 4,000억 원, 2015년 3조 7,000억 원 수준이다. 투자비 절대액수도 폭스바겐·도요타(2015년 기준 각각 15조 원, 11조 원)에 비해 턱없이 부족하지만, 생산량이나 매출액 대비 R&D 투자비 비율도 낮은 편이다. 더 큰 문제는 폭스바겐이나 도요타처럼 레고블록형 설계 전략 같은 R&D 투자의 큰 그림이 잘 보이지 않는다는 것이다. 이 때문에 해마다 조금씩 올라가는 R&D 투자비도 현대차 전체 차량 개발의 효율을 높이는 데 집중되지 못하고 있다. 개별 차량의 플랫폼을 뜯어고치는 데 수천억 원이 사용되는 식이라고 한다. 이런 개별 플랫폼 개발은 제품 전체의 경쟁력 향상으로 이어지거나 생산 혁신을 이루는 데 도움이 되지 않는다.

정몽구 현대차그룹 회장은 2013년 이후 R&D 투자의 중요성을 부르짖으며 "투자비를 배로 늘려도 좋으니 제대로 된 투자계획을 세우라"는 지침을 내렸다. 그러나 제대로 된 큰 그림의 R&D 투자계획이 부족하다 보니, 갑자기 돈을 어디에 더 쓴다고 보고해야 할지 몰라 촌극이 빚어지기도 했다고 한다. 현대자동차의 연구개발 본산인 남양연구소 관계자는 "빨리 돈 쓸 계획을 세우느라 R&D 투자의 큰 그림과는 무관한, 연구소 계측장비 등을 고가의 독일 제품으로 바꾸는 등 일대 소동이 일어났다"고 전했다.

정몽구 회장으로서는 답답한 노릇이다. 현대차의 R&D가 지금 위기인 것 같고 무엇이 문제인지 알고 싶은데, R&D라는 게 눈에 보이지 않으니 말이다. 생산 현장이라면 하다못해 라인에 먼지라도 쌓여 있는지 자신이 직접 확인해볼 수 있지만, 설계는 그게 되지가 않는다. 연구소의 기획실에서 MQB나 TNGA 같은 큰 그림의 설계 전략 같은 것을 만들어내야 하는데, 현재 사장 이하 관련 인력이 자동차 설계에 대한 전문성이나 경험이 많지 않은 형편이다. 자신들이 설계를 잘 모르니, 이런 설계 혁신 전략에 대해 연구소 내 모든 전문인력의 지식을 공유해 추진하는 방법 역시 잘 모른다. 전략을 짜려고 해도 지식과 경험이 부족한 소수 인력이 비밀주의로 추진하려다 보니 제대로 진척되지 않는다는 게 연구소 관계자들의 전언이다.

과연 한국은 폭스바겐과 도요타의 설계 혁신에 따른 경쟁력 향상에 대응할 수 있을까? 현재 상황으로서는 쉽진 않다고 할 수 있다. 자동차 업계의 양대 강자가 레고블록형 설계를 완성하기 위해 전력을 기울이고 있다. 또 R&D 투자비의 절대액수도 현대차와는 비교가 안 될 정도로 많다. 투자비만 많은 게 아니라 투자 전략도 뛰어나다. GM이나 포드처럼 과거에 한국보다 경쟁력이 떨어진다고 생각되던 미국 자동차회사들마저 점점 나아지고 있다. GM이나 포드에서 새로 나오는 차량을 보면 디자인·성능·품질 등이 과거와 비교가 안 될 만큼 향상되었음을 알 수 있다.

현대차와 경쟁하는 자동차회사들의 생산성도 크게 좋아지고 있다. 일본은 말할 것도 없고 유럽·미국 회사들도 필요한 생산량에 따라 주·야 2교대 또는 3교대, 주간 연속 2교대 등을 탄력적으로 채택하고 있다. 4조 3교대로 공장을 24시간 풀가동하는 것도 전혀 문제가 되지 않는다. 즉 수요에 따라 생산 시스템을 탄력적으로 운용하는 데 노사 간 협력이 안 돼 문제가 발생하는 일이 없다는 얘기다. 특히 미국은 과거 강성 노조의 활동으로 생산성이 크게 낮았지만, 현재는 완전히 탈바꿈했다. 평일은 하루 2교대로 24시간, 주말반을 따로 돌려 하루 3교대로 24시간 하는 식으로 토·일요일까지 쉬지 않고 돌아가는 공장이 적지 않다. 벤츠·BMW·크라이슬러 등의 차를 위탁 생산하는 글로벌 부품회사 마그나 슈타이어^{Magna Steyr}의 오스트리아 그라츠 공장은 수요가 많은 작업 라인은 24시간 3교대로 돌아간다.

이런 상황에서 현대자동차 노조는 매년 파업을 반복하며, 생산 효율을 높이려는 각종 시도와 노력을 무력화하고 있다. 국내 공장에 첨단 자동화 시스템을 도입하려고 하더라도 노사 간 협의가 안 돼 좌절되는 경우가 허다하다. 사측 역시 노조의 도덕성과 직업윤리를 비난하는 식으로 일관할 뿐 문제를 해결할 뚜렷한 방안을 내놓지 못하고 있다. 현대차 노사협력이 실패는 서로가 서로를 믿지 못하는 데 원인이 있다고도 볼 수 있다. 아무튼 글로벌 경쟁자들이 설계와 생산의 혁명을 시도하고 있는 동안, 세계에서 유일하게 노사관계가 경쟁력의 발목을 잡고 있는 회사가 현대자동차인 것만은 분명하다.

현대차의 변화를 강제할
국내외 위기

현대자동차는 영영 변화하기 어려울까? 어찌 됐든 변화가 가능은 할 것이다. 그러나 그 변화는 내부의 성찰보다 외부의 충격에 의해 이뤄질 가능성이 크다.

먼저 충격을 몰고 오는 것은 내수 시장의 변화일 것이다. 국내 시장만 보더라도 현대차의 주요 경쟁자들이 점점 강해지고 있다. 르노삼성의 SM6를 보면 확실히 과거 르노삼성차에 비해 더 커지고 멋있어지고 성능도 좋아졌다. 그런데도 가격은 오르지 않았다. 앞서 설명했듯이 르노-닛산이 CMF라는 이름의 레고블록형 설계 방식을 사용하기 시작했고, SM6 역시 그 연장선에 있기 때문이다. 르노삼성이 르노와 공동개발해 한국에서 생산하는 앞으로의 차량에 대해서도 전부 이 방식을 적용하게 될 것이다. GM도 한국 시장에 내놓을 차들의 경쟁력이 크게 높아질 것이다. 2014년 GM 최고의 현장 전문가 메리 바라가 CEO로 임명된 이후 제품설계와 생산 양쪽에서 혁명적인 변화가 일어나고 있기 때문이다.

2016년 들어 이미 한국 자동차 내수 시장에 큰 변화 조짐이 일고 있다. 내수 시장의 주력 제품군이라 할 수 있는 중형 세단 시장에 3월 르노삼성의 SM6, 5월 한국GM의 신형 말리부 등이 등장하면서 현대·기아차의 동급 모델인 쏘나타와 K5의 시장 지배력이 무너지고 있다. 택시 등 법인차량 판매를 제외하고 개인이 구매한 차량의 통계에 따르면 2016년 7월 한 달 동안 르노삼성 SM6가 5,091대, 한국GM 말리부가 4,414대, 현대차 쏘나타가 4,047대, 기아차 K5가 2,037대 팔렸다. 오랫동안 국내 중형 세단 시장의 최강자로 군림해왔던 현대 쏘나타가 르노삼성과 한국GM에 밀려 3위로 내려앉은 것이다.

이와 같은 여러 이유로 현대·기아차의 국내 자동차 시장 점유율은 최근 계속 떨어지는 추세다. 2016년 7월 현대·기아차의 내수 점유율은 64.9%(현대차 35.3%, 기아차 29.6%)로, 현대·기아차가 내수 방어선으로 생각했던 70% 선이 무너진 지 오래다. 게다가 이 점유율은 1톤 트럭이나 승합차까지 포함한 수치다. 순수하게 승용차와 SUV 점유율만 따지면, 현대·기아차 내수 점유율은 이미 60%에도 미치지 못한다. 이 점유율이 50% 이하로 떨어진다면, 정말 심각해질 것이다. 현대차는 해외보다 국내 시장에서 대당 평균 판매수익이 높기 때문에, 수익을 유지하려면 내수 점유율을 반드시 지켜야 하기 때문이다.

위기가 내수 시장에서 그치지는 않을 것이다. 폭스바겐은 MQB 전략을 통해 점점 더 경쟁력 있는 신차를 내놓고 있다. 2015년 말에 터진 미국발 배기가스 조작 사건이 판매에 악영향을 줄 것으로 예상됐지만, 실제 판매량은 오히려 늘었다. 2016년 상반기 폭스바겐의 글로벌 자동차 판매 대수는 511만 대로, 전년 같은 기간보다 1.5% 증가했다. 도요타는 2015년 말 TNGA 1호차인 4세대 프리우스로 호평받은 데 이어, 2020년까지 주력 모델 대부분에 TNGA를 적용해 상품성을 획기적으로 높일 계획이다. 현대차가 여기에 제대로 대응하지 못한다면, 앞으로 시간이 흐를수록 제품 경쟁력이 밀릴 것이다.

한 가지 더 우려되는 점이 있다. 현대차도 도요타나 폭스바겐이 겪었던 것처럼 규모의 불경제와 복잡성의 폭발 문제를 겪고 있지만, 과연 이를 제대로 해결하고 있느냐 하는 것이다. MQB나 TNGA가 반드시 따라 해야 하는 만능의 전략은 아닐 수 있다. 그러나 현대차도 생산 차량의 종류가 많아지고 기술이 복잡해지면서, 언제 어디서 어떤 문제가 터질지 모르는 상황에 처해 있다. 최근 현대차 신차들에서는 오히려 출시 초기에 이상 진동이나 소음, 기능 결함 같은 문제들이 끊임없이 일어나고 있다. 어떤 경우는 원인을 바로 잡아내지 못해 대응이 늦어지기도 한다. 복잡성을 해결하지 못해 발생하는 문제들이다.

특히 현대차는 최근 수익성을 높이기 위해 고급차 개발이나 기존 차량의 고급화 쪽에 집중하는 경향을 보인다. 설계·생산 혁신은 오랜 고민과 전사적인 역량의 집결이 필요하기 때문에 정면으로 시도하지 못하고, 그 대신 차량의 겉모습을 멋지게 만들어 차량의 매력을 높이려고 하는 경향을 보이고 있다.

현대차가 지금 당장 복잡성 문제를 해결하고
제품의 근본 경쟁력을 높일
큰 그림의 전략을 세우지 못한다면,
글로벌 경쟁자들에 맞서고 한 단계 도약하기는
매우 어려워질 것이다.

정몽구 회장의 아들이며 현대차의 차기 후계자로 꼽히는 정의선 부회장도 외부에서 디자이너들을 대거 영입하는 등 외적인 측면에 치중하는 모습을 보이고 있다. 2006년 폭스바겐 출신의 유명 디자이너 피터 슈라이어Peter Schreyer를 영입해 큰 효과를 거뒀고, 2015년 말에는 폭스바겐 그룹 산하의 고급차 브랜드인 아우디·벤틀리·람보르기니 디자인을 총괄했던 루크 동커볼케Luc Donkerwolke, 2016년 중순에는 벤틀리 출신의 한국인 디자이너 이상엽을 스카우트하기도 했다. 물론 자동차에서 익스테리어(외부) 디자인은 대단히 중요하다. 디자인이 자동차의 매력을 결정짓는 주요 요소라는 것, 자동차는 우선 멋지고 근사해야 한다는 것은 분명하다. 그러나 자동차의 전체 경쟁력은 겉으로 보이는 것뿐만 아니라 그 이면에 숨어 있는 경쟁력이 뒷받침되지 않으면 사상누각이 되기 쉽다. 더 잘 달리고 잘 돌고 잘 서는 것을 포함한 자동차의 기본기를 갖추는 능력, 소비자들이 차를 몰 때 더 편안

하고 더 즐거운 느낌을 갖도록 하는 능력, 그러면서도 더 저렴하게 더 효율적으로 차를 만드는 능력 등은 역시 자동차를 만드는 전체 조직의 혁신, 그리고 설계 부문의 혁신이 없이는 달성하기 어려운 것이다.

현대자동차에 아직 시간이 없는 것은 아니다. 자동차는 전자 제품에 비해 제품 주기가 훨씬 길기 때문에 기업의 부침이 겉으로 나타나는 데에도 시간이 오래 걸리기 때문이다. 그러나 현대차가 지금 당장 복잡성 문제를 해결하고 제품의 근본 경쟁력을 높일 큰 그림의 전략을 세우지 못한다면, 글로벌 경쟁자들에 맞서고 한 단계 도약하기는 매우 어려워질 것이다.

삼성전자가 자동차 시장에서
노리는 성장 전략

자동차 업계에 레고블록형 설계 전략이 확산되면, 중국산 자동차의 경쟁력이 크게 높아지는 결과를 초래할 수도 있다. 단적인 예가 볼보 자동차의 약진이다.

볼보는 2014년 이후 SPA 등 레고블록형 설계 전략으로 만든 신차를 내놓으면서 업계의 주목을 받고 있다. 그런데 볼보 뒤에는 중국 자동차산업의 지원이 있다. 볼보의 주인은 중국 토종 업체인 지리吉利자동차다. 지리는 2010년 볼보를 인수한 이후, 일단 볼보의 독립성을 살려 이들이 혁신적 설계 전략을 만들도록 지원했다. 볼보의 레고블록형 설계 전략이 중국 지리와 연결된다면, 중국 차의 경쟁력까지 크게 올라갈 것이다. 양사 통합의 레고블록형 설계 전략을 만들려면 천재급 설계자와 과학의 힘이 필요한데, 이는 볼보의 인재들과 중국의 천재급 과학자들이 협력해 거뜬히 이뤄낼 것이다. 중국은 아직도 자동차산업에서 독자적 파워를 충분히 내지 못하고 있다. 그런데 지리가 볼보의 설계 혁신을 활용해 처음으로 돌파구를 열 가능성이 있다. 이것이 가능해지면, 현대차가 갖고 있는 기존의 설계·생산 경쟁력이 일시에 무력화될 가능성도 있다. 현대차가 설계 혁신에서 앞서가는 폭스바겐·도요타는 물론, 중국 차에도 밀리는 상황이 올지도 모른다.

마지막으로, 레고블록형 설계 전략이 몰고 올 메가톤급 파괴력의 변수가 하나 더 남아 있다. 한국 자동차 업계의 구조 재편은 물론이고 글로벌 자동차 업계에 지각 변동을 일으킬 만한 잠재력을 지닌 부분이다. 바로 삼성이 이탈리아 피아트-크라이슬러[FCA]그룹의 자동차부품 부문을 인수할 가능성이 제기되고 있다는 점이다.

2016년 8월 〈블룸버그〉에 따르면, 삼성전자가 FCA그룹의 자동차부품 자회사 마그네티 마렐리[Magneti Marelli]의 인수를 추진하고 있다고 한다. 마그네티 마렐리는 파워트레인·서스펜션(현가장치) 등을 비롯해 텔레매틱스(자동차의 전자통신장비)·조명 등 전자기기 분야에 강점을 갖고 있다. 인수 예상가는 최소 30억 달러(약 3조 4,000억 원)로, 삼성전자의 해외 M&A 사례 중 최대 규모가 될 수 있다고 〈블룸버그〉는 전망했다.

이 건이 성사된다면 자동차와 전자산업의 결합, 자율주행차 기술 협력에 대한 큰 그림이 만들어질 것이다. 삼성전자는 최근에 자동차와 전자를 결합한 쪽에서 성장 기반을 찾았다. 그런데 삼성전자의 가장 큰 문제는 자동차사업을 해본 적이 없다는 것이다. 과거 삼성자동차를 만들었다가 크게 실패한 이후 생긴 트라우마 때문에 20년 가까이 자동차에서 손을 뗀 상태다. 자동차는 사람의 생명과 직결돼 있기 때문에 전자산업보다도 제품의 신뢰도가 훨씬 중요하다. 따라서 경험이 없다는 것은 삼성전자에 치명적인 핸디캡이다. 한국의 유일한 국적회사인 현대자동차와 협력이 가능하다면 좋겠지만, 현대차는 삼성의 자동차 진출에 극도의 알레르기 반응을 보인다. 그러니 현 상태에서 양사가 적극 협력하는 일은 불가능해 보인다. 그렇다고 삼성전자가 다른 자동차회사의 일개 부품회사로 들어갈 수는 없는 노릇이다.

그렇다면 최강자 그룹이 아니라 자력 생존이 어렵고 이 때문에 협력을 갈구하는 FCA 같은 회사가 삼성의 최적 파트너가 될 수 있다. FCA의 세르지오 마르치오네^{Sergio Marchionne} CEO 겸 회장도 "생존을 위한 파트너를 찾고 있다"고 얘기해왔다. 피아트그룹 CEO였던 그는 리먼 쇼크로 세계 경기가 얼어붙었던 2009년, 파산한 미국 크라이슬러를 헐값에 인수했다. 이후 피아트도 살리고 크라이슬러도 살린 경영의 귀재다. 이미 이재용 부회장이 FCA의 사외이사로 활동하고 있으니, 이재용과 마르치오네 사이에 오랜 교감이 있었을 가능성도 있다.

게다가 FCA는 2016년 6월 구글과 자율주행차 파트너십을 체결했다. 말이 파트너십이지 구글의 자율주행차 기술 밑으로 들어가겠다는 뜻이다. FCA의 마르치오네 회장은 어차피 FCA가 자율주행기술을 개발해 구글을 이길 순 없으니, 아예 구글의 기술에 올라타겠다는 스마트한 생각을 갖고 있다. 구글을 적으로 간주하는 게 아니라 아예 선생님으로 끌어안겠다는 전략이다. 이에 따라 구글이 자율주행차의

미래 자동차산업에서
구글·FCA·삼성전자가 힘을 합친다면
자동차 업계에 격변을 몰고 오는
강자로 급부상할 수 있다.

핵심기술을 제공하고, 이를 삼성전자가 제품으로 구현하고, 그렇게 완성된 자율주행 시스템을 FCA의 자동차에 장착해 판매하는 그림을 그릴 수 있다.

FCA는 삼성이라는 강력한 IT기업과 함께함으로써 재무적 안정성과 자사 제품의 경쟁력을 높일 수 있다. 또 자동차산업에 대한 경험 부족이 약점인 삼성전자는 FCA를 통해 자동차를 철저히 배워나갈 수 있다. 또 FCA는 피아트·지프·크라이슬러·닷지 등 작지만 매력적인 브랜드를 다수 보유하고 있다. 삼성전자는 자사에서 만들어낸 자동차와 IT 통합 부품을 이들 브랜드에 안정적으로 공급하게 된다는 장점도 누릴 수 있다.

미래 자동차산업에서 구글·FCA·삼성전자는 주류가 아니고 저마다 약점을 갖고 있지만, 세 파트너가 하나로 합쳐질 경우 자동차 업계에 격변을 몰고 오는 강자로 급부상할 수 있다. 만약 세 파트너의 결합이 성사될 경우, 레고블록형 설계 전략이 또 다른 차원의 혁신을 가져올 것이다. 폭스바겐의 MQB나 도요타의 TNGA는 그 자체로는 매우 완벽해 보이지만, 이들 업체는 기계기술에 기반을 둔 전통적 자동차회사들이다. 즉, 전자 제품을 만드는 데 삼성전자만큼 노하우를 갖고 있다고 말하기 어렵다. 삼성전자-FCA 연합에 구글이 물밑에서 지원하는 형태 또는 아예 3사 연합이 만들어진다면, 자동차 기계 부품과 전장(자동차의 모든 전자장비를 통칭하는 말)부품의 결합에서 오히려 폭스바겐이나 도요타를 능가하는 일대 혁신이 일어날 수도 있다.

과거 같으면 복잡한 자동차 설계·생산 시스템에 삼성이 주도적으로 뛰어들기는 어려웠을 것이다. 하지만 레고블록형 설계가 일반화될 경우, 삼성전자가 자동차에 들어가는 전장 시스템을 하나의 레고블록처럼 만들어 공급할 수 있게 된다. 삼성전자가 자동차회사에 일개 부품을 공급하는 것이 아니라, 전장에 대한 시스템 전체를 공급하는 식이 되는 것이다. 지금까지 자동차 업계에 이런 사례는 없었다.

이렇게 되면 삼성이 과거처럼 완성차 사업을 하겠다고 무리하게 나설 필요도 없어진다. 삼성이 만든 전장부품 패키지를 하나의 큰 블록으로 만들어 세계 자동차회사에 '삼성 인사이드'의 형태로 팔면 되니 말이다. 제대로 현실화되기만 한다면, 글로벌 자동차 업계에 삼성발 지각변동이 일어날 것이다. 한국 자동차산업에 큰 자극과 혁신이 될 것이고, 관련 부품 업계도 재편될 가능성이 있다.

2

미래는
예측이 아니라
설계다

기업이 주력 분야의 미래를 알기 위해 예측을 해보는 것은 소극적 방법에 지나지 않는다. 그 분야의 주역들이 무엇을 어떻게 하느냐에 따라 얼마든지 변하기 때문이다. 미래를 주도하려면 '설계'를 해야 한다.

설계는 '어떻게 하면 가장 효율적으로 목표에 도달할 수 있는가에 대한 큰 그림을 그리는 것'이다. 도요타는 설계를 통해 미래를 만들어가고 있다. 대개 한 분야에서 최고가 된 기업은 자기들의 방식에 대한 확신이 지나쳐 이를 무조건 고수하려 들거나 다른 새로운 것을 무시하는 경향이 강하다. 그런데도 도요타는 레고블록형 설계 전략을 전폭적으로 받아들였다. 이를 통해 자신들이 미래를 주도적으로 만들어나갈 수 있으리라 믿기 때문이다.

폭스바겐 MQB나 도요타 TNGA 같은 설계 혁신 전략을 통해 대단히 중요한 사실을 알 수 있다.

첫 번째는 자동차 업계가 미래 경쟁력의 승부처로 목숨을 거는 부분이 설계 혁신이라는 사실이다. 일부 언론이나 자칭 전문가 중에는 전기차나 수소연료전지차 등이 미래 자동차 개발의 전부라면서, 여기에 집중하지 않으면 한국 자동차산업이 다 망할 것처럼 얘기하는 이들도 있다. 하지만 이것은 전혀 사실이 아니다. 중요한 것은 설계 혁신이다. 설계 혁신은 지금 당장 우리가 구입해 타는 자동차의 경쟁력에 직접적인 영향을 미칠 뿐만 아니라, 그 경쟁력이 전기차·수소차의 경쟁력으로까지 연결되기 때문이다.

두 번째는 후발주자가 빠른 시간에 선도주자와 어깨를 나란히 하도록 해주는 것이 설계 혁신이라는 사실이다. 상황에 따라서는 오히려 앞설 기회까지 제공할 수 있다. 기존의 플랫폼 공용화 전략 수준에서는 폭스바겐이 도요타의 원가절감 능력과 생산성을 뛰어넘기 어려웠다. 하지만 MQB라는 설계 혁신을 통해 도요타의 이런 강점보다 더 우월한 강점을 보유하게 됐다. 도요타도 폭스바겐 전략의 무서움을 깨달았기 때문에 필사적으로 자체 전략을 수립해 대항하고 있는 것이다. 설계 혁신 전략을 제대로 세워 수행할 수만 있다면, 후발 또는 마이너 자동차회사 중에서도 치고 올라가는 회사가 나올 수 있다. 역으로 말하면, 현재는 메이저 위치에 있는 회사라 하더라도 설계 혁신의 중요성을 깨닫지 못하고 관련 연구개발을 등한시한다면 앞으로 경쟁력을 상실할 수 있다.

미래 승부처는 전기·수소차가 아니라 설계 능력이다

모든 일에는 선후관계가 있다. 당장 눈에 잘 보이지 않고 개념도 쉽게 설명할 순 없지만, 반드시 먼저 해야만 다른 일을 제대로 할 수 있는 사안이 있다. 레고블록형 설계와 전기차·수소연료전지차의 선후관계를 따지자면, 레고블록형 설계가 우선이고 전기차·수소차는 그다음이다. 전기차·수소차를 개발하지 말자는 얘기가 아니라, 설계·생산의 혁신을 통해 신차 경쟁력 전체를 높이는 것이 시급하다는 얘기다. 그렇게 함으로써 전기차·수소차 개발에도 오히려 속도가 더해질 수 있다.

간단한 통계를 통해서도 확인할 수 있다. 2015년 전 세계 신차 판매 대수는 9,200만 대였다. 그 가운데 전기차는 55만 대로, 전체 판매량의 0.6%에 불과했다. 반면 설계 혁신은 9,200만 대의 신차 전체의 경쟁력에 직접적인 영향을 미칠 수 있다.

이런 가정을 한번 해보자. 전 세계 모든 자동차회사가 2017년부터 전기차만 만들기로 했다고 치자. 그럼 세상에서 움직이는 자동차 대부분이 전기차로 바뀌는 시점은 언제쯤일까? 전 세계에는 20억 대의 내연기관 자동차가 깔려 있으니, 전기차 세상이 오려면 2040년대는 돼야 할 것이다. 문제는 2015년 세계 전기차 판매 대수가 겨우 55만 대였다는 것이다. 앞으로 5~10년 안에 전기차 세상을 만든다는 건 물리적으로 불가능한 일이다. 그 가장 큰 이유는 아직 비싸고 불편하기 때문이다. 석유경제나 기존 자동차 업계의 저항 때문이라기보다는 배터리가 문제이기 때문이다.

쏘나타 크기의 차를 예로 들어보자. 가솔린 엔진 쏘나타는 엔진·변속기와 배기계통, 연료통 등을 다 합해봐야 원가가 300~400만 원이면 된다. 그리고 한 번 기름을 채우면 400~500km쯤은 논스톱으로 달릴 수 있다. 더 달리고 싶다면 길가 주유소에 들러 다시 채우면 그만이다. 주유하는 데 3분이면 족하다. 같은 크기의 차를 전기차로 만든다고 생각해보자. 한 번 충전으로 400~500km를 달리려면 적어도 700~800kg 무게의 배터리를 실어야 한다. 엔진으로 달리는 쏘나타보다 평소에 어른 10명을 더 싣고 다니는 셈이다. 배터리 가격만 해도 엔진 쏘나타 차량 자체보다 비쌀 것이다. 또 한 번 충전하는 데 7~8시간, 급속충전을 하더라도 30분은 걸린다. 배터리가 지금보다 성능은 10배쯤 좋아지고, 가격은 4~5배 떨어질 때까지 전기차의 대량 보급은 매우 어려울 것이다. 그런데 배터리는 IT 영역이 아니라 화학 영역이다. 폭스바겐이나 도요타의 많은 전문가가 배터리의 발전 속도를 예측하기 위해 노력해왔는데, 이들의 현재 분석으로는 그런 '혁신 배터리'는 2020년 이후에도 여전히 연구 단계에 머물러 있을 가능성이 크다는 것이다.

수소연료전지차는 어떨까? 수소와 공기중의 산소를 반응시켜 전기를 생산해 차를 움직이는 방식으로, 이때 만들어지는 부산물이 물밖에 없어 궁극의 친환경차라고 불린다. 또 한 번 충전으로 400~500km를 달릴 수 있고 한 번 충전하는 데 걸리는 시간도 몇 분에 불과하다. 그러나 보조금 등을 뺀 자동차 가격이 아직도 1억 원에 육박하는 데다가, 수소차가 대량 보급됐을 때 수소를 싸게 안정적으로 공급할 수 있느냐가 아직 과제로 남아 있다.

전기차 업계를 선도하는 미국 테슬라자동차는 당장 전기차 세상이 올 것처럼 홍보하고 있지만, 전기차 생산·판매 부문에서 테슬라는 계속 큰 폭의 적자를 쌓아가고 있다. 수소연료전지차는 아직 양산 자체가 이뤄지지 않고 있다. 현대자동차가 2013년 세계 최초로 양산에 성공했다고 주장하고 있지만, 연간 몇백 대 수준을 양산이라고 하는 건 말이 되지 않는다. 또 수소차기술의 우수성은 연료전지시스템의 소형화에 있다고 할 수 있는데, 이런 의미에서 현대차보다 노요타·혼다 쪽 기술이 오히려 앞서 있다고 보는 전문가도 많다. 현대차는 연료전지시스템을 탑재할 공간이 큰 SUV(투싼)로 연료전지차를 만든 반면, 도요타나 혼다는 승용차 형태의 수소차를 개발해 보급하고 있기 때문이다. 수소차의 원가 경쟁력을 논하는 것 자체는 큰 의미가 없지만, 현 단계에서는 도요타의 수소차 원가 경쟁력이 월등히 앞서는 것으로 알려져 있다. 도요타가 앞으로 TNGA를 더 발전시켜 이를 전기차나 수소차의 개발·생산에까지 활용한다면, 도요타의 수소차 경쟁력은 지금보다도 훨씬 높아질 것이다.

그러나 전기차·수소차가 본격적으로 보급되기까지는 앞으로도 많은 단계가 남아 있다. 그도 그럴 것이 친환경차를 보급함으로써 얻을 수 있는 '지구를 지킨다'는 공동의 이익보다 아직 너무 비싸고 불편하다는 소비자 관점에서의 불이익이 훨씬 더 크기 때문이다. 보급을 위해 넘어야 할 자원과 인프라의 제약 문제도 생각보다 훨씬 크다. 그러므로 지금은 전기차·수소차 같은 하나의 제품군에 집중하는 것이 아니라, 자동차회사로서 10~20년 뒤에 살아남고 더 성장하기 위

전기차·수소차가 의미 없다는 얘기가 아니다.
지금 자동차산업의 경쟁력에서
가장 중요한 것이 무엇인지, 그리고
무엇이 상위개념이고
무엇이 하위개념인지 등을 냉정히 평가해
장기적인 개발·투자 전략을 수립해야 한다.

해 무엇을 해야 하는지 큰 그림을 그려야 한다. 전기차·수소차가 의미 없다는 얘기가 아니다. 지금 자동차산업의 경쟁력에서 가장 중요한 것이 무엇인지, 그리고 무엇이 먼저이고 무엇이 나중인지, 무엇이 상위개념이고 무엇이 하위개념인지 등을 냉정히 평가해 장기적인 개발·투자 전략을 수립해야 한다는 뜻이다.

현재 전 세계에서 생산되는 자동차의 99%는 여전히 내연기관 엔진을 장착하고 있다. 그러니 99%에서 경쟁력의 우위를 점하는 것이 우선이다. 그다음으로 한국의 강점인 IT기술 등을 활용해 자동차산업에서 기계와 전장의 결합을 주도해나가는 것이 순서다. 다시 말해 전기차·수소차 분야보다는 커넥티드카 개발이나 카셰어링사업, 자율주행기술 등에서 큰 변혁이 먼저 일어날 가능성이 높다. 이 같은 부분에서 그런 우위를 확보한 다음에 전기차·수소차 등 미래 친환경차로까지 동력을 이어나가는 것이다. 99%의 경쟁력 기반을 철저히 갖추지 못한 상태에서 전기차·수소차의 경쟁력을 논하는 것은 큰 의미가 없다. 후지모토 다카히로 교수는 "향후 10년 이내 자동차 업계의 경쟁은 (전기차나 수소차보다) 레고블록형 설계를 통한 도요타와 폭스바겐의 원가 경쟁, 효율 경쟁의 비중이 훨씬 더 클 것"이라고 말했다.

ARM의 설계기술과
변신로봇 디자이너

미래의 경쟁력은 결국 설계에서 좌우된다. 설계를 통해 미래가 어떻게 달라질 수 있는지를 보여주는 기업이 있다. IT 업계의 대표적 두뇌기업인 영국 ARM이다. 스마트폰의 두뇌라고 할 수 있는 애플리케이션 프로세서^{AP}의 원천 설계기술을 개발하는 기업이다. 전 세계 모든 스마트폰·태블릿PC에 탑재된 애플리케이션 프로세서의 95% 이상은 이 회사의 설계 기반으로 만들어진다.

　ARM은 영국 IT산업의 본거지라 할 수 있는 케임브리지에 있는데, 이곳에 취재를 간 적이 있다. 런던 킹스크로스 역에서 논스톱 급행열차를 타고 북쪽으로 1시간쯤 가면 케임브리지 역이 있고, 거기서 버스를 타고 30분쯤 더 가면 나온다. 도착해서 보니 한적한 대지에 2~3층짜리 낮고 넓은 건물 10여 개가 흩어져 있었다. 겉으로 보기에는 너무 조용해서 세계 모바일기술을 쥐고 흔드는 강자의 카리스마는 느껴지지 않았다. 이곳에서 만난 앤드루 윈스탠리 홍보실장은

"ARM은 공장이 없고 연구소뿐이니, 조용해 보이는 게 당연할 것"이라고 했다. 전체 직원 2,800명 중 70%가 연구원이다. 건물 안을 둘러보니 연구원들이 창문으로 비치는 햇살을 받으며 헤드폰을 낀 채 컴퓨터 앞에 앉아 있는 모습이 눈에 들어왔다. 이 회사의 경쟁력은 설계에서 나오므로 눈에 보이는 것으로는 경쟁력을 알 수 없다. 설계에 강한 기업의 공통된 특징이다.

이 회사 매출의 대부분은 스마트폰·태블릿PC 제조업체에 설계기술을 제공하고 받는 라이선스비와 그 제품이 팔릴 때마다 받는 로열티에서 나온다. 2015년에 매출 1조 4,000억 원을 기록했고, 영업이익은 매출의 40% 이상이었다. 일본 소프트뱅크의 손마사요시 사장이 2016년 7월에 무려 36조 원을 주고 이 회사의 지분 100%를 인수해 큰 화제가 되기도 했다.

손마사요시와의 인수협상에서 중요한 역할을 했던 사이먼 시거스 ARM 사장을 서울에서 인터뷰한 적이 있다. 그의 얘기를 들어보면 이 기업이 설계를 통해 어떻게 미래를 주도하게 됐는지 잘 이해할 수 있다. 그와의 일문일답을 옮겨본다.

— **공장이 없는데, 비용은 다 어디에 들어가나요?**

"직원에게 월급 주고 교육하는 것이 가장 중요하고, 가장 큰 비용이 드는 부분이기도 합니다. 저희 회사의 R&D 비용은 대부분 사람에게 투자하는 데 드는 비용이라고 할 수 있어요. 인건비가 곧 R&D 투자비인 셈이지요. 전체 매출 가운데 인건비 25%, 그 외 비용 25%가 쓰이고 나머지인 절반 정도가 영업이익이라고 할 수 있습니다."

— ARM은 모바일 AP 시장에서 어떻게 독점적 지위에 오를 수 있었나요?

"저희는 반도체회사로서 우리가 가장 잘할 수 있는 게 뭔지 아주 긴 관점에서 생각하고 결정해야 했습니다. 그래서 공장은 만들지 않기로 했어요. 반도체 제품 자체를 생산하는 것은 포기한 겁니다. 대신 마이크로프로세서 칩을 만드는 데 필요한 핵심적인 라이선스기술을 제공하기로 했습니다. 그리고 다양한 형태의 프로세서 설계에서 '공통의 부분을 묶어' 최고의 성능과 저렴한 가격으로 제공할 수 있다면, 그만큼 규모가 커질 것이고 비용도 효율적으로 관리할 수 있다고 생각했습니다. 설립 당시(1991년) 스마트폰의 초기 형태에 해당하는 애플의 '뉴턴'이라는 PDA^{personal digital Assistants}(개인용 정보 단말기) 프로세서를 개발해야 했는데, 휴대용 기기이기 때문에 프로세서를 작고 저전력이면서 싸게 만드는 게 중요했습니다. 거기에서 저희 기술력의 강점이 시작됐습니다."

— 그래도 95%라는 시장점유율이 말이 되나요?

"고객사들이 꼭 ARM의 기술을 써야 한다는 의무는 없습니다. 하지만 저희 기술을 선택하는 건 고객사에도 그것이 이익이기 때문입니다. 가장 저렴하고 전력 소모도 적고 가장 작은 프로세서를 설계할 수 있는 기술을 보유하고 있기 때문입니다. 모바일에 특화된 ARM 기술을 쓰는 게 스마트폰회사가 내부에서 직접 개발하는 것보다 훨씬 저렴하고 효율적입니다. 그러다 보니 점점 많은 스마트폰회사가 저희 기술을 채택했고, 소프트웨어도 저희 기술에 최적화된 형태로 개발하기 시작했습니다. ARM에 최적화된 소프트웨어가 늘어나니 더 많은 스마트폰회사가 ARM 기술을 채택하는 선순환 생태계가 만들어진 것이죠. 우리가 성공한 또 다른 이유는 경쟁자에 비해 개방적이었다는 겁니다. 스마트폰회사들은 설계기술을 외부에 제공하는 데 아주 폐쇄적이었지요. 반면 저희는 모든 고객이 저렴한 가격으로 좋은 기술을 쓸 수 있도록 했습니다."

결국 이 회사가 전 세계 스마트폰 설계기술의 95%를 점하는 놀라운 성공을 거둔 이유는 설립 때부터 회사를 어떻게 운영할지에 대한 설계가 명확했고, 그것이 옳았기 때문이라고 할 수 있다. 특히 시거스 사장이 '다양한 프로세서 설계에서 공통의 부분을 묶어' 제공한다고 말한 부분이 중요하다. 이는 폭스바겐 MQB나 도요타 TNGA의 핵심 사상이기도 하다.

설계가 어떻게 미래를 주도적으로 만들어가도록 해주는지 또 다른 관점을 소개한다. 세계 최고의 변신로봇 디자이너로, 미국 '트랜스포머'의 오리지널 완구 설계자였던 가와모리 쇼지河森正治의 이야기다. 그는 일본에서 1980년대 초 애니메이션 〈마크로스〉에서 전투기로 변신하는 로봇 '발키리'를 디자인한 인물로 유명하다. 그는 필자와의 인터뷰에서 설계와 스타일링을 구분해야 하며, 중요한 것은 설계라고 강조했다. 둘의 차이에 대해 그는 이렇게 얘기했다.

"이야기, 세계관, 세계의 얼개를 생각하는 것이 설계라고 생각합니다. 설계는 단순히 어떤 개념을 큰 그림으로 그리는 것이 아니라 콘셉트의 핵심까지 만들어내는 작업입니다. 스타일링이라는 것은 그것을 어떻게 보이게 할지의 문제지요. 옷이라면 어떻게 몸에 맞춰서 비나 바람을 막고, 막는다면 옷의 두께를 어느 정도로 해서 막을 것인지까지 생각하는 것이 설계입니다. 스타일링은 그것의 형태를 만드는 것이지요. 만약 자동차의 겉모습을 만드는 데만 치중한다면, 그것은 설계가 아니라 스타일링에 불과하다고 말할 수 있을 겁니다."

그는 변신로봇을 디자인하는 사람이다. 아이들 장난감 만드는 사람 정도로 깎아내리는 이도 있을 것이다. 하지만 그는 변신로봇을 만들 때 설계의 중요성을 명확하게 인식했다. 그의 변신로봇은 30년이 지난 지금도 세계 어린이들 손에 들려지고 있다. 그뿐 아니라 할리우드 영화에까지 영향을 미쳤다. 좋은 설계는 곧 스스로 미래를 만들어 나가는 능력이다.

3

설계를 잘하려면
오래 봐야 한다

효율을 추구하는 것은 단지 열심히 일하거나 빨리 일하는 것을 의미하지 않는다. 요리 전문가 백종원은 프로가 아마추어와 다른 점을 이렇게 표현했다. "프로는 기다릴 줄 안다." 기다릴 줄 안다는 것은 서두르지 않는다는 것이다. 아마추어는 당장 급하기 때문에 그때그때 닥친 문제를 빨리 해결하는 것만 생각하지만, 프로는 시간을 두고 장기적 관점의 효율을 생각하고 최고의 효율을 내기 위해 일의 전체를 설계할 줄 안다.

모바일 메모 앱 '에버노트Evernote'를 세상에 내놓은 에버노트사의 창업자 필 리빈Phil Libin CEO를 인터뷰한 적이 있다. 그는 '내 인생에 가장 큰 영향을 준 책'으로 《느림의 지혜The clock of the long now》라는 책을 꼽았다. 1만 년 동안 작동할 시계를 만들겠다는 사람들의 얘기다. 그는 "왜 에버노트가 앞으로 100년 가는 스타트업(신생 벤처기업)이 되겠다

장기적 관점에서 정말 해야 할 일의 본질을
꿰뚫는 것이 바로 설계다.

고 했는지 그 이유가 이 책에 다 들어 있다"면서 "새빠른 것이 이긴나
고 생각하지만, 장기적 관점에서 정말 해야 할 일의 본질을 꿰뚫는 것
이 얼마나 중요한지를 알려주는 책"이라고 했다.

그의 말 그대로 장기적 관점에서 정말 해야 할 일의 본질을 꿰뚫
는 것이 바로 설계다. 2016년 구글의 인공지능 '알파고'와 이세돌의
반상대결이 있었다. 알파고가 이겼는데, 이를 두고 한국에서는 알파
고가 만들어진 지 2년 만에 바둑의 인간 최고수를 이겼다며 놀라움을
표시하기도 했다. 정말 2년 만의 승리일까? 현재의 인공지능에는 제
2차 세계대전 때 영국 과학자 앨런 튜링에서부터 비롯된 그간의 모
든 연구 성과와 빛나는 전통이 담겨 있다. 그것이 영국의 인공지능 연
구기업 딥마인드와 딥마인드를 인수한 구글로 연결된 것이다. 갑자기
잘하게 된 것이 절대 아니며, 알파고의 승리는 오랜 기간 축적돼온 설
계의 힘을 바탕으로 한 것이다. 과거에, 그리고 지금, 잘하는 것을 더
잘하기 위해 설계를 혁신할 때 그 역량은 미래로까지 연결된다.

도요타의 30년 시선 경영

설계의 경쟁력은 현재 시점에서 논하기가 어렵다. 대개는 현재의 차이가 훗날 각 회사의 미래를 어떻게 바꿨는지를 확인한 뒤에야 알게 된다. 설계는 눈에 잘 안 보이는 부분이고, 언론 등에서 수치상으로 비교 분식하여 기사화하기도 어렵기 때문이다.

도요타의 신체제 개편과 TNGA 전략은 회사의 미래를 바꾸기 위해 아키오 사장이 고심 끝에 준비한 것이다. 신체제 개편을 통해 지속 성장을 위해 꼭 필요한 선행(미래) 기술에 더 집중하고, TNGA라는 설계 혁신을 통해 자동차 개발과 생산에서 주도권을 놓지 않겠다는 의도다. 아키오 사장은 2016년 5월 실적발표회장에서 교도통신 기자가 "어느 정도의 기간을 생각하고 경영을 하느냐"고 묻자 이렇게 답했다. "경영자라면 세상을 향해 앞으로 20~30년에 대한 커미트먼트 commitment(약속)를 해야만 한다고 스스로 생각하고 있다."

아키오 사장은 신체제 개편을 통해 본사 차원의 미래창생센터를 신설했고, 신설된 7개 컴퍼니 가운데 하나로 선진기술개발 컴퍼니라는 조직을 만들었다. 미래창생센터는 30년 앞을 내다보고 기술을 개발하고, 실리콘밸리나 다른 회사와의 제휴 등을 통해 새로운 비즈니스를 만들어간다. 아키오의 기술 부문 멘토이자 그룹 R&D·제품기획 총괄이었던 가토 미쓰히사 부사장이 센터장을 맡을 만큼 그룹 차원의 힘이 실려 있다. 선진기술개발 컴퍼니는 실무를 맡고 있는 7개의 컴퍼니 중 하나인 만큼 향후 10년 이내, 즉 차기 또는 차차기 모델에 넣을 수 있는 기술을 개발한다.

도요타가 특히 선진기술개발 컴퍼니를 기존 조직에서 분리·독립시킨 데는 절박한 이유가 있었다. 현재 조직 안에 선행 기술을 개발하는 조직을 집어넣는다 하더라도 힘을 발휘하기에는 어려울 것이다. 당장 돈을 벌어들일 양산 기술을 개발하는 쪽에 인력과 돈이 집중되기 때문이다. 이를 막기 위해 아예 조직을 따로 떼어낸 것이다. 도요타는 조직 곳곳에 분산돼 있던 선행 기술 연구인력 1만 명 중 상당수를 선진기술개발 컴퍼니에 재배치함으로써, 이 분야에 대한 집중 개발을 노리고 있다.

반면 현대·기아차는 1만 1,000명의 연구인력을 보유하고 있지만, 대부분이 양산 기술을 개발하는 데 투입되고 있다. 순수하게 선행 기술을 담당하는 연구인력은 도요타의 10분의 1도 안 되는 수준인 것으로 알려져 있다. 그나마도 돈 안 되는 일을 한다는 내부 인식 때문에 제약이 많다. 현대자동차는 그래도 상황이 나은 편이다. 설계 혁신 수준에 이르지는 못했다고 해도, 지금까지 장기적 관점에서 기술을 개발하고 인력을 양성해왔기 때문이다. 상당수 한국 대기업의 상황은 이보다 훨씬 더 열악하다.

노무라종합연구소의 최고 브레인으로 꼽히는 고노모토 신고此本臣吾 본부장과 인터뷰를 한 적이 있다. 그는 "한국 기업들이 과거엔 앞을 내다보려 노력했는데 지금은 남들이 뭘 하는지에만 신경 쓰는 것 같다"고 꼬집고, 다음과 같이 이야기했다.

"저는 1990년대 한국 기업들과 컨설팅 업무를 하면서 기업의 비전을 만드는 일에 많이 참여했습니다. 당시 한국 기업은 '우리가 10년 후 무엇을 할 것인가'에 대한 그림을 그리려 노력했습니다. 그런데

요즘 한국 대기업을 보면 타사 동향을 알려달라는 등 눈앞의 것에만 관심을 보이는 경향이 있는 것 같습니다. 이런 시기일수록 좀더 멀리 보면서 장기적으로 어떻게 투자하고, 경영계획을 어떻게 짤 것인지를 고민하는 것이 중요할 겁니다. 이제 눈앞의 것을 갑자기 바꿔서 급성장할 수 있는 기회는 거의 없지 않을까 생각합니다."

고노모토 본부장은 또 "한국은 반도체나 스마트폰 등 개별적인 하드웨어 제품력은 뛰어난데, 전체적인 협력을 통한 시스템 경쟁력이 다소 부족해 보인다"면서, "서로 성격이 다른 대기업끼리라도 각각의 장점을 모아 통합된 시스템으로 세계에 수출할 수 있다면 지금 당장에라도 경쟁력을 더 높일 수 있을 것"이라고 말했다.

과거에 한국은 반도체·액정패널·스마트폰·조선·전자·철강 등에서 승승장구했다. 그렇게 할 수 있었던 것은 리더가 올바른 판단을 내리고 대규모 자금을 쏟아부어 경쟁력을 갖춘 뒤, 강력한 마케팅과 해외영업을 통해 제품을 대량으로 판매하여 이익을 회수하는 형태였기 때문이다. 물론 한국이 일본에 비해 임금 경쟁력이 더 뛰어났다는 점, 또 일본이 1990년대 버블경제 붕괴 이후 대규모 투자를 기피해온 상황이었다는 점도 무시할 수 없다. 하지만 가장 중요한 것은 앞으로 30년 뒤의 미래를 내다보고 준비한 덕분에 그 열매를 거둘 수 있었다는 점이다.

지금 기업과 기업 리더들은 향후 30년을 내다보는 설계를 해야 한다. 제대로 설계만 한다면, 지금 한국 내에 존재하는 자원만으로도 최강의 팀을 꾸릴 수 있을 것이다. 하나의 기업이 큰 설계를 하기가 어렵다면, 팀을 이룰 수도 있다. 도요타는 이미 30년 시선으로 설계의 새 판을 짜나가고 있다. 지금 한국 기업들이 제대로 된 설계를 하지 못한다면 한국의 미래는 없을지 모른다.

맥라렌의 성공 사례

자동차산업의 우수 사례를 얘기할 때 보통 영국을 거론하지는 않는다. 영국은 1950~60년대까지만 해도 미국과 함께 세계 자동차산업을 주도했다. 하지만 영국병이라 불리는 비효율, 노사갈등, 경쟁력 저하 등으로 자동차산업이 몰락했고 영국 국적의 자동차회사는 다 사라지고 말았다. 재규어 – 랜드로버는 인도 타타자동차에, 롤스로이스와 미니는 독일 BMW에, 벤틀리는 독일 폭스바겐에, 로버는 혼다와 BMW를 거쳐 지금은 중국 상하이자동차에 흡수됐다.

그러나 영국 자동차산업이 완전히 무너진 것은 아니다. 양산차업체는 아니지만, 스포츠카회사 가운데 맥라렌^{McLaren} 같은 곳은 자동차와 하이테크산업의 영국 대표주자로 성장해가고 있다. 필자는 맥라렌 런던 본사의 공장을 방문한 적이 있는데, 앨런 포스터 스포츠카 생산 담당 부사장의 안내로 자동차 공장을 둘러볼 수 있었다. 축구장 4개 정도인 3만 2,000㎡의 공간으로, 바닥과 벽이 하얀색으로 눈이 부실 정도였다. 이와 대조를 이루는 검은색의 직원 작업복은 휴고 보스의 디자인이라고 했다. 자동차 공장 특유의 쿵쾅거리는 프레스 소리나 매캐한 기름 냄새는 없었다. 깨끗하고, 우아했다.

포스터 부사장은 30년 전 영국 포드 공장을 시작으로 GM과 도요타 공장에서도 일했다. 2005년에 맥라렌으로 스카우트돼 2011년 스포츠카 양산을 시작하기에 이르렀는데, 공장의 작은 디테일까지 전부 그의 손을 거쳤다. 맥라렌은 원래 세계 최고의 자동차 경주대회 F1에 출전하는 레이싱팀으로 이름을 날렸다. 2000년대 중반 맥라렌은 F1 레이싱팀뿐 아니라 종합기술과 스포츠카 양산 분야로 업종을 다변화하려는 장기 전략을 세웠고, 스포츠카를 만드는 공장을 세우기로 했다. 그는 장기적 관점의 설계가 필요했다고 말했다.

"저희는 아주 긴 관점에서 사업을 바라봤습니다. 일본 자동차산업이 가졌던 긴 안목의 투자 전략 말입니다. 저희는 F1 팀만 갖고는 재정적으로 성장하기 어렵다고 봤습니다. 이를 타개할 방법을 찾아야 했지요. 우리는 페라리가 했던 것처럼, F1에서 쌓은 명성을 바탕으로 스포츠카 생산 쪽으로 영역을 넓혀 규모의 경제를 이뤄야 한다는 결론을 내렸습니다."

그는 영국 자동차산업이 몰락한 이유를 이렇게 설명했다.

"20~30년 전 영국 자동차회사에는 오직 1년짜리 계획만 있었습

> "2,30년 전 영국 자동차회사에는
> 오직 1년짜리 계획만 있었습니다.
> 결국 도요타처럼 2,30년을 보는 회사에
> 맞설 수가 없게 됐지요"

니다. 당장 올해만 생각했기 때문에 미래를 계획할 수 없었고, 결국 도요타처럼 20~30년을 보는 회사에 맞설 수가 없게 됐지요. 현재 맥라렌의 사업 전략은 일본식 사업 철학에 영국의 브랜드 파워를 접목한 것이라고 할 수 있습니다."

그런데 공장이 지나치게 고급스러워 보였다. 낭비가 아니냐고 물었더니 전혀 그렇지 않다는 대답이 돌아왔다. 그는 "도요타나 GM에 있을 때 이 정도 라인을 만들려면 최소 1,200억 원은 들었을 테지만, 훨씬 고급스럽게 만들고도 800억 원밖에 안 들었습니다"라고 했다.

어떻게 도요타보다 더 낮은 비용으로 더 고급스러운 공장을 만들 수 있었을까? 이는 모든 것이 만들어지기 훨씬 전부터 면밀하게 설계됐기 때문이다. 오래전부터 고민해 제대로 설계하면 실제 구현할 때 낭비가 거의 없어진다는 얘기였다. 공장을 짓다가 도중에 설계 변경을 한다든지 장비를 갑자기 도입한다든지 하면 그게 전부 추가 비용이 되기 때문에, 처음에 설계를 잘하는 것이 무엇보다 중요하다고 그는 강조했다.

"이 공장의 형태는 무엇 하나 기능을 생각하지 않고 만들어진 게 없습니다. 벽은 작업자에게 영향을 주지 않는 선에서 최대한 빛을 반사하게 함으로써 공장 내 조명에 들어가는 에너지를 25% 절감해줍니다. 건물 바깥에는 인공호수가 있는데, 아름다움만을 추구한 것이 아닙니다. 호수에서 물을 끌어올려 식물과 바이오기술을 이용해 열을 식히거나 저장하는 데 사용합니다. 공장에 들어가는 냉난방비를 크게 절약할 수 있습니다. 또 공장 바닥의 타일은 가격이 일반 타일보다 비싼 고급 제품입니다. 타일회사로부터 이 공장을 그들 고객의 견학장소로 활용한다는 조건을 받아들이는 대신, 원래 가격보다 훨씬 싸게 구입했습니다. 또 공장을 고급스럽게 지은 이유는, 저희 스포츠카를 판매하는 딜러들이나 차량을 구입하는 고객들이 자주 방문하기 때문입니다. 그들에게 고급스럽고 아름답게 정돈된 공장을 보여주는 것은 마케팅에도 아주 큰 도움이 됩니다."

포스터 부사장은 "맥라렌 공장의 모든 것은 분명한 목표를 갖고 설계됐다"며 "좋은 설계를 할 수 있는가 아닌가는 당신이 장기적 관점에서 생각하느냐 아니냐에 달려 있다"고 말했다. 이 회사를 통해 좋은 설계를 하기 위해서는 '멀리 보고 깊이 준비하는 것'이 중요함을 다시 한 번 배웠다.

한국 이륜차와 베어링산업의
실패 사례

반대로 30년을 내다보는 설계를 제대로 하지 못하면 어떤 일이 발생하는가에 대한 국내 사례가 있다. 이륜차 업계다. 개인용 운송수단은 사륜 자동차와 이륜 자동차로 나뉜다. 자동차라고 하면 보통 사륜차만 지칭하는 경우가 많지만, 실제로는 오토바이·스쿠터 등이 포함되는 이륜차라는 큰 시장도 있다. 한국이 사륜차 시장에서는 비교적 강하다고 할 수 있지만, 이륜차 시장에서는 사정이 전혀 다르다.

대림자동차는 30년 넘도록 내수 1위 자리를 내준 적이 없는 이륜차 시장의 절대 강자다. 2015년에도 내수 점유율이 절반 가까이 됐다. 문제는 내수 시장 자체가 쪼그라들고 있고, 점유율도 여전히 높긴 하지만 계속 추락한다는 데 있다. 대림은 1997년 연간 30만 대에 이르던 내수 시장에서 20만 대를 팔았다. 그러나 현재 대림은 연간 10만 대도 안 될 만큼 작아진 시장에서 고작 4만 대 수준을 판다. 점유율 1위는 유지하고 있지만 판매 규모는 4분의 1, 5분의 1로 줄었다. 게다가 수입 이륜차가 급성장하면서 대림의 내수 점유율은 최근 들어 70% 수준에서 40% 수준으로 떨어졌다. 2015년 내수 오토바이(스쿠터 포함) 시장에서 수입 브랜드의 점유율은 40% 선에 달했다. 2009년 13% 수준에서 급상승했다. 싸고 좋은 수입 제품이 밀려들고 있으니 수입 브랜드의 점유율이 절반을 넘는 것도 시간문제라 하겠다.

한국에는 대림자동차와 S&T모터스(구 효성기계공업)라는 양대 이륜차회사가 있지만, 어느 쪽도 글로벌화를 위한 그림을 그리지 못했다.

세계 오토바이 1위 업체인 일본 혼다는 현재 연간 2,000만 대 가까이 판매한다. 이에 비하면 대림이나 S&T 양사를 합쳐도 판매량(수출 포함)이 혼다의 100분의 1에도 미치지 못한다.

이와 같은 상황을 초래한 원인으로는 리더십 부재, 전략 부재, 오래된 독과점 구조, 정부의 무관심 등이 복합적으로 작용했다고 말할 수 있다. 그렇지만 가장 큰 이유는 1980년대 한국 이륜치 업계에 '30년 앞을 내다보는 설계'가 전무했다는 점이다. 1980년대까지만 해도 탄탄한 내수를 기반으로 돈을 잘 벌었기 때문에 미래를 위한 설계를 게을리한 것이다. 세계 시장으로 나갈 기회도 여러 번 있었지만 연구개발이나 해외 진출에 소극적으로 대처하는 바람에 번번이 기회를 놓쳤다. 대림자동차는 혼다와의 기술제휴가 끝나던 1990년대 말까지도 독자 기술을 개발하는 데 소홀한 채 내수에 안주했다. 현대자동차가 1974년 첫 고유 모델인 포니 때부터 독자 기술 개발에 온 힘을 쏟고, 1990년대 초부터 적극적인 해외 생산을 통해 경쟁력을 확보해나간 것과 정반대다.

그러다 2003년 오토바이 수입 규제가 사라지자 중·저가품은 중국·대만산, 고가품은 일본·유럽산이 국내 시장으로 밀려들어 왔다. 내수를 나눠 갖던 대림과 S&T 두 업체는 이때부터 악순환에 빠져들었다. 규모의 경제 환경과 기술력 둘 다 갖춰놓지 못했기 때문에 저가품과 고가품 양쪽에서 고전했고, 당연히 판매가 줄어들었다. 판매가 줄어드니 더욱더 연구개발에 재투자를 못 하게 됐고, 수입차를 압도할 만한 신제품을 내놓지 못하게 됐다. 세계 이륜차 시장은 현재 연간 5,000만 대, 70조 원 규모로 추산되며 신흥국을 중심으로 점점 커지고 있다. 이 매력적인 제조업 분야에서 제조업 강국이라는 한국이 이 대로 도태될 위기에 놓인 것이다.

장기적 설계에 실패해 핵심 경쟁력의 한 축이 무너진 예는 한국에 또 있다. 공정거래위원회는 2014년 일본과 독일계 베어링 업계가 국내에서 부당하게 가격을 담합해 국내 산업에 피해를 입혔다며 수백억 원대 과징금을 부과했다. 그러나 이 중 일부 사건은 2016년 검찰에서 무혐의 처분을 받는 등 징벌조차 제대로 되지 않고 있다. 업계에서는 외국 업체가 담합 시도를 해도 이를 견제할 수 있는 힘이 부족하다고 입을 모은다. 한국에 제대로 된 베어링업체가 존재했더라면 외국 업체들이 가격 담합을 시도하기가 어려웠겠지만, 현재 이들과 맞붙을 만한 실력 있는 토종 베어링업체가 없기 때문이다.

왜 이런 문제가 발생했는지 알려면 과거로 돌아가야 한다. 원래 한국에도 한국종합기계라는 뛰어난 베어링회사가 있었다. 1953년 신한베어링에서 시작한 이 업체는 반세기 동안 한국 베어링산업의 사관학교였다. 그러나 IMF 외환위기 직후인 1998년 모기업인 한화그룹의 결정으로 지분 70%가 독일 셰플러에 매각됐고, 2003년에는 나머지 30%까지 매각됐다. 국내 주력 베어링업체가 완전히 외국에 넘어가면서, 베어링산업은 정부가 육성하기도 모호한 존재가 돼버렸다.

국내 최대 베어링 메이커가 된 셰플러코리아는 최근까지 줄곧 한국베어링공업협회 회장사社를 맡아왔다. 하지만 독일 베어링회사가 이끄는 협회에서 한국의 산업을 육성하는 데 관심을 가질 리가 있겠는가. 현재 국내 베어링 시장은 고가 제품은 독일·일본, 저가 제품은 중국이 장악해버린 상태다. 연 3조 원대인 국내 베어링 시장은 셰플러가 60%, 일본 NSK와 스웨덴 SKF가 각각 10% 내외를 점유한 것으로 추정된다. 추정이라는 표현을 쓰는 것은, 외국 업체들의 비밀주의 때문에 정부가 통계자료조차 제대로 작성하지 못하기 때문이다.

포스코 등 철강회사에서 1년에 용광로·컨베이어 등에 사용하는 베어링 구입량만 수천억 원에 달하며, 이 가운데 90%가 외국 업체 제품이다. 또 첨단 베어링은 우주로켓이나 초고속열차 등에도 널리 사용되는데, 국내 베어링업체가 영세하기 때문에 이를 대부분 독일·일본 업체에 의존할 수밖에 없다. 하지만 외국 업체가 한국의 로켓이나 열차를 개발하는 업체의 주문에 맞춰 제품을 개발하거나 개발 노하우를 전수해줄까? 한국의 로켓·열차기술의 진척이 더딘 이유 중 하나가 베어링기술의 외국 의존이 심각하기 때문이라는 분석도 있다.

1998년 한국종합기계를 독일에 넘겨버리는 결정이 이뤄지면서 한국 베어링산업의 경쟁력 저하는 이미 예고됐다. 한국의 전체 기술 경쟁력을 생각했다면, 해외 매각은 하지 말았어야 했다. 그러나 30년 전 한국의 정부와 기업에는 베어링 분야에 대해 30년 앞을 내다보는 설계가 없었던 것이다.

4

설계는
일류만 할 수 있다

어떤 일의 최고 전문가, 일류로 일
컬어지는 사람들은 맡은 일이 아무리 복잡해 보일지라도 그 일을 단
순화하는 능력을 갖추고 있다. 그간 쌓아 올린 수많은 지식과 경험
을 통해, 그리고 전문가로서 본분을 지킴으로써 외부 압력에 휘둘리
지 않고 전체를 꿰뚫어볼 수 있기에 전체를 최적화하는 설계가 가능
해지는 것이다. 그리고 최적화의 수준은 그 전문가의 수준이 높으면
높을수록 더 높은 단계로 이뤄진다. 일단 이런 설계가 완성되면, 전체
시스템 자체가 매우 복잡해 보일지라도 시스템의 실행자들은 훨씬
더 쉽고 효율적으로 일할 수 있다.

아마존과 야후에서 유저 인터페이스 최고책임자로 일했던 래리
테슬러Larry Tesler가 '복잡성 보존의 법칙'이라는 걸 내놓았다. '어떤 서
비스나 제품에 포함된 복잡함의 총량은 정해져 있는데, 만약 공급자

가 복잡함을 더 짊어지면 소비자는 그만큼 더 심플함을 즐길 수 있게 된다'는 내용이다. 하지만 일류가 아닌 공급자는 제품의 복잡함을 스스로 소화해 정리할 능력이 부족하기 때문에, 결국 소비자가 그 복잡함을 떠맡게 된다.

상위 1%의 싸움

리더가 일류가 아니면, 무엇이 중요한지 모르기 때문에 제대로 설계를 할 수 없다. 모르기 때문에 최고의 인재를 찾아 설계를 맡길 수도 없다. 2016년 6월 삼성 사내 통신망에는 "문제 해결 능력으로만 보면 삼성 인력의 1~2%만 구글에 입사할 수 있는 수준이다"라는 내용이 실렸다. 일부 언론은 이에 대해 삼성이 뒤처진 소프트웨어 경쟁력을 끌어올리기 위해 채찍을 꺼내 들었다고 보도하기도 했다. 삼성이 많은 소프트웨어 인력에 비해 질적 성장을 못 이룬 현실을 일깨우고 직원들의 분발을 촉구했다는 것이다.

하지만 이를 다른 각도에서 생각해볼 수도 있다. 삼성 소프트웨어 엔지니어의 1~2%만 구글에 입사할 정도라면, 이는 삼성이라는 회사의 소프트웨어 설계 능력이 구글의 설계 능력에 크게 미치지 못함을 보여주는 것이다. 이는 다른 한편으로, 삼성의 상위 1%에 해당하는 리더들이 구글만큼 제대로 설계를 하지 못했기 때문이라고도 할 수 있다. '문제 해결 능력'이 뛰어난 엔지니어가 성장할 만한 환경을 회사가 제공해왔는지도 생각해봐야 할 것이다.

삼성에서 정말 중요한 것은
구글에 입사할 수준의
엔지니어를 늘리는 것이 아니라,
구글과 맞설 만한 설계 능력을 갖춘
1%의 인재가 있느냐의 문제일 것

물론 삼성이 이 문제를 공개적으로 제기한 것은 그만큼 설계가 가능한 일류 소프트웨어 엔지니어의 중요성을 인식하고, 이를 개선하기 위해 필사적이라는 점에서 고무적이다. 바꿔 말하면 국내 대기업 가운데 삼성만이 일류 설계자의 중요성을 제대로 인식하고 있다고도 볼 수 있다. 그러나 삼성에서 정말 중요한 것은 구글에 입사할 수준의 엔지니어를 어떻게 늘릴 것인가가 아니라, 구글과 맞설 만한 설계 능력을 갖춘 1%의 인재가 있느냐의 문제일 것이다. 이는 단순 소프트웨어 엔지니어의 차원을 뛰어넘어 소프트웨어 설계에 대한 장기적이고 큰 그림을 그릴 수 있는 극소수 리더를 의미한다. 이 1%가 설계를 제대로 하고 그에 맞춰 최고들이 육성될 수 있는 시스템만 갖춘다면, 나머지 99%는 천재가 설계한 최고의 시스템을 체득하는 것만으로도 더 많은 것을 배우고 성장해나갈 수 있다.

도요타가 신체제로 개편하고, TNGA에 주력하는 것도 이와 똑같은 맥락이라고 할 수 있다. 사실 레고블록 설계 사상도 완전히 새로운 것은 아니다. 자동차 분야에서 최고의 식견과 비전, 사명감을 가진 전문가라면 궁극적으로 그 방향으로 가게 돼 있다. 그것이 가장 효율적이기 때문이다.

국내에 레고블록 설계의 전문가가 없는 것도 아니다. 현대자동차의 한 설계 전문가가 사석에서 필자에게 '레고블록형 설계 전략'의 개념에 대해 열심히 설명해준 적이 있다. 그는 냅킨에 그림을 그려가며 "현대차가 폭스바겐이나 도요타와 맞설 수 있는 해법이 될 것"이라고 말했다. 레고블록형 설계라는 말이 해외 자동차 전문지 등에 등장하기 한참 전인 2006년의 일이었다. 그로부터 10년 뒤인 2016년, 폭스바겐과 도요타는 레고블록형 설계에 따른 신차를 속속 내놓고 있다. 반면 2006년 필자에게 그 말을 해줬던 설계 전문가는 사내에서 레고블록 설계를 주장하다가 그만 중간에 낙마하고 말았다.

왜 이런 일이 일어날까. 결국 최고의 설계를 하려면 회사가 일류이고 회사의 경영진이 일류여야 한다는 얘기다. 최고의 설계는 몇몇 천재적인 엔지니어나 과학자도 해낼 수 있다. 그러나 이런 설계가 가능하려면 그 회사의 수준과 실력, 즉 환경이 갖춰져야 한다.

설계라는 개념을 언론 업계에 적용해보자. 영국의 세계적 경제전문 일간지 〈파이낸셜타임즈〉는 2015년 영국 피어슨그룹에서 일본 닛케이로 소유권이 넘어갔다. 피어슨그룹 측이 〈파이낸셜타임즈〉의 장래가 밝지 않다고 보고, 거액을 주겠다는 닛케이그룹에 팔아버린 것이다. 비슷한 이유로 세계적 경제주간지 영국 〈이코노미스트〉도 피어슨그룹에서 이탈리아 피아트그룹 소유주에게로 넘어갔다. 또 워터

게이트 특종에 빛나는 미국 일간지 〈워싱턴포스트〉는 유서 깊은 그레이엄 가문에서 아마존 창업자 제프 베조스에게로 소유권이 넘어갔다.

반면 미국 미디어 업계에서 성장세를 유지하고 있는 곳은 경제뉴스 매체인 〈블룸버그〉다. 〈이코노미스트〉의 편집장이 〈블룸버그〉 편집장으로 자리를 옮긴 일이 있었는데 미디어 업계에서는 이를 두고 '영전榮轉'이라 칭했다. 왜 세계 최고 경제주간지의 편집장이 〈블룸버그〉로 가는 게 영전이었을까? 〈이코노미스트〉의 경영진보다 〈블룸버그〉의 경영진이 미디어뉴스를 통해 독자들에게 최적의 정보를 전달하고 그것으로 수익을 내는 설계 능력에서 우위에 있기 때문이다. 〈블룸버그〉 한국 지사의 뉴스룸(편집국)에 가본 적이 있는데, 여느 언론매체 뉴스룸과 전혀 달랐다. 보통의 언론사는 기사 따로, 광고 따로, 기사를 검색해 정보로 파는 사업 따로인 식이다. 그런데 〈블룸버그〉는 회사가 제공하는 서비스가 모두 연동되도록, 그래서 최고의 뉴스를 전달하면서 회사가 돈도 많이 벌 수 있도록 돈과 인력을 최적화 설계에 최우선으로 투자하고 있었다. 〈블룸버그〉 기자들이 사용하는 기사 전송 프로그램을 봤더니 프로그램 자체의 설계 완성도가 매우 뛰어났다. 일상적인 기사를 써야 하는 경우, 과거 사례를 검색해야 하는 경우 등 상황에 따라 이를 지원해주는 설계가 잘돼 있었다.

〈워싱턴포스트〉가 베조스에게로 넘어간 것도, 회사의 미래를 설계하는 데 기존 경영자보다 베조스가 뛰어나기 때문이었다. 이는 그 회사가 머리 좋은 사람을 얼마나 많이 보유하고 있느냐와 별개의 문제다. 〈워싱턴포스트〉에는 박사급을 포함해 700여 명의 뛰어난 기자가 있다. 그러나 결국 베조스라는 IT 업계 천재 창업자의 손아귀에 들

기자들이 제아무리 특종을 많이 쓰고
열심히 일한다고 하더라도,
상위 1%가 미래를 제대로 설계하지 못한다면
그 언론사의 미래는 밝을 수가 없다.

어가고 말았다. 조직 내 1%가 가진 설계 능력의 차이 때문이라고 할수 있다. 기자들이 제아무리 특종을 많이 쓰고 열심히 일한다고 하더라도, 상위 1%가 미래를 제대로 설계하지 못한다면 그 언론사의 미래는 밝을 수가 없다. 〈워싱턴포스트〉·〈파이낸셜타임즈〉·〈이코노미스트〉는 최고의 뉴스 콘텐츠를 제공했지만, 설계 경쟁력에서 밀리는 바람에 경영권이 바뀌는 결과를 맞은 것이다.

최고의 지위에서만 연결이
가능하다

일류가 한 설계에는 한 가지 중요한 특징이 있다. '리니어^{linear}하다'는 것이다. 선형적線型的이라는 말로도 쓰이는데, 어떤 일의 과정이 끊김이 없이 아주 매끄럽고 부드럽게 연결된다는 것이다. 리니어하다는 것은 미학적인 완결, 궁극의 아름다움과도 연결된다. 실제로 소비자들은 명확히 인식하지 못한다 하더라도, 일류들이 설계한 제품은 거의 예외 없이 리니어하다.

일류가 설계한 자동차를 예로 들어보자. 설계가 잘된 차는 출발하고 가속하고 돌고 설 때, 그 연결이 부드럽고 매끄럽다. 가속 페달을 밟았을 때 차가 울컥거리지 않는다. 운전자가 페달을 밟는 딱 그만큼만 매끄럽게 나가준다. 코너를 돌 때도 차가 예상할 수 있는 궤적을 따라가면서 불안한 거동을 하지 않고 부드럽게 돌아나가며, 브레이크 페달도 밟는 정도에 따라 딱 예상할 수 있는 정도로 매끄럽게 서준다.

특히 일류가 설계한 자동차는 차량의 무거운 부품이 최대한 아래쪽과 가운데 쪽으로 몰려 있어 무게 중심이 낮다. 무게중심이 낮으면 코너링할 때의 안정감이 높아지고, 잘 미끄러지지 않으며, 차의 거동이 매끄럽다는 인상을 받게 된다. 간혹 컨디션이 좋지 않을 때 차를 몰거나 술을 마시고 뒷자리에 탔을 때 유독 토할 것 같은 기분이 드는 차가 있다. 이런 차들은 리니어하지 않은 차일 가능성이 크다. 수치상으로는 성능이 뛰어나지만, 실제로 차의 거동에서 거친 부분이 있기 때문에 탑승자가 불편한 느낌을 받게 되는 것이다.

흔히 '연결'이라는 작업을 통해 가장 창조적인 것이 나올 수 있다며, 스티브 잡스가 말한 '점들의 연결connecting the dots'을 예로 들기도 한다. 미리 연결을 염두에 두고 점을 만들어가는 것은 아니지만, 인생의 경험을 통해 얻는 여러 '점'들이 나중에 연결돼 위대한 것을 만들어낼 수 있다는 의미다. 그러나 여기서 간과해선 안 되는 사실이 있다. 스티브 잡스가 자신의 점들을 연결해 위대한 애플 제품을 만들어낼 수 있었던 것은 그가 경험으로 축적한 점들의 수준이 대단히 높았기 때문이라는 것이다. 점의 수준이 높다는 것은 점을 연결하는 사람의 수준이 높다는 뜻이기도 하다. 이를 역으로 말하면, 연결을 통해 최고를 만들어내기 위해서는 연결하는 사람 자체가 최고여야 한다는 뜻이 된다. 전문성과 깊이가 없는 사람이 이것저것 연결한다고 해서 최고의 제품이 태어날 리 없다. 한 분야에서 최고의 것을 경험한 이들만이 그 영역을 넓혀나갈 수 있다는 얘기다.

영국 맥라렌을 다시 예로 들어보자. 이 회사에는 세 가지 핵심 비즈니스가 있다. 스포츠카 생산, F1 레이싱팀 출전, 기술 컨설팅이다. 맥라렌은 기술 컨설팅을 자동차회사에만 제공하는 게 아니라 철도·항공·에너지·제약·군수·헬스케어·가전, 심지어 축구팀에 이르기까지 다양한 산업에 제공한다. 자동차회사에 대한 기술 컨설팅 비중은 10%도 안 된다. 맥라렌은 자동차 전문 회사인데, 어떻게 이런 일이 가능할까? 맥라렌의 제프 맥그래스 기술 컨설팅 담당 부사장은 필자와의 인터뷰에서 이렇게 설명했다.

"F1기술이라고 하면 사람들은 엔진, 조향, 디자인 등 눈에 보이는 부분만 생각할 겁니다. 하지만 지난 20년간 F1의 가장 큰 기술 혁신

> "최고의 통합 설계를 하려면
> 한 분야에 통달한 전문가가 꼭 있어야 합니다.
> 기술의 융합은 각각의 기술을 조금씩 알아서는
> 절대 이룰 수 없습니다"

은 전자·소프트웨어, 데이터 관리와 분석에서 일어났어요. F1을 운영하는 FIA(국제자동차연맹)는 자동차의 디자인이나 파워 등 모든 분야에 제한을 두고 있습니다. 이 때문에 레이스에서 이기기 위해서는 그런 제약 속에서 남보다 앞서기 위해 무엇을 어떻게 해야 할지 계획을 세우고 상황을 판단하고 결정을 내려야 합니다. 이런 변화는 매년 일어나며, 때로는 레이스와 레이스 사이 몇 주, 심지어는 레이스 도중에 일어나기도 합니다. 마지막 경우라면 전략적 판단을 위해 허용된 시간이 몇 분이나 몇 초에 지나지 않을 수도 있습니다. 세계 최고의 자동차·전자공학·소프트웨어 엔지니어들이 지난 20년간 이런 일을 겪어왔다고 생각해보세요. 바로 여기에 우리의 소프트웨어 설계 노하우가 있습니다. 이 노하우로 공항의 관제 시스템을 개선할 수 있고, 석유회사들이 석유 생산을 최적화하게 도울 수 있는 겁니다."

그는 "결국 기술은 고급의 세계로 가면 다 통한다"며 "당신이 어떤 기술에 통달한다면 다른 분야에 대해서도 보는 눈이 열릴 것"이라고 했다. 그가 전하고자 하는 핵심 메시지는 다음의 말에 압축되어 있다.

"최고의 통합 설계를 하려면 한 분야에 통달한 전문가가 꼭 있어야 합니다. 기술의 융합이라는 것은 각각의 기술을 조금씩 알아서는 절대 이룰 수 없습니다. 우리가 기술 분야에서 고급 서비스를 제공할 수 있게 된 것은 F1 분야에서 최고였기 때문입니다."

5

독립성이 없으면
좋은 설계도 없다

좋은 설계는 독립된 사고를 필요로 한다. 거대한 조직 내에서 독립된 사고가 가능하려면 제도적으로 뒷받침되어야 한다. 당장의 일만 중시하는 구조에서는 좋은 설계가 나오기 어렵다.

지금 세계 시장에서 수요가 몰리는 어떤 제품이 있다고 하자. 만약 당신이 그 회사의 CEO라면 제품을 성공시키는 데 집중해야 한다. 제품을 대량으로, 빠르게, 문제없이 만들어 시장에 내보내고 마케팅에 총력을 쏟아야 한다. 그렇게 정신없이 바쁜 당신에게 조직이 지금 일도 잘하고, 20~30년 뒤 회사가 어떻게 먹고살지에 대한 그림도 그리라고 한다면 어떨까? 부당한 요구일 뿐 아니라, 그런 일을 해낼 수 있는 사람은 존재하지도 않는다.

설계는 지금 당장의 현실에서 벗어나 장기적인 안목으로 보고 깊이 생각하는 데서 나온다. 좋은 설계의 아이디어는 전문가들이 일상의 경험을 축적하는 데서 나올 수 있지만, 그 아이디어를 종합해 설계하기 위해서는 조직 차원의 독립성이 보장돼야 한다. 도요타가 조직개편을 통해 현업에 집중하는 조직(컴퍼니)과 30년 뒤까지 생각하는 조직(헤드오피스)으로 나눈 것도, 장기 설계 부문을 현업에서 분리해 사고의 독립성을 주려는 의도가 담겨 있다.

〈스포트라이트〉의 신임 편집국장이 주는 교훈

〈스포트라이트Spotlight〉는 미국 3대 일간지 중 하나인 〈보스턴글로브〉의 탐사보도팀이 가톨릭 보스턴교구 사제들의 아동 성추행 사건을 취재해나가는 과정을 그린 영화다. 영화를 보면서 미국 신문 탐사보도팀의 기자정신과 끈질긴 취재력에 대해 찬사를 보낸 관객이 많았을 것이다.

그러나 이 영화를 미국 기자들의 뛰어난 취재 능력이나 집념을 넘어 '독립적 사고의 중요성'이라는 측면에 집중해서 볼 필요가 있다. 가톨릭의 어두운 면을 어떻게 그토록 끈질기게 취재할 수 있었는지를 살펴보면, 독립적인 설계 능력과 리더의 중요성을 새삼 확인하게 된다.

영화는 〈보스턴글로브〉에 새 편집국장이 부임하는 것으로 시작된다. 이 시작 장면이 영화의 모든 것을 얘기한다. 신문사에는 팀장을

포함해 4명으로 구성된 탐사보도 전문의 '스포트라이트(집중조명)' 팀
이 있다. 권력형 비리나 부정 등을 캐는 팀이다. 신임 편집국장 마틴
배런은 기존의 뉴스를 리뷰하는 과정에서 가톨릭 사제 성추행 사건
을 발견하고, 이것이 왜 제대로 기사화되지 않고 단건 처리됐는지 편
집국에 묻는다. 그리고 이 사건을 스포트라이트팀에 맡기면서 개별
사건 뒤에 무엇이 연결돼 있는지 캐보라고 지시한다.

배런 편집국장은 좀 독특한 인물이다. 영화는 배런이 보스턴이라
는 지역사회에 밀착돼 있지 않다는 점을 강조한다. 좋게 말하면 독립
적인 것이고 나쁘게 말하면 지역사회의 '왕따'란 뜻이다. 그는 〈보스
턴글로브〉 최초의 유대인 편집국장이었으며, 지역사회 인사들과도
별로 교류하지 않는다. 예컨대 보스턴 레드삭스 야구 경기를 언제든
무료로 관전할 수 있는 특전을 제공받지만, 야구를 좋아하지 않는다
며 아예 가지 않는다. 그저 편집국에서 아침 일찍부터 밤늦게까지 일
만 할 뿐이다.

신문사가 계속해서 가톨릭 성추행 문제를 파고들자, 보스턴교구
추기경이 배런을 부른다. 그러고는 "큰 기관끼리는 공조해야 한다"며
넌지시 취재를 포기하라고 종용한다. 배런은 "언론이 제 기능을 하려
면 독립적이어야 한다고 생각한다"며 이를 거부한다.

편집국장을 회유하는 데 실패하자, 추기경은 지역사회 인사를 통
해 보스턴 토박이인 스포트라이트팀 팀장을 회유하려 한다. "배런 편
집국장은 어차피 외지 사람이야. 보스턴에 몇 년 있는 동안에 발자취
를 남기려는 것뿐이라고. 하지만 당신은 어디로 갈 건데?"

그런 이면 공작이 진행되건 말건, 배런은 기사 방향을 아동 성추

행을 저지른 신부들 개인이 아니라 교회에 초점을 맞추라고 주문한다. 교회의 관행과 정책을 비판하고, 교회 상부에서 체계적으로 은폐한 정황을 파헤치라는 것이다. 드디어 스포트라이트팀은 교회의 체계적 은폐 사실을 폭로함으로써 사회에 큰 파문을 불러일으켰고, 팀은 퓰리처상까지 타게 된다.

배런이 부임하기 이전에도 신문사에는 사건 담당 기자들이 있었고, 스포라이트팀 역시 마찬가지였다. 그런데 왜 그가 오기 전까지는 이 사건을 집중적으로 파헤치지 못했을까? 가톨릭 문제를 건드리기가 껄끄러웠던 것이다. 많은 결정적인 제보가 있었지만 기자들은 움직이지 않았다. 기자들의 취재 능력이 부족해서가 아니었다. 이해관계에 묶여 있었기에 독립적인 사고를 하는 것도, 면밀한 설계로 취재를 하는 것도 불가능했던 것이다. 변화와 혁신과 설계에는 외부의 자극과 독립적 사고가 반드시 필요하다. 〈스포트라이트〉는 조직 내에 아무리 뛰어난 인재가 있더라도 독립성을 보장받지 못하면 성과를 내기 어렵다는 사실을 잘 보여준다.

한국 영화에도 참고할 부분이 있다. 영화 〈베테랑〉에서 광역수사대 형사 서도철은 수사 능력도 뛰어나고 의협심도 강하다. 대기업 신진물산의 오너 아들과 연결된 사건을 해결하기 위해 수사를 시작하자, 신진물산에서 관할서장과 광역수사대장 등을 통해 로비가 들어온다. 아들딸 취직, 졸업연주회 등 경찰 가족과 연결된 청탁을 빌미로 수사를 막으려 든 것이다. 영화에서처럼 상부에서 압력이 마구 들어온다면, 제아무리 뛰어난 수사 능력을 갖췄다 해도 능력을 발휘하기는 어려울 것이다. 또 기업이 경찰 상부를 움직여 로비가 안 통하는 형사를 쉽게 닐릴 수 있다면, 군이 붐의에 맞서고자 하는 형사는 남아나지 않을 것이다.

영화 종반부에 서도철이 속한 수사팀 팀장이 광역수사대장에게 이렇게 읍소한다. "우리가 뭐 큰 거 바랍니까. 그냥 일 좀 하게 해달라는 거잖아요!" 일 좀 하게 해달라는 요구를 할 필요도 없는 조직이 있고, 그렇게 요구해봤자 통하지 않는 조직이 있다. 도요타 같은 회사가 뛰어난 것은 일 좀 하고 싶은 인재들에게 일할 수 있는 장을 마련해줄 수 있다는 점이다. 이런 당연한 것들이 당연하게 여겨지지 않을 때, 독립적인 설계는 불가능해진다.

안전도 1위 고속철 신칸센
탄생의 이유

세계 최초의 고속열차인 신칸센新幹線의 탄생을 통해서도 초기 단계의 독립적 사고가 얼마나 중요한지 알 수 있다.

일본은 1964년 도쿄올림픽을 앞두고 시속 200km 이상으로 달릴 수 있는 고속열차를 만들기로 했다. 그리고 착공 5년 만인 1964년, 일본 3대 도시인 도쿄·나고야·오사카를 연결하는 신칸센이 탄생했다. 프랑스 테제베^{TGV}가 1981년, 독일 이체에^{ICE}가 1991년 처음 도입된 것과 비교하면 대단히 이른 것이다.

우선 일본은 신칸센을 만들기 위해 종전 1년 뒤인 1946년 구 일본군의 기술자 가운데 정예 1,000명을 철도기술연구소에 집결시켰다. 신칸센의 획기적인 기술 대부분은 이들에 의해 개발됐다. 특히 열차를 최대한 가볍고 공기저항이 적게 만들어야 했는데, 여기에는 구 일본군의 항공기 기술자들이 큰 역할을 했다. 종래의 철도 분야 기술자들은 과거의 경험에 기반을 뒀기 때문에 새로 개발하는 기술에서도 과거 경험에서 크게 벗어나지 못했다. 이에 비해 항공기 분야에서는 선례가 없어도 우선 이론을 구축해 그 이론을 기반으로 기술을 개발하는 경우가 많았다. 혁신적인 도전이 필요했던 신칸센 열차 개발에서도 항공기 기술자들의 그런 면모가 유감없이 발휘됐다.

또 일본의 선로는 전부 폭이 좁은 '협궤'였는데, 신칸센 개발팀은 고속주행을 가능하게 하려면 폭이 넓은 '광궤'가 필수라고 주장했다. 철도 관계자들 내부에서는 협궤로도 시속 160km 정도는 낼 수 있고, 이 정도로도 시간 단축이 가능하니 그만 만족하자는 의견이 많았다. 하지만 개발팀은 속도를 더 내려면 광궤가 필수라며 끝까지 광궤 건설을 주장해 이를 관철했다.

당시까지 일본 철도에서는 속도를 올리다 탈선하는 사고가 많았다. 속도가 올라감에 따라 진동이 늘어나는 문제 때문이었다. 철도 전

문가들로는 이 문제를 잡지 못했지만, 항공기의 진동해석 전문가들이
이 문제를 해결했다. 이처럼 신칸센은 항공기기술 등 다른 분야의 기
술을 도입해 융합했기에 성공할 수 있었다.

더구나 신칸센은 개통된 지 50년이 지난 현재까지 차체 결함으로
인한 사상死傷 사고가 단 한 건도 없다. 어떻게 이럴 수 있을까. 이는
신칸센이 단순히 빨리 달리는 게 중요한 것이 아니라, 어떻게 하면 빨
리 달리면서도 사고를 내지 않을 것인가를 중심에 두었기 때문이다.
그런 사고가 바탕이 되었기에 기존의 일본 철도체계와 완전히 분리
돼 독립적으로 설계됐다. 철로 위를 고속으로 달리는 게 공학적으로
아주 어려운 일은 아니다. 유럽에선 20세기 초부터 고속열차 기준인
시속 200km 이상 시험 운행에 성공했다. 그러나 시험 운행에 성공하
는 것과 매일 수십만 명을 실어 나르며 장기간 안전하게 운행하는 것
은 전혀 별개의 문제다. 여기에서 신칸센의 초기 설계가 얼마나 뛰어
났는지를 알 수 있다.

1956년 일본 국유철도(현 JR)에 들어가 동일본東日本여객철도 회장
까지 지냈던 야마노우치 슈우이치로山之内秀一郎는 《철도사고 왜 일어
나는가》란 저서에서 이렇게 말했다. "처음부터 신칸센은 각각의 안
전 시스템을 그저 모아놓은 게 아니었다. 하나의 통일된 안전 시스템
으로 설계됐다. 이게 원점이다. 그렇기 때문에 대형 사고 없이 달리고
있는 것이다."

그는 신칸센은 충돌 위험이 감지되면 시스템이 자동으로 이를 확
인해 자동으로 멈추는 시스템이 도입되어 있다고 설명했다. 따라서
승무원의 신호 확인 실수에 따른 사고 가능성을 거의 완벽히 막아준

혁신적 체계를 만들고
경영의 방향성을 정하기 위해서는,
기존 문제에서 벗어나 여유를 갖고
깊은 사고를 할 수 있는
독립된 조직체계가 있어야 한다.

다. 사고를 예방하기 위한 구조적 단순성도 추구했다. 신칸센은 처음부터 건널목이 전혀 없는 구조로 만들어 관련 사고를 원천 차단했다. 고속 철로에 투입되는 열차 종류도 제한했다. 종류가 많아지면 운행 시스템이 복잡해지고, 그렇게 되면 의도치 않은 사고가 생길 수 있다는 이유에서였다.

또 하나 중요한 것이 보수補修 문제였다. 신칸센의 처음 계획은 아침부터 밤까지는 사람을 실어 나르고, 밤늦게부터 새벽까지는 화물을 실어 나르는 것이었다. 그러나 이렇게 하면 선로와 열차 보수에 충분한 시간을 쓸 수 없게 된다. 결국 0시부터 6시까지 모든 열차를 멈추고 보수에 집중하기로 결정했다. 당장의 수익을 위해 야간에 화물열차를 투입했다면 언젠가 한 번은 대형 사고가 났을지도 모르는 일이다.

이런 모든 아이디어와 설계가 어떻게 1964년에 완성됐을까를 생각해보자. 아이디어 자체는 일본 철도 역사에서 얻은 경험들이 총집결돼 나왔다고 할 수도 있을 것이다. 그러나 이를 하나의 체계로 만들어내는 것은 당시 일본 철도의 현업을 담당하는 조직과 기존 사고로는 어려운 작업이었다. 신칸센은 기존 철로와 아예 다른 종류의 철로로 만들어졌으며, 기존 철도 시스템과 완전히 달리 만들어졌다. 혁신적 체계를 만들고 경영의 방향성을 정하기 위해서는, 기존 문제에서 벗어나 여유를 갖고 깊은 사고를 할 수 있는 독립된 조직체계가 있어야 한다는 얘기다.

6

설계만 잘하면
농축산업도 창조경제

2015년 노벨 의학상은 투유유屠呦呦 중국전통의학연구원 교수에게 돌아갔다. 중국 전통 약초 서적을 연구하여 '개똥쑥'으로 불리는 풀에서 말라리아 치료제 성분을 찾아냄으로써 1990년대 이후 말라리아 퇴치에 크게 기여한 공로를 인정해서다. 투유유 교수는 중국 국적 최초의 과학 분야 노벨상 수상자이자, 중국의 첫 여성 노벨상 수상자라는 두 가지 영예를 동시에 얻었다. 투 교수는 "1,600년 전의 고대 의학서가 영감을 줬다"며 "자연의 풀인 개똥쑥에서 뽑아낸 말라리아 특효약 아르테미시닌은 현대 과학과 전통 의학이 결합한 성과물"이라고 말했다.

새로운 것은 과거에 비과학이라고 생각했던 것에서도 나올 수 있고, 농업 분야도 설계만 잘하면 얼마든지 첨단산업 못지않은 부가가치를 만들어낼 수 있다는 얘기다. 좋은 설계는 꼭 자동차나 첨단 분야에서만 필요한 것이 아니다. 창조경제를 '무형의 자원을 활용해 부가가치를 높여 경제를 성장시키고 일자리를 만들어내는 것'이라고 생각한다면, IT·게임·엔터테인먼트산업 등에 국한할 필요가 전혀 없다. 업종의 문제가 아니라 그 업종을 어떻게 가꾸고 만들어가느냐, 즉 설계를 어떻게 하느냐의 문제인 것이다.

도요타의 일본 농업 재생

도요타의 설계 능력은 농업에도 적용된다. 2016년 4월 〈니혼게이자이日本經濟〉는 도요타그룹 소속 도요타통상의 자회사인 도요쓰식료가 도요타 동일본 공장에서 나오는 폐열을 활용해 파프리카를 재배한다는 기사를 보도했다. 도요쓰식료가 한 농업생산법인에 출자해 미야기현 내 3곳에서 파프리카를 키운다는 소식이다. 자가발전기의 폐열을 회수해 90℃의 온수를 만들어 비닐하우스를 데워주는 구조라고 한다. 공장 폐열을 활용함으로써 난방비를 크게 줄였다.

이 농장에 난방비 절감이 필요했던 이유는 한국산이나 네덜란드산 등 상대적으로 값싼 수입 파프리카에 대항하기 위해서였다. 겨울철 생산원가에서 가장 큰 비중을 차지하는 것이 바로 난방비다. 에너지 효율을 높이기 위해 비닐하우스 천장에는 특수필름을 입혔고, 작업공정을 확 줄여 재배에 들어가는 비용도 최소화했다. 이렇게 단가를 낮춰 수입산과의 가격 차이를 크게 좁혔고, 소비자들에게 국산이라는 점을 어필해 판매를 늘리는 데 성공했다. 또 1년 내내 안정적으로 파프리카를 공급하는 시스템을 갖춰 농민들이 계절에 상관없이 적정한 소득을 확보할 수 있게 했다.

또 도요타는 2006년부터 일본 이바라키 현 쓰쿠바 시에서도 현지 농업법인과 함께 채소를 재배한다. 여기서는 도요타생산방식 등을 적용해 재배에서 출하까지 걸리는 시간을 단축했다. 농민들의 작업 동작을 분석해 최적화한 노동 방식을 뽑아냈고 새로운 농기구도 개발했다. 농민들의 현금 유동성이 떨어진다는 점을 고려해 재배작물은 수확기간이 짧은 것으로 특화했다.

이 두 가지는 도요타가 농민들이 처한 상황을 분석해 수입산과 경쟁할 수 있는 품목을 선정하고, 또 그에 맞는 생산 방법과 판매 방식을 찾아 경쟁력을 확보한 사례다. 방법이 없다고 포기하면 그 시장은 사라지고 농가는 무너지고 만다. 설계만 잘하면 경쟁력이 높지 않다고 생각되는 농업도 얼마든지 고부가가치산업이 될 수 있다는 것을 도요타가 직접 보여준 것이다. 한국의 농업에서도 참고할 만하다.

칠레 농축산 기업
아그로수퍼의 사례

설계가 무엇보다 중요하며, 그 중요성은 업종을 가리지 않는다는 것을 보여주는 또 하나의 좋은 사례가 있다. 칠레의 농축산 대기업 아그로수퍼의 성공, 그리고 이 기업이 한국 시장에 안착하게 된 10년간의 과정에 대한 이야기다.

한·칠레 FTA(자유무역협정)가 맺어지기 5년 전인 1999년. 칠레 1위 농축산물 기업인 아그로수퍼의 안드레아스 다카노미야(현 아그로수퍼 일본법인장)와 토마스 캄포스 소타(현 유럽·아시아 총괄)가 처음으로 한국 땅을 밟았다. 아그로수퍼는 1990년대 중반부터 일본에 돼지고기·닭고기를 납품해왔는데, 한국인도 돼지고기를 좋아한다는 것을 알고 시장조사차 한국에 들른 것이다.

그들이 향한 곳은 서울 마장동 축산물 시장이었다. 그들은 여기서 글로벌 시장으로서 한국의 가치를 깨달았다. 칠레나 미국·유럽에서는 베이컨 원료로 쓰는 값싼 부위인 삼겹살이 한국에선 가장 비싸게 팔린다는 사실에 놀랐다. 그들은 시장에서 한국 축산물 유통업자들을 만나 열심히 조사했다. 그들은 한국 돼지고기의 맛이 아주 좋다는 것을 알게 됐다. 그런데 품질이 일정하지 않다는 문제가 있었다. 외식업에서는 납품받는 고기의 품질이 일정하게 유지되는 것이 중요하다. 아그로수퍼는 한국에 칠레산 삼겹살을 공급한다면, 운송비를 고려하더라도 수익성이 있다고 판단했다.

그들은 본격 연구에 들어갔다. 한국에선 삼겹살에 고기와 지방층이 일정한 간격을 유지하면서 겹겹이 쌓이는 것이 상품上品이라는 것을 배웠고, 그렇게 만들기 위해선 사료를 먹이는 방법 자체가 달라져야 한다는 것도 배웠다. 이른바 '교차 사료', 즉 지방을 만들어내는 사료와 근육을 만들어내는 사료를 차례로 먹이는 것이다. 그들은 이 방법을 집중적으로 연구했다. 아그로수퍼는 자체 사료 공장도 갖고 있던 터였기에 이런 강점을 활용해 사료 배합을 개선하는 데 힘을 쏟았다.

50년 역사를 자랑하는 아그로수퍼였지만, 삼겹살을 자르는 방법부터 한국 소비자에게 맞게 처음부터 다시 배웠다. 커팅 기계를 전부 한국에서 사 갔을 뿐 아니라 칠레 직원들을 한국으로 데려와 자르는 법을 교육하고, 한국 기술자를 칠레로 초빙해 배우기도 했다. 이후 한국 시장을 맡게 된 토마스 캄포스 소타는 2002년 처음으로 한국 유통업체에 삼겹살 시제품 1kg을 납품했다 1kg에 불과한 그 납품을 성공하기까지 그가 칠레와 한국을 오간 횟수는 70차례를 넘었다.

아그로수퍼는 1955년 칠레 수도 산티아고 인근의 한 작은 양계장에서 출발해 현재 연간 3조 원 가까운 매출을 올리는 칠레 최대 농축산업체다. 돼지·닭·칠면조·연어 가공육 등을 생산해 직접 판매까지 한다. 아그로수퍼가 성장해온 과정은 삼성이나 현대차가 커온 과정과도 비슷하다. 작은 나라의 작은 회사였지만 꿈은 원대하게 가졌다. 지름길을 생각하지 않고, 어려워도 차근차근 길을 밟아나갔다. 생존하기 위해 국내에만 머물지 않고 세계 시장에 진출해 큰 회사가 되겠다는 의지를 키웠다. 그래서 30~40년 전 칠레 정부가 시장을 개방하고 FTA를 추진할 때부터 어떻게 하면 세계 시장을 뚫을 수 있을지 고민했다.

아그로수퍼의 CEO 호세 구즈먼^{Jose Guzman}을 인터뷰한 적이 있는데, 그는 "농축산업에서도 어떤 목표를 갖고 어떻게 설계를 하는가에 따라 얼마든지 뛰어난 글로벌 기업이 탄생할 수 있다"고 말했다. 다음은 그와의 일문일답이다.

— 아그로수퍼는 영세농에서 출발해 기업화했고, 사료 생산부터 축산·도축·가공·유통까지 통합 운영을 통해 경쟁력을 높여왔다. 한국도 이런 것을 원하고 있지만 잘 안 된다.

"한국의 지난 역사를 보면 그 안에 해답이 다 있다. 한국에는 아주 큰 글로벌 회사들이 있다. 이들의 시작을 생각해보라. 50년 전에는 집에서 아주 작은 공간을 내 쌀가게를 하거나 설탕 공장부터 시작했다. 하지만 남들이 100년 걸려도 못 한 것을 40~50년 만에 끝내지 않았나. 그런데 왜 농축산업에서는 안 되겠는가. 긴 여행도 한 발짝부터 시작하지 않는가."

— 돼지고기 생산에 칠레의 환경이 한국보다 유리한가?

"칠레가 저렴한 비용으로 농업을 할 수 있는 환경을 갖추고 있다고 본다면 완전히 오해다. 칠레는 땅값도 인건비도 싸지 않다. 그래서 돼지 사료가 되는 옥수수의 30%, 콩의 100%를 수입한다. 산이 아주 많고, 농업을 하기에 좋은 넓은 평원이 없다."

— 한국 농민들에게 칠레산 삼겹살은 공포의 대상일 수도 있는데, 당신이 한국의 농축산물 업자라면 어떻게 하겠는가?

"장기적으로 수출 시장을 개척해나간다면, 30년 전 아그로수퍼가 했던 것보다 더 빨리 성장할 수 있을 것이다. 미국은 전 세계에서 가장 큰 돼지고기 수출국이다. 하지만 우리는 미국 서해안 지역에도 삼겹살을 수출한다. 세계 시장을 잘 찾아보면 분명히 노릴 만한 틈새 시장이 있다. K팝과 한류 드라마가 세계에서 인기이지 않은가. 한우나 한국산 돼지고기의 이미지를 고급화하여 세계 시장에서 팔 수도 있을 것이다. 어떻게 생각하느냐의 문제다. 왜 내수에만 연연하나. 한국산 농축산물을 세계에 얼마든지 수출할 수 있다고 본다."

협력으로 위기는 줄이고
기회는 늘리는 설계

과거에 도요타는 자기중심적이고 독단적인 모습을 많이 보였다. 내부적으로는 대단히 뛰어나지만 외부와 협력하지 않고 이익을 독식하려 한다는 인상을 주기도 했다. 도요타의 전매특허 상품인 하이브리드카에 대해서도 초반에는 기술을 독점함으로써 이익을 독식하려 했다. 이 때문에 하이브리드기술 자체는 매우 뛰어났지만, 우군을 충분히 확보하지 못해 빠른 보급에 실패했다. 일본의 자동차 전문지 〈닛케이오토모티브〉의 전 편집장인 쓰루하라 요시로鶴原吉郎는 "얼라이언스(제휴)는 '원웨이'로 하면 안 된다. 일방적으로 한쪽만 흥하는 식으로는 잘 안 된다는 뜻"이라며 "예전의 도요타는 '우리 방식이 최고다. 우리 것이 가장 좋으니 너희도 이걸 따르라'는 식었고, 바로 그 때문에 협력하기가 어려웠다"고 말했다.

도요타는 과거 한국과의 협력에서도 매우 고압적인 자세를 보였다. 도요타는 1970년까지 신진자동차와 협력관계에 있었는데, 신진을 통해 한국에 자사 자동차를 반조립^{CKD}으로 생산해 판매하는 데만 관심이 있었다. 당시 신진은 한국 정부의 자동차 국산화 정책에 따르기 위해 기술 자립에 주력하고 있었다. 그래서 도요타에 자사 기술직들을 연수 보내 기술을 습득하려 했으나 도요타가 이를 받아들이지 않았다. 신진이 기술을 배워 자립하는 것을 원치 않았기 때문이다.

도요타는 중국과의 통상확대를 위해 1971년 신진자동차와 협력관계를 청산하고 한국에서 아예 발을 뺐다. 1970년 4월 일본 측 우호무역 대표단이 중국을 방문했는데, 중국 수상 저우언라이周恩來가 이들과 각서무역회담을 갖고 '저우언라이 4원칙'을 발표한 것이 계기가 됐다. 저우언라이 4원칙은 다음의 네 상대와는 거래를 하지 않겠다는 내용이다. 첫째 대만이나 한국과 거래하는 메이커·상사, 둘째 대만이나 한국에 다액의 투자를 하고 있는 기업, 셋째 월남전쟁 때 미국편에서 무기를 제공한 기업, 넷째 일본에 있는 미국의 합병회사나 자회사 등이다. 당시 신진과의 관계 청산을 한국 정부에 보고할 때도 도요타는 일방적인 통고 형식을 취하는 등 무례하고 일방적이었다. 이때문에 한국 자동차 업계에는 도요타에 대한 부정적 이미지가 아직까지도 남아 있다.

한국과의 악연은 한 차례 더 있다. 삼성은 이병철 회장의 지시로 자동차사업 진출을 추진하면서 1986년 무렵 도요타와 협력을 타진했다. 그런데 도요타의 반응이 매우 고압적이었다. 실무진 중에는 도요타의 반응에서 수모를 느꼈다는 이들도 많았다. 당시 도요타의 전략은 '스킵 코리아'였다. 한국 기업과 협력도 하지 않고, 한국 시장에 진출하지도 않는다는 것이었다. 특히 삼성처럼 능력 있는 회사와 협력해 호랑이를 키우는 일은 하지 않겠다는 것을 노골적으로 나타냈다.

그랬던 도요타가 최근 들어 완전히 바뀌고 있다. 협력하지 않으면 자신들이 더 어려워진다는 사실을 깨달은 것이다. 신체제 개편으로 새로 생긴 미래창생센터는 도요타가 외부와의 협력에 적극적인 쪽으로 바뀌었음을 보여준다. 도요타 R&D 분야에서 리더 역할을 하는 가토 부사장이 수장으로 있는 미래창생센터는 특히 외부와의 기술제휴와 협력상생에 주력하는 조직이다. 이전의 도요타 독자주의에서 완전히 탈피하고 협력과 M&A의 장점을 활용하는 쪽으로 돌아섰다고 볼 수 있다. 아키오 사장도 2016년 5월 실적발표회에서 "지마에自前주의를 고집하지 않고 외부의 다른 업체들과도 적극적으로 협력해 더 좋은 차를 개발해나가겠다"고 밝혔다. '지마에주의'란 모든 것을 독자적으로 하는 것을 말한다. 아키오 사장 역시 도요타의 특성이었던 지마에주의의 한계를 인정하고, 이를 적극적으로 벗어나겠다고 얘기한 것이다.

최근 도요타는 이런 협력 시스템까지 장기적인 그림을 그리면서 변화를 이뤄가고 있다. 도요타가 약한 부분에 대해 배울 수 있는 회사에는 먼저 적극적으로 구애하고, 도요타가 가진 것을 상대에게 전폭적으로 제공하는 쪽으로 바뀌었다.

도요타의 미래 대처법

2010년 이후 도요타가 보여준 탈독자주의, 외부와의 협력, M&A 사례는 눈이 부실 정도다. 과거 도요타가 가진 수많은 강점에 또 하나의 강점을 더해가고 있다. 우선 사업분야에서 다양한 제휴를 시도하고 있다. 특히 자신들이 모든 것을 주도하는 것이 아니라, 협력 상대의 강점을 솔직히 인정하고 서로 동등한 입장에서 협력하는 자세로 바뀌었다는 점이 가장 눈에 띈다.

일본 내에서는 또 다른 자동차회사인 마쓰다·스바루와 제휴관계를 확대하고 있다. 마쓰다는 일본에서도 마이너 업체이지만, '스카이액티브'라는 마쓰다 특유의 연비절감기술로 최근 유명해졌다. 현재 연비 향상 기술의 트렌드는 '다운사이징'으로, 배기량이 작은 엔진에 터보차저기술 등을 추가하는 방식이 선호된다. 다만 고가의 부품이 많이 들어가기 때문에 원가가 높아지고, 운전자가 차를 몰 때 엔진이 힘을 쥐어짠다는 느낌을 받기 쉽다. 그런데 스카이액티브기술은 기존 엔진의 배기량을 줄이지 않고 그대로 사용하는 개선된 연소기술이다. 따라서 원가도 줄이고 연비와 친환경성은 높일 수 있다.

마쓰다는 인마일체人馬一體라는 모토로도 유명한데, 말을 타고 달리는 것처럼 운전자가 자동차와 일체감을 느낄 수 있는 자동차를 만드는 데 강점을 보여왔다. 도요타는 이런 마쓰다의 강점을 배우는 대신, 마쓰다에 도요타의 하이브리드기술 등을 제공해 서로 성장할 수 있도록 했다. 이에 따라 양사는 스카이액티브기술, 하이브리드기술, 레고블록형 설계 전략 등을 공유하고 발전시킴으로써 서로의 개발 역량을 더 높일 수 있게 됐다. 마쓰다가 도요타보다 먼저 설계 혁신을 성공적으로 전개하였기 때문에, 도요타가 마쓰다를 먼저 필요로 한 측면도 있었다. 폭스바겐의 MQB 전략에 맞서 도요타가 TNGA로 빠르게 추격할 수 있었던 이유 가운데는 마쓰다의 전폭적 도움이 있었을 것으로 추정된다.

일본에는 자동차회사가 다수 존재하고, 저마다 다른 강점을 갖고 경쟁하고 있다. 이 때문에 평상시에는 서로 자극을 받고, 위기 상황에서는 도움을 주는 관계가 될 수 있다. 이는 일본 자동차 업계의 큰 경쟁력 가운데 하나다.

도요타는 일본의 또 다른 마이너 업체인 스바루와도 기술 협력을 강화해나가고 있다. 스바루는 겨울철 주행과 스포츠 주행에 강한 자동차를 만드는 회사로 정평 나 있다. 스바루 차량은 겉으로 보기엔 여느 자동차와 다를 게 없는 듯하지만, 기술적으로는 상당한 차이가 있다. 수평대향형水平對向型 엔진과 대칭형 사륜구동 방식을 채택하고 있기 때문이다. 수평대향 엔진이란 엔진의 실린더가 서로 마주 보고 누워 있는 엔진을 뜻한다. 일반 엔진은 실린더가 지면과 직각이 되도록 세워져 있어 무게중심이 높을 수밖에 없다. 반면 수평대향 엔진은 엔진이 지면과 수평으로 누운 채 차량 바닥 쪽에 깔려 있기 때문에 무게중심이 낮다. 또 스바루의 사륜구동 방식은 동력 전달 구조를 좌우 대칭으로 구성해 좌·우 무게를 반반으로 배분했다는 강점이 있다. 무거운 부품을 최대한 낮게 배치하고 좌우의 균형까지 맞춘 것이다. 이런 구조적 장점 덕분에 스바루 차량은 과격한 주행에서도 안정감이 높고 빗길이나 눈길에서도 덜 미끄러진다. 같은 사륜구동 차량 중에서도 눈길 등판능력이 매우 탁월하다. 스바루 차량은 특히 미국 북부 등 눈이 많이 내리는 지역에서 인기인데, 직접 몰아보면 만족도가 크기 때문이다.

도요타는 이런 장점을 받아들여 2011년에는 도요타 하치로쿠(86, 스바루 버전은 BRZ)를 스바루와 공동으로 개발했다. 하치로쿠는 스바루의 수평대향 엔진에 도요다의 직분사기술과 후륜구동 플랫폼을 얹은 스포츠카다. 도요타는 1960년대에 일본의 명 스포츠카 2000GT를 만들었을 만큼 후륜구동 스포츠카 개발에서 오랜 역사를 갖고 있다. 그런데도 자사에 비해 훨씬 규모가 작은 스바루와 공동 개발에 나선 것은 스바루 엔진의 무게중심이 낮아 운동 성능을 높이는 데 매우 유리했고, 더 좋은 차를 내놓는 데 효율적이라고 판단했기 때문이다.

도요타는 또 2016년 초 일본 내 다른 자동차회사와의 협력에 새로운 지평을 열었다. 제휴관계에 있던 다이하쓰의 지분을 100% 인수해 완전 자회사로 만든 것이다. 도요타는 지난 80년 동안 다른 자동차회사를 인수한 사례가 없었다. 도요타만의 독특한 기업 문화가 있기 때문에 이질적인 다른 기업을 인수하면 서로 부딪힐 일이 많다고 본 것이다. 그랬던 도요타가 다이하쓰를 인수한 것은 도요타그룹 전체의 소형차 개발 능력을 한 단계 업그레이드하기 위해서였다. 다이하쓰는 경차·소형차를 잘 만들기로 유명한 회사다. 도요타에서 이전까지 차량개발은 내부 인력 중심이었지만, 앞으로 소형차를 개발하는 데에서는 다이하쓰의 엔지니어들을 중심으로 배워나가기로 했다.

도요다 아키오 사장은 다이하쓰 인수를 발표하는 기자회견에서 "도요타가 다이하쓰와 협력해 더 뛰어난 소형차를 개발하는 동시에,

도요타는 여러 기업과 잇달아 제휴하면서
시너지 효과를 내는 데에서도
뛰어난 수완을 보였다.
뛰어나지만 독불장군 스타일이라고 이야기되던
과거 이미지와는 전혀 딴판으로 변한 것이다.

다이하쓰 브랜드의 독립성은 철저히 보장할 것"이라면서 "다이하쓰를 BMW그룹의 '미니'처럼 더 고급스럽고 매력 있는 소형차 브랜드로 성장시켜나가겠다"고 말했다.

도요타는 이 외에 미국의 테슬라모터스와 우버, 독일 BMW 등과도 잇달아 제휴하면서 다른 기업과 함께 시너지 효과를 내는 데에서도 뛰어난 수완을 보였다. 테슬라자동차는 전기차를 만드는 회사이므로 내연기관 중심의 도요타 같은 전통 자동차회사에는 파괴적 혁신자일 수 있다. 그럼에도 오히려 테슬라와 협력해 전기차를 개발하겠다고 함으로써 포용력을 보여주었다. 2016년 5월 도요타는 카셰어링 서비스회사인 우버와 전략적 제휴를 맺고 도요타 차량을 우버에 대여해주기로 했다. 우버 같은 회사가 잘돼 많은 소비자가 차량을 공유하게 되면, 도요타 같은 완성차회사들의 신차 판매가 줄어들 우려가 있다. 따라서 우버는 도요타의 잠재적 경쟁상대라 볼 수 있다. 하지만 이를 적대시하지 않고 오히려 협력에 나선 것이다. 어차피 막을 수 없는 흐름이라면, 차라리 카쉐어링 개념을 적극적으로 받아들이고 배워서 양쪽 모두 윈윈하는 길을 모색하겠다는 것이다. BMW와의 협력도 놀랍다. 렉서스 등 고급차 분야에서 경쟁관계에 있는 회사이지만, BMW로부터 뛰어난 디젤기술을 배우는 대신 도요타의 하이브리드기술을 BMW 측에 파격적으로 제공했다. 뛰어나지민 독불장군 스타일이라고 이야기되던 과거 도요타 이미지와는 전혀 딴판으로 변한 것이다. 또 BMW와 도요타는 스포츠카도 공동으로 개발해 2017년쯤 내놓는다. BMW에서는 로드스터인 Z4의 차기 모델, 도요타에서는 수프라 차기 모델의 형태가 될 것으로 보인다.

2015년 이후 도요타는 자율주행차 개발에도 투자를 집중하고 있는데, 하드웨어 쪽이 아니라 소프트웨어 쪽이라는 것이 주목할 만하다. 도요타는 자율주행기술의 핵심이 하드웨어가 아니라 소프트웨어에 있다고 판단했다. 이에 2016년 4월 미국 마이크로소프트[MS]와 합작해 자율주행용 빅데이터를 수집·분석하는 회사 '도요타 커넥티드'를 미국에 세웠다. 도요타와 MS는 이미 2011년부터 빅데이터를 공동으로 연구해왔다. 자율주행 연구의 선도자인 구글에 맞서 연구 속도를 더 높이기 위해서였다. 도요타·MS의 새 합작회사는 구글이 해오던 것과 비슷한 연구를 하게 된다. 차량 위치와 속도, 도로 정보 등의 데이터를 수집·분석해 자율주행에 필요한 정밀지도를 만들거나 운전자 위치에 맞춰 최적의 광고나 정보를 전달하는 등이다. 2016년 1월에는 자율주행의 핵심인 인공지능을 개발하는 회사 'TRI'를 세우고 5년간 1,100억 엔(1조 1,000억 원)을 투자하겠다고 밝혔다. 최근에는 미국의 위성통신기술업체를 인수하기도 했다.

이처럼 도요타는 MS의 이름을 빌려 자율주행용 빅데이터 수집회사를 세우고, 미국에 거액을 투자해 인공지능회사를 직접 만들고, 또 관련 있는 외부 회사를 인수하는 데 적극적인 행보를 보이고 있다. 구글로 대표되는 미래 자율주행기술의 위협에 대처하기 위해서는 미국을 중심으로 해외의 최고 인재들을 확보하는 것이 관건이라고 판단했기 때문이다.

여기에서 예전과 확연히 달라진 도요타의 자세를 엿볼 수 있다. 예전 같으면 도요타의 일본 본사에 이런 시설을 세우려 했을 것이다. 그런데 지금은 무려 1조 원이나 투자하면서도 태평양 건너 미국에 세웠다. 아무리 많은 현금 유보금을 가진 회사라고는 해도, 도요타는 절대 적은 돈도 허술하게 쓰는 회사가 아니다. 더욱이 1조 원이라는 돈은 초대형 최첨단 공장을 짓고도 남는 수준의 큰돈이다. 그런데 왜 도요타는 이런 결정을 내렸을까? 도요타가 원하는 인공지능 관련 분야에서 연구개발에 성공하는 것은 얼마나 좋은 사람을 뽑을 수 있느냐, 인재의 폭을 얼마나 넓힐 수 있느냐에 달려 있다는 것, 그리고 인재와 기술을 얻기 위해서는 무엇보다 협력이 필요하다는 것을 절실히 깨달았기 때문이다.

시장 선점보다
우군 확보가 관건

도요타가 최근 수소연료전지차 보급을 위해 우군을 만들어나가는 모습도 주목할 만하다. 2015년 초, 도요타자동차는 수소연료전지차 보급을 위해 수십 년간 축적해온 독점 기술을 누구나 공짜로 쓸 수 있도록 하겠다고 선언했다. 자사가 보유한 5,680건의 연료전지 관련 세계 특허를 무상으로 제공한다고 밝힌 것이다.

도요타는 1980년대 중반부터 수소연료전지차를 본격 개발해왔다. 기초부터 따지면 개발 역사가 30년 이상이다. 도요타는 특허를 무상으로 제공하는 이유에 대해 "초기 발전 단계에서 독점보다는 보급을 우선시한 것"이라며 "자동차회사와 수소 생산·공급업체가 협조해 시장을 키우는 게 중요하다는 판단"이라고 밝혔다. 도요타는 전기차보다는 연료전지차를 궁극적 친환경차로 보고 있는데, 최근 전기차에 시장을 선점당할 우려가 커지고 있다. 그래서 특허 공개라는 특단의 조치를 취해 연료전지차 개발에서 우군을 확보하겠다는 전략을 세운 것이다.

도요타는 2014년 세계 최초의 일반인 판매용 수소연료전지차 '미라이未來'를 출시한 바 있다. 소비자 가격 723만 엔(약 8,000만 원)으로 아직 비싸지만, 특허 공개를 통해 규모의 경제를 달성한다면 그 절반 이하 가격으로 양산하는 것도 어렵지 않다는 전망이다. 〈아사히신문朝日新聞〉은 "미라이는 3분 충전으로 650km를 달릴 수 있다"며 "아베 신조 일본 총리도 미라이 등 연료전지차를 일본 경제의 주요 성장

특허 공개는 과거 도요타에서는
상상도 하기 어려운 일이었다.
그런데 바뀌었다.
우군을 확보해 시장을 키우는 것이
선점보다 훨씬 중요하다는 사실을
깨달은 것이다.

동력원으로 삼고 있다"고 전했다. 도쿄 도에서도 2020년 도쿄올림
픽 경기장·선수촌의 이동 수단으로 연료전지차를 대거 배치하는 등
'일본발 수소 경제'의 성장 모델을 보여주겠다는 각오다.

도요타뿐 아니라 다른 일본 업체들도 함께하고 있다. 도요타와 함
께 2002년부터 연료전지차 보급에 나섰던 혼다는 2016년 자사의 수
소차인 클래리티를 8,000만 원 수준에 내놓았다. 닛산도 2017년에
일반인을 대상으로 한 연료전지차를 내놓을 예정이다. 현대자동차도
2013년 연료전지차 양산 설비를 갖추고 보급을 확대하기 위해 주력
하고 있다.

이 같은 특허 공개는 과거 도요타에서는 상상도 하기 어려운 일이
었다. 어렵게 축적한 연구개발 성과를 무상으로 내놓는다는 것은 도
요타에서 통용되는 일이 아니었다. 그런데 바뀌었다. 시장에서 우군

을 만드는 것이 초기에 선점하는 것보다 훨씬 중요하다는 사실을 깨달은 것이다.

그동안 도요타가 겪은 실패도 한몫했다. 도요타는 1997년 세계 최초로 하이브리드카(프리우스)를 상용화했지만, 앞선 기술만 믿고 기술 독점주의를 고집했다가 시장에서 우군을 만드는 데 실패했다. 그 결과 보급이 늦어졌고, 17년이 지난 현재까지 하이브리드가는 세계 자동차 판매량의 1~2% 수준에 머무르고 있다. 만약 당시 도요타가 하이브리드기술을 공개했더라면 어떤 일이 벌어졌을까? 아마 지금쯤 하이브리드카 판매량이 5~10배는 늘어났을지도 모른다. 도요타로서는 상당한 불이익을 감수하는 일일 테지만, 결과적으로는 하이브리드카가 대량 보급됨으로써 자동차 시장을 바꿔놓았을 것이다. 그것은 시장에도 이익이지만, 도요타 자체에도 이익이다. 하이브리드카의 선도주자로서, 더욱이 기술을 무상으로 제공함으로써 지구 환경을 보호하고 세상을 좀더 좋은 곳으로 만드는 데 기여했다는 이미지가 온전히 도요타의 몫이 됐을 것이기 때문이다.

도요타는 하이브리드카 다음의 주력 친환경 기술로 전기차 대신 수소연료전지차를 강력하게 밀고 있다. 그런데 일부 경쟁 업체와 학계에서는 수소연료전지차보다 전기차가 더 가능성이 있다고 판단하고 전기차를 대량 보급하려는 움직임을 보이고 있다. 이에 대한 도요타의 대응이 예전 하이브리드카 때와 달라졌다. 과거 같았으면 전기차를 남이 대량 보급하건 말건, '우리 판단이 옳다고 믿기 때문에 우리 길을 간다'였을 것이다. '수소연료전지차에 주력한 것은 우리가 최선을 다해 미래를 예측한 결과를 바탕으로 한 것이기 때문에, 만약 성공한다면 우리가 미래 성공의 결과물을 독식하게 될 것'이라는 식이다. 하지만 이제 독식보다는 함께 가는 것이 더 중요하다는 쪽으로 생각이 바뀌었다. 수소연료전지차에서만큼은 하이브리드카에서와 비슷한 실수를 하지 않겠다는 것이다. 기술적 자신감을 넘어 우군을 확보해야 자신도 결국 이익이라는 것을 제대로 파악한 셈이다.

개인을 탓하기 전에
최적의
환경을 만들어라

"나라의 구조를 국민이 바꿀 수 없는 것처럼, 직원이 회사 구조를 바꾸기는 어렵습니다. 회사가 먼저 직원들에게 '배터박스(타석)에 서세요, 도전해도 좋습니다'라고 말해야 한다고 생각합니다. 그렇게 직원들이 도전해서 배트를 휘두르면, '왜 그런 볼에 휘둘렀어?'라고 말하고 싶더라도 참고 '나이스 스윙'이라고 말해주는 것이죠. 직원들이 도전할 수 있는 환경을 만들어주는 것이야말로, 열심히 일하는 모든 이들에게 그런 환경을 만들어주는 것이야말로 사장인 제가 해야 할 일이 아닌가 생각합니다."

2016년 5월 11일 도요타 실적발표회에서 아키오 사장이 한 말이다. 사장이 직접 나서 회사의 환경을 바꿈으로써 열정을 가진 리더와 직원들이 더 많이 나올 수 있도록 하겠다는 뜻이다. 2016년 4월 신체제 개편은 이 같은 도요타의 깨달음과 그에 따른 조직의 새로운 방향을 보여주는 사례다.

사실 도요타에서 2016년은 그동안 도요타를 옥죄어온 수많은 위기에서 벗어나 성공을 자축해도 될 만한 시점이었다. 연간 30조 원의 영업이익을 내는 초우량 기업으로 복귀했기 때문이다. 자신들이 이뤄낸 성과에 취해 샴페인을 터뜨릴 수도 있었을 것이다. 그런데 이 상황에서 아키오 사장과 최고경영진은 이런 생각을 했다. '지금이 정점이 아닐까? 지금부터 다시 내리막으로 갈 위험은 없을까? 기업을 좀더 오래 지속시키고 발전시킬 방법은 없을까?'

여기까지는 뛰어난 CEO들이 떠올릴 만한 생각이라 할 수도 있다. 하지만 아키오 사장은 여기에서 멈추지 않았다. 그는 직원들에게 "방심하면 위험합니다. 지금부터가 더 위기입니다. 더 열심히 뜁시다"라고 말만 한 것이 아니라, 직원들이 더 열심히 뛸 수 있도록 '환경'을 만들어냈다.

이 문제는 아키오가 2009년 사장 취임 이후 오랫동안 고민해온 것이었다. 아키오 사장도 다른 기업 CEO와 마찬가지로 직원들이 좀더 능동적으로, 더 열정을 갖고 자동차를 만들어주기를 원했다. 그래서 회사의 자랑스러운 역사 등을 교육해 기업 문화가 자연스럽게 몸에 배도록 함으로써, 직원의 의욕과 동기를 끌어내려고 했다. 하지만 뜻대로 되지 않았다. 사회가 변화하면 사람들 생각도 그에 따라 달라지기 때문이다. 지금의 젊은 직원들이 1950년대 패전 직후 모든 것이 부족하던 일본 상황에서처럼 내 가족, 내 회사, 내 나라를 위해 헌신한다는 심정으로 일할 순 없다. 1960~80년대 일본 모터리제이션Motorization(자동차의 대중화) 시대처럼 자동차에 미쳐 일하는 것이 당연

시되는 환경도 아니다. 결국 아키오는 회사가 아무리 기업의 역사와 문화를 가르치며 직원들에게 열정을 가지라고 한다 해도, 직원들이 그것을 마음으로 받아들이지 않으면 아무 의미가 없다는 것을 깨달았다. 도요타는 그동안의 인사 실험을 통해 결국 '회사가 바뀌어야 직원도 바뀐다'는 결론에 도달했다.

모든 회사 경영진은 직원들이 시키는 것도 잘하면서, 동시에 예상을 뛰어넘는 열정으로 조직에 활력을 불어넣어 주기를 원한다. 그러나 직원에게 상명하복을 강요하면서 열정까지 가지라고 하는 것이 온당한 요구일까. 그것은 부당할 뿐 아니라 애초에 불가능하기도 하다. 문제는 직원들에게만 있는 게 아니라, 회사가 직원들에게 맞는 동기부여의 장을 만들어주지 못하는 데에도 있다. 직원들이 열정을 품고 조직에 활력을 불어넣기를 원한다면, 회사가 먼저 그런 조직구조와 환경이 만들어질 수 있도록 노력해야 한다.

Reborn
Toyota

1

직원을
바꿀 수 없으면
조직을 바꾼다

도요타자동차의 아키오 사장이 추구하는 최대 목표는 '더 좋은 차를 만드는 것'이다. 그런데 한 가지 고민이 있다. 도요타에 들어오는 모든 신입사원이 '나는 더 좋은 차를 만들고 싶다. 그래서 도요타를 선택했다'라는 생각을 가진 게 아니라는 점이다. 회사가 커지고 회사가 직원에게 주는 혜택이 높아질수록, 그 혜택만 보고 입사하는 이들이 많아지기 마련 아닌가.

필자가 만난 도요타 관계자 가운데는 "요즘 신입사원 중에는 운전면허가 아예 없는 이들도 꽤 있다"고 한탄하는 이도 있었다. 놀라운 것은 일반 사무직이 아니라 자동차를 개발하는 쪽으로 들어온 엔지니어 직군에서도 그렇다는 얘기였다. 자동차에 관심도 없고 몰아본 적도 없는 이들이 자동차를 개발하는 상황이 벌어지는 것이다. 중간

간부급이라 해서 크게 다르진 않다. 이들이 신입사원으로 들어온 시기는 1990년 전후 버블경제가 극에 달했을 때였다. 일본 경기가 가장 좋았던 시절, 좋은 회사를 골라 갈 수 있었던 시절이다. 그래서 대우가 좋은 쪽을 고르다 보니 도요타에 오게 된 경우도 사실 많았다.

이는 한국 대기업에도 똑같이 적용된다. 국내 상위권 대기업은 신입사원 연봉도 높고 복지 수준도 좋다. 그래서 이른바 스펙이 좋은 대졸자들이 대거 몰린다. 이 가운데 정말 그 회사에 관심이 있거나 그 회사 주력 제품을 더 잘 만들어보고 싶어서 지원하는 이들이 얼마나 될까. 자동차회사를 예로 들면, 연구소 엔지니어로 입사했지만 실은 대우가 좋아 들어왔을 뿐 자동차 자체에 별 관심이 없는 이들이 점점 많아진다는 얘기다. 차에 관심이 없는데 그저 대우가 좋아 들어온 이들이 계속 승진하고 중간간부가 되고 리더가 된다. 일을 하고는 있지만 사실은 그 일에 전혀 관심이 없고, 관심이 없다 보니 자기 일에 놀랍도록 무지하다. 이런 직원이 점점 늘어난다는 건 업계를 불문하고 큰 문제다.

기업 역사를 보면 가장 잘나갈 때 그리고 그 잘나간다는 점을 보고 인재들이 많이 들어왔을 때, 서서히 무너지기 시작한 회사들이 적지 않다. 아키오 사장은 도요타가 그런 위기에 놓이는 것을 원치 않았다. 그래서 인재를 육성하고 등용하는 전략에 일대 변혁을 가했다. 아키오 사장이 무엇을 바꾸고 무엇을 노렸는지 살펴보면, 한국 기업들도 많은 시사점을 얻을 수 있을 것이다.

기업 역사를 보면 가장 잘나갈 때
그리고 그 잘나간다는 점을 보고 인재들이
많이 들어왔을 때,
서서히 무너지기 시작한 회사들이 적지 않다

직원이 원하는 것과 회사가 원하는 것을
일치시켜라

도요타는 회사의 조직을 뜯어고쳐 직원들에 자연스럽게 동기를 부여
할 수는 없을까 오랫동안 연구했다. 그에 앞서 직원들이 왜 스스로 움
직이지 않을까, 왜 스스로 동기부여를 하지 못할까 이유를 찾고자 했
다. 특히 젊은 직원들이 어떤 것에서 동기를 얻고, 어떤 것에 애정과
관심을 갖는지 깊이 연구했다. 젊은 직원들이 열정을 발휘할 수 있는
조건을 찾으려 한 것이다. 그 결과 젊은 직원들의 열정이 부족한 것이
아니라, 열정을 발휘하는 대상이 회사의 일이나 회사의 목표와 정확
히 일치하지 않는 경우가 많다는 것을 알게 됐다.

〈닛케이오토모티브〉의 쓰루하라 요시로 전 편집장은 필자와의 인
터뷰에서 "젊은이들의 열정 부족을 탓하기 전에 이들이 어떤 것에 열
정을 갖는지를 살펴보라"고 말했다.

"요즘 젊은이들은
인내가 부족하다고들 하는데,
무엇에 대해 인내하느냐가 다를 뿐이죠.
중요하다고 생각해서 참고 버티는 분야가
다를 뿐입니다"

"제가 아는 일본 젊은 친구들은 열정이 부족해 보이지 않습니다. 저보다 뭔가를 만드는 것도 더 잘하고 삶을 즐기는 데서도 더 나은 것 같습니다. 요즘 젊은이들에겐 인내력이 부족하다고 말하는데, 무엇에 대해 인내하느냐가 다를 뿐이죠. 다시 말해, 중요하다고 생각해서 참고 버티는 분야가 다를 뿐입니다. 자신들이 즐거운 것, 가치 있다고 생각하는 것을 하기 위해서는 여간한 것도 참습니다. 힘든 것은 무조건 안 하는 것도 아니고요."

아무리 뛰어난 인간도 동기가 없으면 계속해서 움직이지 않는다. 도요타에 입사한 젊은 직원들이 왜 열심히 일해야 하는지, 왜 목표를 세워 도전해야 하는지를 회사에 물었을 때, 회사조차 적절한 답변을 내놓기 어려운 상황이었다.

그래서 도요타가 얻은 결론은 '직원이 원하는 것과 회사가 원하는 것을 일치시킨다'는 것이었다. 이에 따라 신체제 조직 개편에서는 '직원 스스로가 성취한다는 느낌을 얻도록 조직을 바꾼다'를 키워드로 삼았다. 구체적으로 말하면 일을 함으로써 내가 성장하고, 나와 회사가 옳은 방향으로 가고 있으며, 조직과 사회에 기여한다는 느낌을 줄 수 있도록 사내 환경을 조성하는 것이었다. 도요타가 컴퍼니제를 도입한 데에는 회사의 이런 고민과 그 고민에 대한 해답이 담겨 있다.

우선 도요타는 회사의 목표를 '더 좋은 차 만들기'로 규정했다. 더 좋은 차를 만든다는 것에 대해 기술적인 측면에서 규정할 수도 있다. 자동차의 기본 성능과 상품력의 향상, 즉 연비나 주행동력 성능의 향상이라고 말할 수도 있다. 그런데 '더 좋은 차'에는 이런 기술적인 문제 이상의 의미가 담겨 있다. 바로 '더 좋은 것'을 추구한다는 의미다. 물면 더 즐거운 차, 더 안전한 차, 더 고장 없는 차, 더 멋진 차를 만드는 것은 소비자와 이 세상을 더 좋게 만드는 일이라는 뜻이다. 즉 직원들이 일하는 것은 그저 실적을 더 올리고 월급을 많이 받기 위해서만이 아니라, 더 좋은 세상을 만드는 데 기여하는 것이라는 점을 회사 목표에서 밝힌 것이다.

사장이 '더 좋은 차를 만들자'고 목표를 제시한다면, 이는 단순히 차를 많이 팔거나 이익을 많이 내라고 하는 것보다 직원들에게 목표 달성에 대한 동기를 부여하기가 훨씬 쉬울 것이다. 즉 회사의 목표와 직원들이 열정을 가질 만한 목표를 일치시키기가 수월하다.

그다음으로 회사가 할 일은 이 일치된 목표를 직원들이 달성해나갈 수 있도록 하는 조직을 만드는 것이었다. 앞서 얘기했듯이 컴퍼니제는 기존의 기능 조직을 해체해 제품 중심의 조직으로 바꾼 것이다. 내가 하는 일에 대한 주도권을 내가 갖고, 그 일의 결과에 대한 책임

일이 재미있어지는 순간은
자신의 능력이 실제로 발휘될 때다.
누구나 업무에서 자신의 능력과 기여도가
높게 평가받기를 원하기 때문이다.

도 내가 지는 직원들이 늘어나도록 하는 것이었다. 일이 재미있어지
는 순간은 자신의 능력이 실제로 발휘될 때다. 누구나 업무에서 자신
의 능력과 기여도가 높게 평가받기를 원하기 때문이다. 또 열정은 경
험이 축적됐을 때 발현되기 마련이다. 경험을 통해 더 느끼고 배우고
생각할수록 무엇을 해야 할지도 더욱 분명해진다. 구체적으로 알지
못하고 생각하지 못하는 세계에 대해 갑자기 열정을 갖기는 어렵다.

미국 포드자동차 디자이너 출신으로 JCI 등 다국적 자동차부품회
사에서 디자인과 마케팅 등을 담당해온 리처드 정 엔펑 자동차인테
리어 글로벌 디자인 부사장은 "열정은 경험에서 나오고, 그 열정이
모여 기업의 문화가 된다"고 말했다. 그런데 기존의 기능 조직에서는
생산 담당 부서와 설계 담당 부서의 직원이 조율 작업을 하는 식이기
때문에, 직원들이 자동차를 만드는 전체 일을 경험하거나 그에 대한
책임의식을 갖기 어려웠다. 또 이들이 소비자와 직접 맞닥뜨릴 일도
없기 때문에 내가 만드는 자동차에 대한 피드백을 얻고 보람을 느끼

는 일도 많지 않았다.

그러나 신체제 개편을 통해 이 기능 조직은 7개 사내 회사(컴퍼니)로 헤쳐 모이게 됐고, 각각의 컴퍼니 사장이 각 회사의 모든 업무를 스스로 추진하도록 바뀌었다. 이에 따라 업무를 스스로 주도할 수 있는 직원들이 훨씬 늘어났다. 이전 기능 조직에서는 회사 내의 기능을 위해 봉사하는 이들이 많았지만, 컴퍼니제에서는 각각의 차량을 만드는 데 집중하는 직원이 많아지기 때문이다.

이를 쉽게 이해하기 위해 과거에 준중형차 코롤라가 만들어지던 구조를 보자. 먼저 코롤라를 담당하는 수석 엔지니어^{CE}가 있고, 이 CE는 코롤라를 만들기 위해 기획·설계·생산 등 각 부문의 협조를 구한다. 그렇게 해서 코롤라가 완성됐다고 하자. CE는 코롤라를 시장에 내놓는 일까지 업무 전반을 담당하기 때문에 자신이 더 성장했다는 느낌을 가질 수 있고, 시장 반응이 좋으면 매우 큰 보람을 느끼게 될 것이다. 하지만 업무에 참여했던 기획·설계·생산 부서에서는 그만큼의 보람을 느끼지 못한다. 코롤라는 자신들이 관여한 수많은 차종 중하나일 뿐이기 때문이다.

개편 이후 소형차 컴퍼니에서는 상황이 다르다. 코롤라를 담당하는 팀 내에 CE만이 아니라 코롤라 전담의 기능 조직들이 전부 배치된다. 그래서 이 팀의 모든 기능 조직은 코롤라의 성공을 위해 전력을 다해 뛰게 된다. 설계 담당은 코롤라 설계에 대한 모든 권한과 책임을 지고, 생산 담당은 코롤라 생산에 대한 모든 권한과 책임을 진다. CE는 이런 팀원들을 통솔해 코롤라의 성공을 위해 전력을 다한다. 따라서 이들 모두는 팀 내에서 할 수 있는 업무의 폭이 넓어지고, 또 업무를 완수했을 때 얻는 보람도 커진다.

즉 이들은 '더 좋은 차를 만든다'는 사명감을 가질 수 있다. 또 각자가 코롤라를 성공시키는 데 많은 권한과 책임을 부여받기 때문에, 이를 통해 자신들이 중요한 일에 참여하고 있으며 자신이 성장할 수 있다는 생각을 갖게 된다. 즉 회사가 원하는 목표와 직원들의 목표가 일치되는 것이다.

도요타 개발 부문의 독립 ─
각자도생의 정글에 밀어 넣기

2015년 도요타는 큰 충격에 빠졌다. 자율주행기술에 대한 내부 예측이 2015년 전반과 후반, 불과 반년을 사이에 두고 크게 흔들렸기 때문이다.

도요타는 자동차에 관한 한 최고 전문가 조직으로, 자동차의 미래를 예측하기 위해 수많은 인력을 투입해 깊이 파고드는 것으로 유명하다. 그랬기에 전기차나 수소차처럼 기계와 화학(배터리기술) 등에 기반을 둔 영역은 어느 정도 자신을 갖고 예측할 수 있다고 생각해왔다. 전기차는 1970년대에 이미 완성된 기술이고, 수소차 역시 1990년대 이후 꾸준히 준비해온 기술이다. 이 분야에서 도요타는 이미 세계 최정상의 기반기술을 축적해놓은 상태다. 더욱이 순수 IT 분야와 달리 갑자기 판을 뒤바꿀 만한 혁신기술이 나오기는 쉽지 않기 때문에 도요타가 어느 정도 통제할 수 있는 범위 내에 있다는 판단인 것이다. 그런데 자율주행처럼 IT 영역에 기반을 둔 기술에 대해서는 도요타조차도 가늠하기가 어려웠고, 그만큼 불안할 수밖에 없었다. 2015년 전반기만 해도 도요타를 비롯해 일본 자동차 업계는 자율주행차의 보급에 대해 신중한 입장이었다. 이때만 해도, 인간이 운전대를 잡을 필요 없이 출발부터 도착까지 자동으로 운행되는 기능은 자동차에 탑재하지 않는다는 방침이었다. 그런데 2015년 히빈기가 되자 이런 분위기가 급변했다. 미국 등을 시작으로 완전한 자율운전 기능이 급부상면서 2020년 이후라고 봤던 예측이 빗나간 것이다.

이는 그만큼 자동차 업계가 외부 환경의 변화에 취약해졌음을 드러낸다. 특히 급격히 발전한 IT기술 등 다른 분야의 기술이 자동차 분야로 치고 들어올 가능성이 예전보다 훨씬 커졌다. 자율주행이나 카쉐어링기술이 대표적이다. 특히 미국의 우버 등 카쉐어링 서비스는 차량 자체 기술의 큰 변화 없이 IT기술을 제대로 활용한다는 것만으로 소유 중심의 자동차 문화에 격변을 가져올 수 있다. 이는 완성차회사들로서는 커다란 위협이다. 이 위협이 실제적인 이유는 카쉐어링 서비스 경험자들이 이 서비스가 편리하고 효율적이라고 느끼기 때문이다. 이렇게 느끼는 소비자들이 늘어날수록 카쉐어링의 보급이 걷잡을 수 없이 빨라질 가능성도 있다. 특히 최근 미국뿐 아니라 중국이나 유럽 등으로 카쉐어링 서비스가 본격 확산될 조짐을 보이고 있다는 것도 크게 주목할 부분이다. 이런 기술은 하드웨어가 아니라 소프트웨어를 통해 자동차산업의 판도를 바꿔버린다. 자동차산업에 미치는 파괴력이 아주 클 것이고, 도요타가 아무리 잘 준비한다고 해도 막기는 어려운 문제다.

이런 위기에 대처하려면 도요타 엔지니어들이 외부 변화에 곧바로 대응할 수 있어야 한다. 여기에는 대응하지 못하면 자신이 죽는다는 수준의 위기의식, 회사의 생존이 걸린 문제라는 절박함이 필요하다. 그러나 기존 조직 내에서 도요타 엔지니어들이 이런 위기감을 갖기는 어려웠다. 자신에게 주어진 일만 잘 완수하면 도요타라는 최고의 울타리 속에서 좋은 대우를 받고 좋은 임금과 복지혜택을 받을 수 있었기 때문이다. 외부 환경이 급변한다고 해도, 자신이 먼저 위험을 감수할 필요는 없었다.

그래서 도요타는 기술개발 조직을 쪼개고 이들에게 스스로 일을 찾아 나서도록 함으로써 외부의 빠른 변화에 대응하도록 만들었다. 완성차 컴퍼니 이외에 개발 부문을 별도 컴퍼니로 독립시킨 이유도 바로 외부의 기술 변화에 빠르게 대응하기 위해서였다. 보통 자동차 회사 내의 개발 부문은 사내 다른 부서의 개발 요구를 들어주는 것만으로도 책임을 다했다고 생각하기 쉽다. 그런데 회사 내의 개발에서는 요구하는 쪽과 요구를 들어주는 관계 사이에 의견 충돌은 있을지언정 피 터지는 경쟁이 존재하지는 않는다. 이 때문에 개발 과정에서 긴장감과 역동성이 부족해질 우려가 있다. 그래서 도요타는 체제를 개편함으로써 도요타라는 거대 조직의 울타리, 온실 속에 안주하지 말고 스스로 경쟁해 살아남으라는 메시지를 전달한 것이다.

기술개발 컴퍼니 사장들에게 맡겨진 책무가 그것이다. 선진기술 개발, 파워트레인, 커넥티드라는 3개 기술개발 컴퍼니는 4개의 완성차 컴퍼니가 공통으로 사용하는 기술을 개발한다. 서로 독립된 현재

도요타는 체제를 개편함으로써
도요타라는 거대 조직의 울타리,
온실 속에 안주하지 말고 스스로 경쟁해 살아남으라는
메시지를 전달한 것이다.

체제에서는 기술개발 컴퍼니들이 기술을 더욱 집중적으로 개발할 수 있다.

선진기술개발 컴퍼니를 예로, 이 부문이 컴퍼니로 분리되지 않고 이전 조직 내에 산재해 있던 경우를 생각해보자. 예컨대 자율주행기술을 개발하고자 할 때 조직 내 양산 부서와 예산 따내기 경쟁을 벌이다 밀릴 수도 있고, 또 윗선의 결재를 거치는 동안에 개발이 늦어지거나 무산될 수도 있다. 그러나 별도의 컴퍼니로 분리되면 컴퍼니의 자체 예산과 인력을 독자적으로 활용할 수 있으므로 기술개발을 더 빨리 더 집중적으로 진행할 수 있다.

별도의 컴퍼니로 독립돼 있기 때문에, 필요한 기술을 확보하고 업그레이드하기 위해 외부의 회사와 협력하기도 더 쉬워진다. 외부 인력을 쓰거나 본사 인력이 외부에 나가 일하는 것도 더 자유로워진다. 또 개발한 기술을 도요타의 4개 완성차 컴퍼니에 팔 수도 있고, 그 외 다른 자동차회사에 팔 수도 있다. 기술을 외부에 판매하는 것은 도요타 전체로도 도움이 된다. 도요타의 기술을 써주는 업체를 늘림으로써, 도요타 전체의 기술 경쟁력이 올라갈 수 있기 때문이다. 이렇게 하여 기술개발 컴퍼니가 스스로 경쟁력을 키우고 더 성장하는 구조가 만들어지는 것이다.

연구개발 조직의 구성원 입장에서도 생각해보자. 이전 조직에서 부문장이나 엔지니어라면, 자신을 도요타그룹이라는 큰 조직 내의 일원으로 보기 마련이다. 굳이 매일매일 전쟁터에 자신을 내던질 필요가 없다. 그렇게 하지 않아도 월급과 복지혜택은 유지되니 말이다. 하지만 개발 조직이 컴퍼니로 개편된 뒤에는 상황이 달라진다.

엔진과 변속기 개발을 담당하는 파워트레인 컴퍼니는 어떨까? 이곳 사장은 변속기 하나만 하더라도 전 세계의 뛰어난 회사들과 싸워야 한다. 같은 도요타 소속이기는 하지만 4개의 완성차 컴퍼니에 변속기를 공급하기 위해서는 외부의 경쟁 업체들보다 더 좋은 변속기 기술을 갖춰야 한다. 만약 외부 회사에 획기적인 기술이 있다면 그 회사의 기술을 빨리 따라가든지, 아니면 그 회사와 제휴를 해서라도 기술력을 갖춰야 한다. 그러므로 이 컴퍼니 소속 엔지니어의 경쟁 상대는 조직 내 누군가가 아니라, 전 세계 변속기회사에서 같은 일을 하는 모든 엔지니어가 된다. 그들과 맞붙어 능력을 보여주지 못한다면 금방 형편없는 성적표를 받게 될 것이다. 반면 열심히 노력해서 더 뛰어난 변속기기술을 개발한다면, 도요타 내에서 인정받을 뿐 아니라 변속기 업계 전체에서 성과를 인정받게 될 것이다. 이런 식으로 외부 기술 환경의 변화에 과거보다 훨씬 더 기민하게 움직이는 조직이 만들어질 수 있다.

도요타가 개발 부문까지 독립시킨 배경은 도요타의 부품개발 자회사였던 닛폰덴소(현 덴소)나 아이신 같은 회사의 사례에서도 짐작해 볼 수 있다.

덴소는 과거 현대자동차의 부품을 전담해 납품하던 자회사 현대 모비스와 비슷한 존재였다. 1949년 미美 군정의 정책에 따라 도요타에서 계열분리되기는 했지만, 이후로도 오랫동안 도요타의 부품계열사 성격으로 성장해왔다. 그런데 현재 덴소의 성격은 그렇게 보기 어려운 상황이다. 도요타에 납품하는 비중이 40% 정도이고, 그보다 많은 나머지 60%를 도요타 이외의 자동차회사에 납품한다. 즉 도요타에만 의존하는 것이 아니라, 스스로 살아남아야만 하는 상황에 놓여 있는 것이다. 도요타가 덴소 부품을 무조건 써주지는 않기 때문에, 다른 수많은 부품업체와 경쟁을 통해 납품을 성사시켜야 한다. 그러기 위해서는 뛰어난 기술력을 갈고닦아야 했고, 그렇게 쌓인 기술력이 덴소의 경쟁력이 됐다. 현재 덴소의 경쟁력은 세계 부품회사 가운데에서도 독일의 보쉬와 함께 최강으로 평가된다. 결론적으로, 그 최강의 경쟁력은 안정적인 납품처인 도요타에서 독립했기에 얻어질 수 있었다.

아이신도 마찬가지다. 아이신은 원래 도요타에 변속기를 납품하는 것이 주력사업이었다. 현재도 여전히 아이신 지분의 상당 부분을 도요타가 갖고 있지만, 아이신은 도요타뿐 아니라 전 세계 자동차회사에 변속기를 공급한다. 그렇게 도요타의 품에서 나와 전 세계 자동차회사들을 고객으로 만들어 계속해서 단련해나간 결과, 지금은 훨씬 더 강력한 경쟁력을 갖게 됐다. 아이신 역시 독일의 ZF와 함께 세계에서 가장 경쟁력이 뛰어난 변속기회사로 평가받고 있다.

참고해볼 만한 기업이 하나 더 있다. 노키아의 나라였던 핀란드에서 창업한 세계 최대 모바일 게임회사 슈퍼셀Supercell이다. 2016년 6월 중국의 거대 IT기업 텐센트가 무려 10조 원에 이 회사를 사들여 또 한 번 화제가 되기도 했다.

이 회사는 조직 자체가 '혁신을 막는 거대한 관료주의는 되지 말자'라는 모토 아래 만들어졌다. 슈퍼셀이라는 회사 이름과 조직 구성에도 노키아 같은 실패를 겪지 말자는 뜻이 담겨 있다. 슈퍼셀이라는 이름은 세포cell처럼 작은 조직이 모여 강력한 회사를 만든다는 의미다. 실제 조직도 5~6명이 1개의 셀(팀)을 이뤄 별도 모바일 게임을 개발해 상업화까지 책임지는 구조로 되어 있다. 일카 파나넨Ilkka Paananen 창업자 겸 CEO는 "혁신의 상징이었던 노키아가 너무 거대해지면서 조직이 관료주의적으로 바뀌었고, 그 때문에 노키아 내부의 수많은 인재가 능력을 제대로 발휘하지 못했다"면서 "어떻게 하면 그런 사태를 막으면서 최고의 게임을 만들어낼 수 있을까 고민한 결과가 지금의 조직"이라고 말했다.

게임회사는 대부분 개발자가 게임을 만들면 이를 위의 관리자가 승인하는 식으로 일이 이뤄진다. 그런데 슈퍼셀은 다르다. 개발자 5~6명으로 구성된 각각의 셀이 저마다 아이디어를 내며, 아이디어가 좋다고 판단되면 게임으로 만들어본다. 만든 게임을 팀원이 전부 좋아할 경우, 일단 한정된 시장인 캐나다의 앱스토어에 올려본다. 거기에서 반응이 아주 좋으면 세계 시장에 내놓는다.

결국 도요타가 분리한 3개의 기술개발 컴퍼니도 크게 보면 슈퍼셀에 존재하는 1개의 셀과 같은 존재인 셈이다. 직접 기술을 개발해 상업화까지 책임지라는 것이 회사의 주문이기 때문이다. 차량용 통신 기술을 개발하는 커넥티드 컴퍼니를 예로 들면, 각 차량에 들어가는 커넥티드 시스템을 개발해서 장착하기까지 모든 업무를 책임진다. 만약 너무 비싸거나 성능이 모자라는 시스템을 개발한다면 한 식구인 4개의 완성차 컴퍼니들도 ㄱ 시스템을 사주지 않을 것이다.

이들에 비해 모기업에만 의존하다가 망한 부품업체들도 있다. 한때 미국 GM 산하의 델파이, 포드 산하의 비스티온은 각각 미국의 양대 자동차회사를 모기업으로 둔 엄청나게 큰 부품회사였지만 둘 다 한 번씩 파산한 적이 있다. GM과 포드가 워낙 많은 부품을 사줬기 때문에 오랫동안 문제가 없어 보였지만, 모기업들이 어려워지면서 이들도 함께 어려워진 것이다. 또 모기업에만 의존하다 보니 경쟁력이 떨어져 다른 자동차회사에 부품을 팔려고 해도 사주는 곳이 별로 없었다. 결국 덴소와는 달리 경쟁력을 잃고 무너지고 말았다.

현대차도 비슷한 문제를 안고 있다. 일단 현대차의 연구소 인력은 도요타의 과거 조직에서처럼 '기능' 조직 체계 안에 묶여 있는 경우가 대부분이다. 즉, 외부 환경에 굳이 기민하게 대응하지 않아도 되는 입장이다. 이것이 당장 큰 문제가 되지는 않을 것이다. 하지만 도요타에 비해 수적으로도 모자라는 연구인력인데, 그마저도 능력을 최대한 끌어내기 어려운 구조라는 점은 위기의 불씨를 안고 있는 셈이다.

현대·기아차의 주력 부품사인 현대모비스도 마찬가지 상황이다. 세계 부품사 순위에서 10위권 이내에 들 만큼 덩치는 크지만, 2014년 기준 현대·기아차 매출 의존도가 90%에 이른다. 모기업이 거의 모든 부품을 사 가는 구조다. 그렇다 보니 기술개발의 절박함이 떨어진다. 지금도 경쟁사들은 전 세계 자동차회사를 대상으로 납품계약을 따내기 위해 피 터지는 노력을 하고 있다. 언젠가 그들과 기술 경쟁을 해야 하는 상황에 처한다면 어떤 일이 벌어질지 눈에 보이지 않는가.

삼성전자의 경우도 처지가 그리 녹록하지는 않다. 2013년 갤럭시 스마트폰 신제품에 들어갈 일부 부품을 그룹 내의 삼성전기에 맡겼으나, 개발 기한까지 목표를 완수하지 못하는 바람에 일본의 무라타제작소가 급히 투입돼 겨우 부품 개발을 마칠 수 있었다. 2016년 8월 갤럭시 노트7의 배터리 결함 문제도 비슷한 맥락에서 분석해볼 수 있다. 삼성SDI, 일본 TDK 계열의 중국 회사인 ATL 등 두 군데서 배터리를 납품받았는데, SDI가 공급한 배터리에서만 문제가 발생한 것으로 보고됐다. 문제 발생 원인의 전부는 아니겠지만, 삼성전자라는 거대하고도 안정적인 납품처를 갖고 있기 때문에 SDI가 자칫 방심했을 가능성이 있다는 것이다.

2

열정은
환경에 쉽게
무너진다

극소수의 사람은 환경에 상관없이 자신의 의지를 관철하고 열정을 불태운다. 그러나 대부분의 인간은 개인적으로 아무리 뛰어나더라도 불합리하거나 의지를 무력화하는 환경에서는 열의를 잃게 되고, 무기력해지고, 입을 닫게 된다.

도요타의 환경도 예외가 아니었다. 현 아키오 사장 직전인 와타나베 사장 시절에는 원가절감에 과도하게 집착하는 경향이 있었다. 이에 "원가절감보다 더 좋은 차를 만드는 데 집중해야 한다"고 의견을 냈다가, 의견이 묵살되는 것은 물론 최고 경영진에 밉보여 좌천된 인사도 많았다. 한 번 그런 일이 발생하면 조직은 입을 다물게 된다. 많은 이들이 안 좋은 방향이라고 생각한다 해도, 결국은 그 방향으로 흘러갈 수밖에 없다. 개인이 조직을 이길 수는 없기 때문이다.

도요타의 컴퍼니제에는 열정을 가진 인간이 조직의 환경적인 제약 때문에 좌절하지 않도록 하려는 의도가 담겨 있다. 수석 엔지니어[CE]는 기존 도요타 체제에서 제품개발의 핵심이었고 도요타의 자부심이기도 했는데, 체제 개편을 통해 그 제도가 어떻게 바뀌는지를 보자.

도요타 CE제도의 자기 변신

도요타에서 CE는 특정 차종을 만드는 전권을 갖고 판매까지 책임지는 사람이다. 도요타에는 이처럼 권한이 막강한 CE들이 존재해왔고, 도요타의 수많은 히트 차종은 이들의 손을 거쳐 탄생했다. 렉서스 초기 모델이나 중형 세단 캠리, 준중형 세단 코롤라 등의 성공 스토리에는 도요타 CE들의 노력이 잘 나타나 있다.

그러나 회사의 규모가 커지고 조직이 복잡해지면서 CE의 역할도 점차 약화되기 시작했다. 좋은 차를 만드는 데만 집중해야 했지만, 현실에서는 각 기능 조직 간 이견을 조율하는 데 대부분의 에너지를 쏟아야 했다. 생산·생산기술·디자인 등 각 기능 조직의 임원이 생산 회의, 디자인 회의 등 각 기능 회의의 의장이 되기 때문에 CE가 그 회의에서 전권을 장악할 수 없었다. 그렇다 보니 CE로서 자신이 담당하는 차량의 매력을 높이거나 소비자를 만족시키기 위해 꼭 반영하고 싶은 부분이 있더라도, 각 회의를 주재하는 기능 조직 임원의 판단에 따라 무산되는 일이 허다했다. 각각의 회의는 기능 조직이 원하는 대로 움직였으며, CE와 기능 조직의 의견이 부딪힐 경우 CE의 생각을 관철하기도 어려웠다. CE가 담당하는 차를 만들기 위해서는 각 기능 조직의 도움이 필수적이었으므로, 기능 조직의 뜻을 거스르기가 쉽지 않았다.

예를 들어 CE가 소비자에게 더 어필하기 위해 특색 있는 차를 만들고 싶어도 생산 부문에서 생산이 까다롭다고 거부하면, 그 차는 만들어질 수 없었다. 설계 부문에서 설계가 까다롭다고 난색을 표하면, 그 차는 만들어질 수가 없었다. 이런 상황에서는 아무리 좋은 아이디어와 열의를 가진 CE라 하더라도 좌절할 수밖에 없다. 나중에는 CE들이 적극적인 기획을 아예 포기하거나 '열심히 해봐야 원하는 차를 만들기 어렵다'는 자조적인 생각까지 하게 됐다. 이 때문에 도요타 차는 품질 좋고 무난하지만, 자동차 본연의 매력이 떨어진다는 비판을 받아야 했다.

이럴 때 회사는 어떻게 해야 할까. 조직을 어떻게 바꿔야 CE들의 열정이 무너지지 않을지를 고민해야 할 것이다. 결론은 CE가 오직 최고의 제품을 만드는 데만 집중할 수 있도록 각각의 기능 조직을 철저히 지원 조직으로 바꿔야 한다는 것이었다.

아키오 사장은 도요타 내 최고의 기능 조직들이 각자의 사정 위주로 움직이는 것이 아니라, 최고의 자동차를 만들어낸다는 하나의 목표를 위해 전력으로 뛰어주기를 바랐다. 기능 조직들이 아무리 가혹한 요구를 부여받더라도 그 요구에 맞추기 위해 사력을 다하는 상황을 의도적으로 만들고자 했다. 그래서 기능 조직을 해체하고, CE의 권한을 크게 강화한 것이다.

과거에는 거대한 기능 조직이 존재했기 때문에 CE가 요구를 해도 다 받아들여지지가 않았다. 그러나 신체제에서는 모든 회의의 의장을 각 컴퍼니 사장이 맡도록 했다. 각 컴퍼니의 사장이 주재하는 회의에 기능 조직이 개별 팀원 개념으로 들어가게 되므로 컴퍼니 사장의 말을 들을 수밖에 없다. 컴퍼니 내 기능 조직에 대한 평가도 각 컴퍼니의 사장이 하게 된다. 인사평가 권한을 컴퍼니 사장이 갖고, 실무에 대한 전권과 책임을 각 차량의 담당 CE에게 부여하는 것이다. 이런 시스템이므로 CE는 컴퍼니 사장의 진폭적인 지원 아래 차를 개발할 수 있다.

컴퍼니제에서 또 하나의 특징은 평가기간과 평가체계의 변화에 있다. 종래에는 차종마다 1년 단위 수익을 봤지만, 컴퍼니제에서는 여러 해 동안 각 플랫폼마다 벌어들이는 수익을 산정하는 방식으로 바꿨다. 스포츠카는 판매 대수를 전망하기가 어려워 지금까지는 채산성 평가 단계부터 탈락되기 일쑤였지만, 새 평가 방식에서는 중기적으로 브랜드 향상에 도움이 된다면 과거보다 만들기 쉬워졌다. 이런 평가 방식은 새로운 차를 만들고 싶어 하는 이들에게 의욕을 불어넣어 줄 수 있다.

가토 부사장이 2015년 3월 '더 좋은 차 만들기' 중간발표회에서 "CE제도와 TNGA는 더 좋은 차 만들기를 위한 두 바퀴와 같다"고 말한 것도 같은 맥락이다. 가토 부사장은 그러면서 CE가 하나의 차종만 담당하는 것이 아니라 TNGA라는 설계 혁신의 틀 속에서 비슷한 크기의 자동차 전체를 담당하는 쪽으로 바뀐다고 말했다. 소형차 컴퍼니를 예로 들면 세단·스포츠카·하이브리드카를 막론하고 모든 소형차를 통합해서 개발하고, 채산성도 이들 차종을 통합해서 하게 된다. 통합 개발을 하면 개별 차량의 개발비 부담을 덜 수 있다. 또 채산성도 통합해서 산정하기 때문에 소형 스포츠카에서 약간의 적자가 발생하더라도 CE는 개발을 관철할 수 있다. 이 스포츠카가 도요타 고객을 위해 꼭 필요하고 브랜드 이미지 향상에도 도움을 준다고 판단할 경우, 소형차 컴퍼니 사장도 CE의 결정을 전폭적으로 지원하게 될 것이다.

미쓰비시자동차는
왜 망가졌나

미쓰비시자동차는 2016년 연비 조작이 발각되면서 망할 위기에 처했다. 초반에는 자력 회생을 도모했으나, 결국 실패하여 르노닛산에 팔리고 말았다. 미쓰비시는 왜 이렇게 될 수밖에 없었을까. 뭐가 잘못된 것이었을까? 여기에는 올바른 방향을 관철하고 싶어 하는 개인들이 목소리를 내지 못하도록 한, 불합리한 사내 환경이 있었다.

미쓰비시는 2000년과 2004년에도 차량의 심각한 결함을 은폐한 적이 있으며, 뒤늦게 탄로 나는 바람에 회사가 망할 뻔했었다. 그런데 또 조작을 은폐했고 외부의 지적에 의해 탄로 났다. 미쓰비시의 이번 연비 조작 사태를 짚어보면 위기에서 배우지 못하는 기업, 부정을 되풀이하는 기업이 왜 나타나는지를 알 수 있다.

미쓰비시에서는 상부의 결정이 아무리 불합리하다고 생각돼도

'노'라고 말할 수 없었다. 회사에 심각한 피해를 가져올 수 있는 문제일 때조차 그랬다. 왜 '노'라고 말할 수 없는 걸까. 그 이유가 미쓰비시의 오랜 '은폐 체질', '내부 반성의 목소리를 짓밟는 사내 환경'이라는 지적이 많다.

2016년의 세 번째 부정이 자행될 수밖에 없었던 원인은 2015년 11월의 한 사건에서 찾을 수 있다. 당시 미쓰비시에서 신형 SUV 개발을 담당했던 핵심 부장 2명이 개발 작업이 지연되고 있음을 회사에 보고하지 않았다는 이유로 경질됐다. 〈닛케이비즈니스〉에 따르면, 두 사람은 차체 경량화에 진척이 없음에도 그 사실을 상사에게 적절히 보고하지 않았다. 개발이 지연되고 있다는 사실은 사내에서 중요한 결정을 하는 회의에서 드러났다. 이 차량은 미쓰비시의 수익 창출에 매우 중요했는데, 보고를 하지 않음으로써 회사에 막대한 손해를 입히게 됐다.

그런데 왜 이들은 목표치를 달성하지 못했다는 사실을 숨겼을까? 아이러니하게도, 그런 보고를 하는 것이 불가능한 문화였기 때문이다. 차량의 무게를 줄인다는 것은 자동차회사의 총체적 실력을 보여주는 지표로, 실력이 안 되면 단 10g의 무게를 줄이기도 어렵다. 그 부장들은 불가능한 목표치를 들고 씨름했을 것이다. 기한 내에 개발을 끝내야 했는데, 차량 무게는 아무리 해도 줄어들지 않았다. 하지만 상사에게 "현재의 목표치는 달성할 수 없습니다"라고 보고하는 것은 불가능했다. 미쓰비시에는 시키는 것은 무조건 따라야 한다는 상명하복의 문화가 강했다. 지시에 대해 '왜'라고 묻는 것도 허용되지 않았다. 보고하는 순간 경질될 게 분명했다. 둘 중 누구도 얘기를 꺼내지 못했고, 결국 최고 경영진이 참석한 중요한 회의 석상에서 허위보고가 발각되는 참사로 이어졌다.

2016년 연비 조작 사태가 터진 이후, 사측은 기자회견을 통해 연비를 담당하는 성능실험부장이 개인적으로 조작을 지시했다고 발표했다. 그러나 일본 언론은 "연비 조작 과정에서 젊은 엔지니어들이 조작을 거부하거나 시정을 강력히 요구한 사실이 여러 차례 있었다"고 보도했다. 이런 젊은 엔지니어들의 시도는 중간에 차단됐고, 결국 회사는 파멸을 향해 달려갔다.

미쓰비시에서는 최고경영자에게도 사건의 심각성을 제대로 보고하지 않는 칸막이·패거리 문화가 강했다. 연비 조작과 관련하여 첫 번째 기자회견이 있던 2016년 4월, 회견장에서는 당연히 "닛산과 의견을 교환하는 동안 왜 사장에게 보고하지 않았는가"라는 질문이 나왔다. 담당 부사장은 "닛산과 미쓰비시의 개발 담당들끼리 협의하고 있었기 때문에 그 선에서 해결하려 했다. 거기서 해결하지 못했기 때문에 여기까지 오게 됐다"고 말했다. 즉 부사장의 답변은 '이건 개발 담당들이 해결해야 할 문제이지, 최고경영자에게 먼저 보고할 문제가 아니었다'는 취지다. 이게 미쓰비시의 내부 문화였던 것이다. 연비 조작은 회사의 존망과 관련된 중대 사안이며, 당연히 경영 톱이 알아야 한다. 그러나 미쓰비시는 그렇지 못했다. 칸막이·패거리 문화가 미쓰비시를 나락으로 떨어뜨린 것이다.

이 같은 문제는 미쓰비시에서 발생한 세 차례 위기 가운데 처음에 해당하는, 지난 2000년 리콜 은폐 사건에서도 똑같이 나타났다. 당시 기자회견에서 황당한 일이 벌어졌다. 사장이 기자회견에서 의도적인

담당 부서에서 상부에 정보를 주지 않는다는 것은
다시 말하면 상부를 신뢰하지 않는다는 것이다.
자기들 외에는 믿지 않는다는
현장의 칸막이·패거리주의라고도 할 수 있다.
그 결과 사내 비판 기능은 점차 약화되고,
위기가 발생해도 빠른 대치가 불가능해진다.

은폐는 아니었다고 항변한 것이다. 그런데 회견장에 동석한 다른 간부가 의도적인 부분이 있었다고 사장의 발언을 번복했다. 의도가 없었다고 말했다가는 회견장에 나온 담당자들이 더 큰 책임을 지게 될 것을 두려워해서였다. 그러자 옆에 있던 사장의 눈빛이 흔들렸다. 사장이 그 간부에게 말했다. "내게 보고했던 것과 다르잖아?" 2004년 두 번째 리콜 은폐 때도 마찬가지였다. 당시 사장은 간부들이 자신에게 정확한 정보를 알리지 않았다고 분통을 터뜨렸다.

　보고를 하지 않는다, 사실과 다른 보고를 한다, 그리고 비리를 감춘다. 미쓰비시자동차 내의 이러한 분위기는 잘못된 길로 가는 기업에서 공통으로 일어나는 현상이다. 담당 부서에서 상부에 정보를 주지 않는다는 것은 다시 말하면 상부를 신뢰하지 않는다는 것이다. 자기들 외에는 믿지 않는다는 현장의 칸막이·패거리주의라고도 할 수 있다. 그 결과 사내 비판 기능은 점차 약화된다. 톱이 현장에서 어떤 일이 돌아가는지 모르기 때문에 위기가 발생해도 빠른 대처가 불가능해진다. 결국 미쓰비시차의 몰락은 그 회사의 내부 환경이 불러왔다고 해도 과언이 아니다.

3

도요타의
노사협력도
환경의 산물

　　　　　　　　　　　왜 어떤 회사의 노사관계는 좋고
어떤 회사의 노사관계는 엉망일까? 필자는 자동차 업계를 담당하면
서 국내 완성차회사들과 수많은 부품 협력업체의 노사관계를 지켜봤
다. 또 해외에서 모범적인 노사관계를 유지하는 회사, 그리고 과거에
는 엉망이었지만 극적으로 관계가 개선된 회사들을 취재하기도 했다.
이를 통해 얻은 결론은 노사관계는 일방적인 관계가 아니라는 것이
다. 악성 노조가 존재하는 대부분의 회사에는 노조에 제대로 대처하
지 못하거나 노무정책이 엉망인 경영진이 있었다. 단순히 노조에 잘
해주고 못해주고의 문제가 아니라, 직원들에게 회사를 믿고 따르면
된다는 신뢰를 주지 못할 경우 강성 노조가 득세하는 경우를 많이 봤
다. 노조가 자신들의 이익만 취하고 무책임한 일을 하는 것처럼 보인

다고 해서, 사측이 노조를 도덕적으로 비난만 해서는 문제가 해결되지 않는다는 것도 알게 됐다.

도요타의 과거 노사관계 역사를 보면 노조를 대하는 회사의 정책, 정직성, 올바름, 신뢰 등 기업 문화가 노사관계의 모든 것을 바꿀 수 있다는 것을 알게 된다. 노조나 노조원 역시 회사 구성원이며 그 회사의 문화와 환경에 지배되는 존재이기 때문이다. 강성 노조에 대해 무조건 유화적이거나 온정적일 필요도 없다. 회사의 장기적 성장을 위해서는 노조의 비정상적인 요구에 어떻게 대응하고, 어떻게 설득할지 등 장기적이고 전문적인 노무정책이 반드시 필요하다. 그런데 강성 노조에 대처하지 못해 고민하는 회사일수록, 노조를 도덕적으로 비난만 할 뿐 노무대책의 전문성은 떨어지는 경우가 많다.

노조는 회사를 상대로 줄다리기를 하면서 자신들이 원하는 바를 얻어내야 하는, 노사 문제에서 최고 전문가들이다. 노조 간부들도 노조의 계파 간 경쟁에서 이기고, 노조원들의 지지를 받아야만 간부로서의 생명을 연장할 수 있다. 따라서 노사 협상에 대해서는 오랜 경험과 지식을 바탕으로 사력을 다한다. 이런 전문가들을 상대하려면 회사는 더 전문적이고 장기적인 전략을 갖춰야 한다. 특히 일관성 있는 정책으로 노조와 노조원들에게 신뢰를 줘야 한다. 사측이 일관성 없는 노무정책을 내놓거나 노무 담당 임원을 회사 내부 사정에 의해서 또는 노조 압력에 굴복해 수시로 교체한다면 노조를 변화시키기가 사실상 불가능하다.

노사협력이라는 것도 기업 문화, 사회의 인식, 정치 수준 등에 따라 변하는 환경의 산물이다. 그러나 노사 문화에 가장 큰 영향을 미치

노사협력도 기업 문화, 사회의 인식,
정치 수준 등에 따라 변하는 환경의 산물이다.
그러나 노사 문화에 가장 큰 영향을 미치는 것은
역시 그 기업의 문화라고 할 수 있다.
기업의 환경이 제대로 갖춰지지 않으면
노조도 바뀌지 않는다.

는 것은 역시 그 기업의 문화라고 할 수 있다. 기업의 환경, 사측의 노무정책이 제대로 갖춰지지 않으면 노조도 바뀌지 않는다.

2007년에 닉 라일리 당시 GM 아시아·태평양 지역본부 사장을 디트로이트에서 인터뷰한 적이 있다. 2002년부터 2006년까지 GM 대우(현 한국GM) 사장을 지냈던 인물이다. 그는 영국인이며, 영국은 미국과 함께 자동차산업을 양분했다가 노사분규 등으로 경쟁력을 잃어 지금은 자동차산업이 몰락한 상태다. 당시는 현대차의 노사분규가 극심하던 때였다. 그에게 현대차의 노사 간 충돌에 대해 조언을 구했다. 라일리는 현대차의 노사 충돌이 계속되는 상황에 대해 "전 세계 자동차 시장의 경쟁이 얼마나 잔혹brutal한지 노사가 깨닫고 있다면 도저히 있을 수 없는 일"이라고 말했다. 그는 "자동차의 선구자였던 영국이 1970년대 노사 문제로 극심한 진통을 겪은 뒤 오랜 기간 쌓아온 자동차 관련 고급 기술과 생산 능력을 모두 잃고 말았다"며, "현대차가 같은 실수를 반복해서는 안 된다"고 했다. 자신의 나라가 너무나 큰 손실을 경험했기 때문에 노조 문제 해결이 얼마나 중요한지 잘 알고 있다는 얘기였다.

그러면서 그는 사측이 노조를 어떻게 대해야 하는지에 대해 얘기했다. 라일리는 현대차 경영진에 대해 노조를 적으로 어기지 말 것, 숨기지 말 것, 일단 약속하면 반드시 지킬 것, 회사가 근로자 개인보다 강자強者라는 사실을 부정하지 말 것을 주문했다. 이와 함께 회사에 애정을 갖고 경영진에 반대하는 직원과 회사에 아예 무관심한 채 정치적 행동만 일삼는 직원은 철저히 구분해야 하며, 후자는 반드시 회사에서 쫓아내야 한다고 강조했다. 그리고 회사가 직원들 다수와 신뢰를 쌓으면 그런 '나쁜 직원'은 자연스럽게 쫓겨난다고 했다. 마지막으로 라일리는 "현대차 국내 공장 한두 개가 문을 닫는다고 해도 전 세계 누구 하나 동정하지 않는다"며 "일본·유럽·중국 자동차 회사들은 오히려 반길 텐데, 그런 상황이 현실화될까 걱정스럽다"고 말했다.

그는 당시 GM 소속이었다. 하지만 한국에서 오랜 인연을 맺었기에 경쟁사를 포함하여 한국 자동차 업계에 대해 애정 어린 조언을 한 것이다. 그의 조언에는 현대차 노무 전략의 문제점이 고스란히 담겨 있다.

2016년 현재에도 현대차 노사갈등은 전혀 개선되지 않고 있다. 그것은 사측의 노무 전략에도 문제가 있다는 뜻이다. 노조가 바뀌지 않는다면 회사 노무 전략이 바뀌어야 한다. 노조를 도덕적으로 비난하는 단순한 전략 대신에 어떻게 하면 노조의 협력을 얻어낼 수 있을지 장기적이고 면밀한 전략을 짜야 한다. 노조원 다수의 신뢰를 얻어내야 하며 '나쁜 직원'은 솎아내야 한다. 회사가 그런 노력은 게을리하면서 노조를 도덕적으로 비난만 한다면, 앞으로도 노조는 바뀌지 않을 것이다.

역사적 환경이 만들어낸 도요타 노사의 협력관계

도요타 노사가 원래부터 협조적이었던 것은 아니다. 1950년대 초에는 회사가 문 닫기 일보 직전까지 이를 정도로 최악이었다. 그런데 어떻게 해서 지금의 협력적인 관계가 만들어진 걸까? 최악의 상황에서 이뤄낸 상호 신뢰 덕분이다. 도요다 가문 출신의 창업 초기 멤버이자 5대 사장을 역임했던 도요다 에이지의 회고를 인용해본다.

"1946년의 생산 대수는 전쟁이 끝난 1945년과 비교해도 별로 늘지 않았다. 자재 부족으로 생산도 어려웠고, 수요자에게는 차를 살 만한 돈이 없었다. 자동차와 관련해서 수금이 확실히 보장되는 것은 미군을 상대로 하는 일뿐이었다. 그래서 가리야의 비행기 엔진 공장에 있는 미국 차 수리를 맡게 됐다. 하지만 이 정도로는 생활을 해나갈 수가 없었다. 그래서 세탁소 일 등 닥치는 대로 일을 만들어나갔다. 사업의 기초가 그럭저럭 자리 잡아가는 상황에서 전쟁 배상 문제가 튀어나왔다. 처음에는 비행기를 만들던 군수 공장부터 시작해 나

중에는 우리 공장까지 등록됐다. 공장에 있는 기계를 가져가 버리면 공장을 유지할 수 없으므로, 공장 물건은 배상 대상에서 제외해달라는 운동을 시작했다. 배상 대상에서 제외되자 이번에는 도요타를 '과도경제력 집중 배제법'으로 묶으려 했다. 이것도 해제 운동을 벌여 겨우 피할 수 있었다. 이런 일이 벌어지고 있는 와중에 1947년부터 급격한 인플레이션이 일어났다. 심할 때는 매달 임금을 인상하지 않으면 생활을 유지할 수 없는 형편에 이르렀다. 이후 인플레이션은 수습됐으나, 대신 심각한 불황이 찾아왔다. 자동차 할부금을 전혀 회수할 수가 없었다. 임금도 제때 주지 못하는 상황이 벌어졌다. 이 시기에 여러 회사에 격렬한 파업 사태가 벌어졌다. 도요타도 1949년 가을에 어떻게 자금을 변통해 연말까지는 유지했지만, 임금은 한 달 이상 체불한 상황이었다. 세모가 시작되자, 이대로는 해를 넘기기 어려운 절박한 처지에 빠졌다. 돈을 융통할 수 있는 곳이라면 어디든 뛰어다녀 보았지만 돈이 모이지 않았다. 회사나 개인이나 너무 가난했다. 1950년이 되자 정월 초순부터 자금 융통이 전혀 이뤄지지 않았다. 도산은 시간문제였다. 갈 데까지 가고 있었다. 인원 정리는 1950년 초부터 준비해 4월에 노조에 공식적으로 제의했다."

당시 도요타에도 물론 노동조합이 있었다. 전쟁이 끝나고 들어온 미군이 노조 설립을 허용하고 권장하자 일본 전역에 노동조합 결성 붐이 일었다. 당시 노동운동을 주도한 이들은 주로 공산당 활동가들이었다. 도요타 노조도 300명이 넘는 공산당 활동가들이 장악하고 있었다. 노조는 1950년 4월, 회사의 1,600명 인원 감축과 임금 인하 방침에 반발해 파업에 들어갔다. 공장 안에는 적기赤旗가 나부끼고 인터내셔널가가 울려 퍼졌다.

노동쟁의는 두 달 동안 이어졌다. 당시 사측도 노조를 무력화하기 위해 갖은 전략을 썼다. 사측은 노조와 정면대결하지 않고 조합을 분열시키는 방법을 썼다. 노조에 소속된 중간관리직을 이용해 조합 안에 '재건동지회'라는 사측에 우호적인 조직을 만들고, 공산당 지도부에 대해선 공산당에 알레르기 반응을 보이던 미 군정을 등에 업고 강력하게 탄압했다. 결국 공산당원 활동가들의 대량 해고와 함께 파업은 노조의 패배로 끝났다. 도요타의 파업은 그렇게 끝났고, 이후 도요타에서는 노사협력의 분위기가 형성됐다.

당시 도요타는 장기적인 노사 공영을 위해 노조의 파업을 전략적으로 무력화하고자 했다. 또 닉 라일리 전 GM대우 사장이 조언한 내용처럼, 도요타는 회사에 애정을 갖고 경영진에 반대하는 직원과 회사에 아예 무관심한 채 정치적 행동만 일삼는 직원은 철저히 구분했다. 그리고 후자를 전부 회사에서 쫓아내는 데 성공했다. 그러나 경영진의 노력이 그것만은 아니었다. 닉 라일리가 사측이 노조를 대하는 방법으로 조언한 내용, 즉 노조를 적으로 여기지 말 것, 회사 상황을 숨기지 말 것, 일단 약속하면 반드시 지킬 것, 회사가 근로자 개인보다 강자라는 사실을 부정하지 말 것 등을 도요타는 그때 이미 실천했다. 어떤 자동차회사에서는 2016년에도 하지 못하는 일을 도요타는 1950년에 모두 실천한 것이다.

인원 정리를 실시하기 직전 도요타의 창업자이자 사장이던 기이치로는 노조원들에게 "나의 본의는 아니지만, 감원을 하지 않는 한 이 회사는 살아남을 수 없다. 나도 감원에 대한 책임을 지고 사임한다"고 눈물을 흘리며 이야기하고는 도요타를 떠났다. 그 후 도요타자 동차의 원류라 할 수 있는 도요다자동직기에서 이시다 다이조가 도요타로 이동해 사장을 맡았다. 이시다 사장은 눈에 살기를 띤 2,000명의 조합원을 상대로 "지금의 도요타는 난파선과 같아서 누군가 바다에 뛰어들지 않는 한, 배가 완전히 침몰해버리고 만다. 이 때문에 감원하는 것이니 인정해주기 바란다"고 호소했다.

결국 도요타는 파업을 끝내고 대량 감원에 성공했다. 회사가 당장 무너지는 것은 막을 수 있었다. 그러나 1950년 6월의 도요타는 파업과 무관하게 자금 융통이 안 돼 망하기 일보 직전이었다. 그러던 중 뜻밖의 탈출구가 나타났다. 1950년 6월 25일 발발한 한국전쟁으로 미국으로부터 군용차 수주가 쏟아진 것이다. 한국으로서는 가슴에 사무치는 비극이지만, 도요타에는 '천우신조'라고 부를 만한 기회였다. 죽어가던 회사에 자금이 마구 돌기 시작했고, 도요타는 이를 발판으로 글로벌 기업으로 성장해나갔다.

도산 직전까지 갔던 이때의 위기 상황은 이후 도요타에 많은 교훈을 남겼다. 도요타는 은행에만 의존하다가 자금 융통이 안 돼 망하는 일을 겪지 않도록 재정적 자립을 최우선시하게 됐다. 이후 도요타는 '도요타 은행'이라는 말을 들을 정도로 사내 현금을 넉넉히 보유하는 것으로 유명해졌다. 또 노사갈등을 피하기 위해 노사가 서로를 위해 노력하는 문화를 만들어갔다. 특히 창업자인 도요다 기이치로가 감원의 책임을 지고 회사를 떠난 뒤, 병을 얻어 다시는 회사로 복귀하지 못하고 숨을 거둔 것은 노사 양쪽에 큰 충격이었다. 기이치로는 감원을 발표할 당시 회사 상황을 솔직히 얘기했고, 그렇지만 자신이 책임자이기 때문에 회사를 그만둠으로써 직원들에 대한 마음을 전한 것이었다. 이런 창업자의 진정성, 솔직함, 책임감은 이후 도요타에서 안정적이고 협력적인 노사 문화가 정착되는 데 큰 영향을 줬다.

1950년, 최악의 상황에서 극적으로 회생한 도요타의 노사 양쪽은 서로에게 약속했다. 회사는 경영에 실패해 직원을 대량 감원해야 하는 상황을 다시는 만들지 않겠다고 약속했고, 노조는 파업 같은 극단적인 방법을 지양하고 회사 발전에 적극 협력하겠다고 약속했다. 이때의 약속은 지금까지 지켜지고 있다.

'노동귀족'을 배출한 닛산의 과거 경영진

한국의 일부 대기업 노조 간부들을 '노동귀족'이라 부르는 경우가 있다. 그런데 이 노동귀족이라는 단어는 일본에서 훨씬 먼저 유행했다. 1986년까지 20년 넘게 회사를 쥐고 흔들었던 노조 간부 시오지 이치로塩路一郎가 그 원형이다.

1933년 설립된 닛산자동차는 전후 일본 노동운동의 본거지였다. 닛산 노조는 계열사까지 합쳐 23만 명의 조합원을 거느린 일본 최대 노조였다. 당시 닛산에선 노조에 밉보이면 회사 임원이 될 수 없었고, 노조위원장은 사장급 대우를 받았다. 회사의 인사·경영과 관련된 사안도 노조위원장 손을 거쳐야 했다. 24년간 노조위원장을 지낸 시오지 이치로는 그의 이름을 따 '시오지 천황'으로 불리기도 했다.

무소불위의 권력을 행사하는 노조위원장에 대해 경영진은 단기적 처방으로 일관했다. 노조를 건드렸다가 파업이 발생해 공장이 멈추면 안팎으로 시끄러워질 수 있으니, 당근을 줘 달래는 게 상책이라고 생각했다. 회사가 노조 요구를 좀 들어준다고 해서 당장 망하는 것도 아니니 괜찮지 않느냐고 생각한 것이다.

영리했던 시오지 위원장은 회사 경영진이 원하는 것을 들어주어 체면을 살려주는 대신, 자신의 요구를 들어주게 하는 식으로 권력을 유지했다. 시오지 위원장이 전횡을 행사하던 1970~80년대, 도요타는 노사가 합심해 글로벌 자동차회사로 한창 뻗어 나가던 시기였다. 반면 닛산은 노조의 반대에 부딪혀 해외 시장에 진출하고 해외 생산 거점을 만드는 작업이 뒤처지게 됐다. 닛산은 도쿄를 본거지로 하는 일류대 엔지니어들의 집합소였지만, 노사가 패거리 문화를 만들면서 점점 썩어가기 시작했다. 반대로 나고야라는 변방에 자리 잡고 있는 데다 엔지니어들의 학벌도 닛산에 비해 훨씬 떨어졌던 도요타는 닛산과의 격차를 점점 더 벌리면서 글로벌 우량기업으로 성장해나갔다.

결국 닛산에서도 도요타에 뒤처진 것을 깨닫고 이시하라 다카시石原俊 사장이 새로 취임해 '세계 진출 확대 노선'을 추진했다. 이에 대해서도 시오지 위원장은 회사와 계속 대립했다. 급기야 영국에 현지 공장을 세우는 건을 놓고 경영진과 충돌하던 중, 시오지 위원장의 호화판 생활이 주간지 등에 폭로되면서 1986년 위원장직에서 물러났다. 기업 소설가 다카스기 료高杉良가 시오지 위원장을 주인공으로 한 실명 다큐멘터리 소설《노동귀족》을 출간하면서, 그는 일본 노사 문화에서 노동귀족을 대표하는 인물이 됐다.

시오지 위원장의 이 같은 전횡이 닛산의 건전한 기업 문화를 무너뜨리고 성장을 저해한 것은 사실이다. 그러나 닛산의 노사 문화가 엉망이 된 것이 시오지 위원장과 노조 측의 문제 때문이라고만은 할 수 없다. 회사의 장래를 외면한 채 노조와 은밀하게 거래한 경영진도 있었기 때문이다. 그들은 노조 안의 썩은 사과를 도려내 장기적으로 노사가 공생하는 관계를 만들려고 노력하기보다, 단기적으로 문제를 일으키지만 않으면 된다고 생각했다.

이는 도요타 경영진이 노조를 대하는 방식과 크게 다른 것이었다. 도요타는 1950년 대규모 노사분규 때 경영진도 책임을 지고 물러나는 한편, 회사를 혼란에 빠뜨리는 일부 노조 간부에게 강경하게 대응했다. 이들이 세력을 잡을 수 없도록 제2의 세력을 키우고, 미 군정의 지원을 받으면서 노조를 위협하고 회유하는 등 면밀한 노무관리 전략을 구사했다. 물론 노사분규가 끝난 뒤에는 더는 감원이 없도록 하겠다는 약속을 끝까지 지킴으로써 노조와 신뢰를 쌓아갔다.

닛산의 경우는 그 반대였다. 노조에 시오지 위원장이 있었다면 경영진에는 가와마타 가쓰지川又克二 사장이 있었다. 시오지 위원장은 가와마타 사장이 프린스자동차를 합병하여 닛산을 일본 2위 자동차 회사로 키워나가려고 할 때, 상대편인 프린스자동차의 노조를 무력화하는 데 큰 역할을 함으로써 결정적인 도움을 준다. 이렇게 형성된 노사의 밀월 관계는 이후 회사의 경쟁력을 두고두고 좀먹는 결과를 낳았다.

현대자동차 노조는 닛산의 시오지 위원장이 몰락한 지 1년 뒤인 1987년에 처음 결성됐다. 일본의 일부 자동차산업 전문가는 한국의 현대차가 아직도 노사화합을 이루지 못하는 데에서 닛산의 과거 사례를 떠올린다. 현대차의 노조 간부들에 대해 시오지 위원장에 빗대 노동귀족이라는 표현을 쓰기도 한다. 그러나 현대차 노사 문제를 노조의 책임만으로 돌린다면 문제를 근본적으로 해결하는 올바른 접근 방법이 될 수 없다. 과거 닛산 사례에서도 문제는 악성 노조에만 있는 것이 아니었다. 악성 노조를 제거하고 올바른 노사관계를 만들고자 노력하지도 않고, 당장 문제만 일으키지 않으면 된다는 생각으로 노조와 야합한 경영진도 문제였다. 닛산의 과거 노사 문제도 결국 닛산이라는 기업의 환경 그 자체가 만들어낸 산물이었다고 볼 수 있다.

반대로 한국에도 노사협력의 좋은 사례가 있다. LG전자 가전 부문인 창원 공장은 1989년 민주화투쟁 당시의 노사분규로 100일간 공장 문을 닫았다가 겨우 문을 열었다. 이후 경영진이 먼저 노조원들의 마음을 헤아리기 시작했다. 공장장 주도로 사무직들이 먼저 현장 직원들에게 매일 아침 인사하고 현장의 어려운 점을 조사해 먼저 해결하는 등 작은 것에서 출발해 서로 마음을 이어나가기 시작했다. 당시 노사협력과 높은 생산성으로 연결된 것은 경영진의 현장에 대한 전문성과 노조원들의 애사심이 오랫동안 합쳐진 결과였다.

이렇게 다져진 창원 공장의 경쟁력은 지금까지도 LG전자의 핵심 기반(가전)이자 든든한 수익원이 되고 있다. 이 사례는 경영진이 먼저 나서서 노조와 경영진이 협력하는 문화를 만들어나갔다는 점에서 의미가 깊다.

4

아키오 사장이
기본으로 돌아가자고
외치는 이유

　　　　　　　　　　　　고객 돈 4,300조 원을 주무르는
금융인을 만난 적이 있다. 미국 피델리티 인베스트먼트의 로널드 오
헨리Ronald O'Hanely 자산운용 부문 회장이다. 미국 보스턴 시내 중심에 있
는 피델리티 본사에서 그를 인터뷰했다. 그는 "살면서 다양한 사건을
겪게 되는데, 어떤 새로워 보이는 사건도 실은 역사에서 참고할 내용
이 반드시 있다"고 말했다.

　그는 "2008년 금융 위기는 많은 부분에서 1907년 미국에서 촉
발된 금융 공황과 비슷하다"면서, "대부분의 사건은 반복되기 때문에
역사를 통해 미래에 같은 실수를 반복하지 않도록 하는 것은 금융업
에도 똑같이 적용된다"고 말했다. 그러면서 그는 "비슷한 금융 위기
가 역사에서 주기적으로 반복되는 것은 예전 금융 위기를 겪었던 사

294

우리가 과거에서 충분히 배울 수 있다면,
지금의 위기를 극복하기도 훨씬 쉬워질 것

람들은 이미 죽어 세상에 없고, 지금 사람들은 과거에서 충분히 배우지 못하기 때문"이라고 했다. 우리가 과거에서 충분히 배울 수 있다면, 지금의 위기를 극복하기도 훨씬 쉬워질 것이라는 얘기다.

도요타자동차의 아키오 사장은 '더 좋은 차 만들기'를 회사의 목표로 내세우면서 기본으로 돌아가자고 반복해서 강조한다. 이 역시 과거 도요타 선배들이 어떻게 열정을 발휘하여 온갖 위기를 극복해 냈는지 생각해보자는 의미일 것이다.

2016년 5월 실적발표회에서의 일이다. 발표가 모두 끝난 후 사장과 기자들의 질의·응답 시간이 이어졌다. 일본 〈주니치신문〉 기자가 아키오 사장에게 "도요타는 과거 벤처기업으로 시작해 거대 기업이 됐다. 이미 초우량 기업이 됐기 때문에 '이 회사라면 별일 없을 거야'라고 안심하는 사원들이 많을 것이다. 그런 상황에서 개혁을 하려면 어려움이 있을 거라 생각하는데 극복 방법은 무엇인가"라고 물었다.

아키오 사장은 이렇게 대답했다.

"극복 방법을 쉽게 알 수 있다면 사장이 힘들게 고민하지 않아도 될 것이다. 도요타 내부에 그런 의식을 가진 직원도 꽤 있을 거라 생각한다. 그러나 기업은 규모도 중요하지만, 어떤 인재가 어떤 마음가짐으로 일하느냐가 훨씬 더 중요하다고 생각한다. 도요타도 처음엔 벤처였다고 했는데, 당시 도요타라는 벤처기업의 목표는 아주 심플했다. '더 좋은 차를 만들고 싶다'였다. 도요타가 창업기에 적은 숫자의 인력으로 일했을 때의 그런 목표가, 지금 큰 회사가 되어 각 부문이 개별화되고 세분화되면서 (잘못된 쪽으로) 변화하지 않았나 생각한다. 그런데 도요타는 자동직기에서 자동차로 그룹 전체의 모델을 전환했던 과거의 DNA가 어느 정도는 남아 있는 회사다. 그 DNA가 앞으로의 자동차산업, 또 자동차 이외의 미래 산업을 발진시기는 데 힘이 되리라고 생각한다. 도요타 직원들이 잠재적으로 갖고 있는 그 DNA를 끄집어내는 환경을 어떻게 만들어갈 것인가가 경영진의 역할이라고 생각한다."

열정을 만들어냈던
과거의 환경을 되살린다

도요타가 지금까지 80년 동안 성장해온 것처럼 앞으로도 성장을 지속할 수 있을지는 지금의 젊은 세대 직원들이 어떤 마음가짐으로 일을 해나가는가에 달려 있다. 도요타는 젊은 직원들에게 매뉴얼을 통해 노하우를 전승하려고 많은 노력을 기울였다. 그러나 시간이 흐를수록 그것만으로는 직원들이 스스로 움직이게 할 수 없다는 사실을 깨달았다. 도요타 내에 아무리 많은 지식이 축적돼 있다 해도 그 지식을 다루는 현재의 직원, 그것을 전수하고 전수받는 직원이 열정을 갖고 능동적으로 다루지 못한다면 죽은 지식이 될 것이기 때문이다. 도요타처럼 아무리 시스템이 잘 갖춰져 있어도 그것만으로는 기업이 한계에 다다를 수밖에 없다.

아키오 사장은 '더 좋은 자동차 만들기'를 목표로 내세우면서 목표를 달성하기 위해 "기본으로 돌아가자"고 강조한다. '기본으로 돌아가는 것'과 '더 좋은 자동차 만들기'는 사실 하나라고도 할 수 있다. 도요타가 현재의 위대한 기업으로 성장하기까지 초창기 멤버들이 가졌던 목표와 마음가짐을 되찾자는 것이다. 도요타가 전사 조직을 개편한 목적은 비대해진 기능 조직을 제품 중심의 조직으로 바꿔, 직원들이 스스로 동기부여를 할 수 있는 분위기를 만들어내려는 것이었다. 간단히 얘기하면 창업 초기 도요타의 분위기로 돌아가자는 것이다.

도요타의 초기 분위기는 어땠을까. 현재는 연간 1,000만 대의 자동차를 생산하는 거대 기업이지만, 시작은 여느 벤처 창업가들의 상황과 다르지 않았다. 창업자 도요다 기이치로는 1930년 아버지 도요다 사키치가 키워낸 회사 도요다자동직기 내에 작은 자동차 연구실을 설치하고, 그곳에서 자동차사업 진출의 첫걸음을 내디뎠다. 그해 10월에는 연구용 소형 가솔린 엔진의 시운전에도 성공했다. 그러나 당시는 일본 차가 미국·유럽 차와 대등하게 경쟁하는 것은 도저히 불가능한 일이라고 생각하는 일본인이 대부분이었다. 압도적인 기술력과 자금력을 갖춘 미국·유럽 기업과 이제 겨우 일어나려는 약소기업인 일본 기업 사이의 격차가 너무 컸기 때문이다.

1938년 도요타자동차 설립 1주년 기념식 때 기이치로는 직원들 앞에서 이런 말을 했다.

"일본에서 과연 대중차가 성공할 수 있을까? 수많은 사람이 무모한 일을 한다며 뒤에서 수군댔습니다. 어떤 사람은 나에게 직접 주의를 주기도 했습니다. 자동차공업이 얼마나 어려운 사업인데 그런 짓을 하느냐는 것이었습니다."

그러나 주변의 비판이 최고의 자동차회사를 만들겠다는 기이치로의 욕망을 막지는 못했다. 도요타 초창기 경영진의 해외 시찰은 도요타에 강렬한 성취동기를 부여해주었다. 도요타의 치열했던 노동쟁의가 끝난 지 1년 뒤인 1951년, 우호관계에 있었던 포드자동차의 미국 공장을 도요다 에이지 당시 기술부장과 사이토 쇼이치 상무 등 2명이 방문했다. 둘 다 도요타에서 가장 중요한 기술임원이었다. 창업가문 출신으로 훗날 도요타 사장에 오른 도요다 에이지는《결단》에서 이렇게 술회했다.

"내가 미국에 머문 것은 1950년 7월부터 만 3개월간이었다. 도착 후 1개월 반은 포드에서 공부했고, 나머지 절반은 미국 각지의 기계 메이커를 돌아보았다. 포드에서 열심히 공부했고 많은 것을 배웠다. 디어본에 있는 포드 본사를 찾아간 첫날 그쪽 간부가 '당신은 포드에서 무엇을 배우고 싶으냐'고 묻기에 '품질관리와 생산방식, 그리고…' 하면서 생각했던 것을 전부 말했다. 그랬더니 '당신은 욕심이 과하다. 포드에는 그렇게 전부를 아는 사람은 없다'며 질린 표정으로 대답했다. 나는 속으로 '포드에는 없을지 모르지만 도요타에는 있다'고 생각했다."

도요다 에이지의 이 발언은 이제 막 시작하는 작은 기업이 어떻게 거대 기업과 맞설 수 있는지를 얘기해준다. 에이지는 불과 1개월 반동안의 포드 공장 견학을 통해 포드의 모든 것을 배우고 싶었다고 했다. 그리고 실제로 그 짧은 기간에 포드의 전체적인 그림을 파악했다. 포드와 도요타의 차이, 그 가운데 도요타가 포드보다 뛰어난 점에 대해 명쾌하게 정리했다. 이 모습에서 배움을 갈구하는, 그러면서 내부에 엄청난 욕망과 자신감을 숨기고 있는 초창기 도요타의 무서움을 느끼게 된다.

1982년 도요다 에이지는 모든 사원에게 도요다자동직기의 창립자인 도요다 사키치의 사례를 들려주었다. 이 사례에는 '인간에게 동기는 어떻게 부여되는가'에 관한 근본적인 메시지가 담겨 있다. 에이지는 이렇게 말했다.

"사키치가 즐겨 읽은 책 중에 새뮤얼 스마일스Samuel Smiles의《자조론Self Help》이라는 책이 있다. 사키치는 이 책을 읽고 더욱 분발하여 자동직기를 발명했다. 경쟁은 더욱더 심해질 것이다. 미래는 스스로 개척해나가야 한다. '지금 무엇을 해야 하는가'를 자문하면서 새로운 마음가짐으로 자신의 일에 몰두하기 바란다."

사키치는 열다섯 살이 되던 때 목수 수습생 일이 한가해진 틈을 타 마을의 젊은이들을 모아놓고 독서회를 열었다. 스마일스의《자조론》은 젊은 사키치의 애독서로 알려져 있다. 그 책의 핵심은 '실천적 지혜는 자기수양과 극기심을 통해 얻어진다. 이 두 가지의 근저에는 자존심이 존재한다. 희망도 자존심에서 생겨난다. 간절히 원하는 자는 기적을 이뤄낸다'는 것이다.

그런데 젊은 도요타 직원들에게는 왜 '자존심을 기반으로 한 자기수양과 극기심'이 부족한 걸까. 왜 기적을 이뤄낼 만큼 무언가를 간절

이 일은 내가 해야만 한다,
내가 책임을 지고 그 결과에 대한 보상을
직접적으로 받는다는 의식이 있을 때
인간은 스스로 움직이게 된다.

히 원하지 못하는 걸까. 그 이유는 당연하다. 그런 생각을 할 만큼 절박함을 느끼지 못하기 때문이다. 왜 절박해야 하는지조차 생각하지 못하는 것은 절박함의 세계를 경험하지 못했기 때문이기도 하다.

도요타는 지금의 젊은 직원들이 초창기 직원들의 마음가짐을 갖도록 만들 수 있을까? 그게 가능하기는 할까?

초창기 도요타 직원들이 느꼈을 그 절박함을 지금의 직원들이 경험할 수 있도록 하면 된다. 신체제에서는 7개의 컴퍼니마다 각각 실무를 책임지는 직원들이 필요하다. 이들은 사내에서 경쟁하는 것이 아니라 전 세계 자동차업체에서 같은 일을 하는 이들과 경쟁해야 한다. 초창기 멤버들처럼 자신이 모든 것을 책임지며 과정을 이끌어가야 하는 직원이 늘어나는 것이다.

도요타가 회사를 7개의 컴퍼니로 쪼갠 것은 도요타가 아주 작았을 때, 뭔가 결핍이 있었을 때 이를 채워나가기 위해 조직원들이 최선을 다해 일하던 그때의 분위기를 만들어보자는 취지도 있다. 도요타

가 시행하게 된 컴퍼니제, 즉 독립채산제의 장점은 명확한 책임소재
와 그에 따른 빠른 실행이다. 이는 어떤 일을 내 일이라고 여겼을 때
인간이 얼마나 달라질 수 있는지에 관한 문제이기도 하다. 즉 이 일은
내가 해야만 한다, 내가 책임을 지고 그 결과에 대한 보상을 직접적으
로 받는다는 의식이 있을 때 인간은 스스로 움직이게 된다.

한국 기업이 직원의 열정을 되살리는 방법

한국 기업들이 갖고 있는 과제, '직원들에게 어떻게 동기를 부여할 것
인가'의 문제로 돌아가 보자. 한국에서 기업 컨설턴트로 활동 중인 일
본인 가쓰키 요시쓰구春月義嗣는 "한국 기업으로부터 가장 많이 요청
받는 것이 '우리 회사는 상사가 지시하면 하지만, 직원 스스로 찾아서
일하는 분위기가 없다. 직원들이 전향적으로 일하는 자세를 갖추도록
해달라'라는 것"이라고 말했다.

　조직원들은 왜 일을 스스로 찾아서 하지 않는 걸까? 왜 스스로 동
기부여를 하지 못하는 걸까?

　조직이 직원에게 정확하게 무엇을 해야 할지 명확한 목표를 제시
하지 않고, 조직의 구조 자체가 직원들의 동기부여를 이끄는 데 최적
화돼 있지 않기 때문이다. 이는 역으로 따져보면 분명해진다. 직원이
자발적으로 무엇인가를 이뤄내려고 노력할 때 회사가 그것을 지원할
준비가 돼 있는지, 아니면 그것을 차단할 장애물 천지인지를 생각해

보면 된다.

과거 한국 기업들이 성공한 것은 도요타와 마찬가지로 초창기 멤버들의 열정과 노력이 있었기 때문이다. 당시 직원들이 스스로 일을 찾고 또 만들어가며 최선을 다했기에 가능했다. 당시 한국의 산업 역군들에게는 현실과 이상의 차이가 너무 컸다. 차이가 큰 만큼 그 차이를 메우기 위한 노력도 더 컸을 것이다. 전쟁으로 폐허가 된 비참한 현실이었지만, 교육열이 높았고 잘살고 싶다는 열망도 강했다. 당시 리더는 구성원들이 최선을 다해 노력하도록 목표를 제시했고, 그 목표를 이룰 방법에 대해 끊임없이 고민했다. 절대 '하면 된다' 정신이나 '밀어붙이기'식의 방법이 아니었다. 큰 과제를 부여함으로써 성취 동기를 부여했고, 과제를 달성하기가 쉽지 않았던 만큼 달성했을 때의 희열도 그만큼 컸다.

다시 처음 질문으로 돌아가 보자. 동기는 어떻게 부여되는 걸까? 도요타는 기업의 역사와 문화 등을 교육해 직원들에게 열정을 일으키려고 했었다. 그리고 지금은 조직 자체를 바꿔 열정을 끌어내려는 거대한 실험을 진행하고 있다.

한국 기업들은 직원의 열정을 되살리기 위해 무엇을 해야 할까? 일본인 컨설턴트에게 "우리 기업의 직원들이 스스로 찾아서 일을 하도록 만들어주세요"라고 요청하는 것만큼 멍청한 일이 또 있을까? 한국의 산업화 초기 성장 과정에 어떤 일이 일어났는지 살펴보고, 초창기 조직원들에게 부여된 강력한 동기가 어떻게 발생했는지 깊이 연구해봐야 한다. 기업 경영진 스스로가 어떻게 하면 동기가 부여되는지를 자세히 연구해, 이를 현재의 기업 환경에 어떻게 접목할 수 있

컨설턴트에게
"우리 기업의 직원들이 스스로 찾아서
일을 하도록 만들어주세요"라고
요청하는 것만큼
멍청한 일이 또 있을까?

을지를 고민해야 한다. 나아가 동기부여가 될 수 있도록 조직체계를 어떻게 바꿔야 하는지도 깊이 고민해야 한다. 그런 일을 하는 사람이 조직의 리더이고 경영자다. 외부 컨설턴트에게 요청해서 바뀔 문제라면 그것은 근본적인 위기라고 할 수도 없을 것이다. 쉽게 바꾸기 어렵고, 외부에서 단기간 분석해 처방을 내릴 정도의 간단한 문제가 아니기 때문에 위기라고 하는 것이다.

한국의 경영진은 직원들의 열정 없음을 탓하기 이전에 스스로에게 물어야 한다. 우리 기업은 도요타만큼 직원들의 열정을 끌어내기 위해 경영진 스스로 깊이 고민하고 있는지, 구체적인 해결 방안을 절박하게 찾고 있는지, 그리고 지금 조직을 송두리째 바꿀 각오가 돼 있는지에 대해서 말이다.

5

참여의 폭과
기회를 넓히는 만큼
열정도 커진다

도요타의 신체제 개편에는 직원의 참여를 늘려 동기를 부여하겠다는 취지가 담겨 있다. 개인에게 폭넓은 재량권을 부여해 일에 대한 의지와 열정, 동기를 만들어내겠다는 것이다. 뛰어난 인간은 대개 시키는 일만 하거나 같은 일을 반복하는 것을 좋아하지 않는다. 그런 인간을 지원할 수 있는 조직 환경을 만들겠다는 것이 조직 개편의 주된 의도 중 하나다.

그리고 열정은 내가 속한 조직에서 내가 중요한 역할을 하는 존재라고 여겨질 때 더 쉽게 솟아날 수 있다. 그런 환경을 스스로 만들어가며 일하는 뛰어난 개인도 있을 것이다. 그러나 거대한 조직이 일부 뛰어난 개인의 열정만으로 움직일 수 있는 것은 아니다. 결국 조직이 활성화되려면 스스로 움직이는 직원들의 절대 숫자가 많아져야 한다.

조직에서 '판단하려 하지 말고 시키는 대로만 하라'는 말을 듣는 다면 그 직원은 어떻게 될까. 톱니바퀴로서 주어진 일만 할 뿐, 자발적으로 일을 만들려고 하지는 않을 것이다. 어떻게 하면 스스로 움직이는 직원을 늘릴 수 있을까? 기업이 직원을 먼저 인재로 생각하고 재량권을 주면서 육성하면, 그들이 진짜 인재가 되고 조직의 힘이 되어줄 수 있다. 조직의 의사결정, 가치를 만들어내는 일에 더 많은 직원을 참여시키고 책임을 맡기는 것이다. 기업이 참여의 기회를 넓히면 넓힐수록, 더 뛰어난 재능과 열정을 찾아낼 수 있다. 아주 많은 회사가 이런 사실을 깨닫지 못한 채 참여의 기회를 제한하고 있다.

영국의 유명한 뮤지컬 제작자 캐머론 매킨토시^{Cameron Mackintosh}가 뮤지컬 〈미스 사이공〉을 기획하던 때의 일이다. 초연을 위해 뮤지컬의 주인공인 베트남 소녀 킴을 찾아 세계를 떠돌던 중, 무명의 열일곱 살 필리핀 소녀 레아 살롱가와 대면하게 된다. 이때의 동영상이 유튜브에도 떠 있다. 이 영상을 보면 최고의 전문가와 어린 재능이 만나는 빛나는 순간을 목격할 수 있다. 매킨토시는 그녀의 노래를 듣는 순간, 만면에 미소를 띤다. 그가 영국에서만 킴의 역할을 찾지 않고 1년 동안이나 전 세계를 돌며 재능을 찾아 헤맨 노력이 보상받는 순간이기도 했다. 멋진 기회를 얻은 어린 필리핀 소녀는 무척이나 기뻤을 것이다. 하지만 제작자 매킨토시는 그녀보다 훨씬 더 흥분했을 것이다. 최고의 재능과 열정을 찾아냈기 때문이다. 그 일이 가능했던 것은 그가 참여의 기회를 세계로 넓혔기 때문이다.

IT 전문가이자 롱테일 이론의 창시자인 크리스 앤더슨^{Chris Anderson}이 한국에 왔을 때, 그와 인터뷰한 적이 있다. 그는 한국에서 왜 '오픈

한국의 대기업 IT 엔지니어들에게
왜 오픈 이노베이션을 하지 않느냐고 물었더니
"일하기에도 바빠서 그런 데 신경 쓸 시간이 없다"는
답이 돌아왔다고 한다.
우리 현실을 정확히 꼬집는 말이다.

이노베이션'이 안 되는지에 대해 그 이유를 농담처럼 설명했다. 한국의 대기업 IT 엔지니어들에게 왜 오픈 이노베이션을 하지 않느냐고 물었더니 "일하기에도 바빠서 그런 데 신경 쓸 시간이 없다"는 답이 돌아왔다는 것이다. 우리 현실을 정확히 꼬집는 말이다. 개별 엔지니어들은 자기 일에 매몰돼 있기 십상이고, 한국적 상황이라면 당장의 업무 부담에 치여 다른 생각을 할 여유가 없는 이들이 많기 때문이다.

그렇기 때문에 조직의 윗선에서 계획을 세워야만 한다. 내부의 다양한 분야 간 토론, 외부 전문가들의 리뷰, 인재 풀의 확대 등이 필요하다. 리뷰나 토론, 논쟁을 경영진의 권위에 대한 도전으로 생각하는 기업이라면, 그 기업에서 더 많은 열정을 끌어내기는 어려울 것이다. 그런 구조에서 경영진이 '왜 우리 직원들은 열정이 부족하냐'고 불평한다면, 그것은 스스로 바보임을 드러내는 것이나 마찬가지다. 참여를 더 끌어내야만 더 많은 열정을 모을 수 있다는 것을 모르기 때문이다.

참여를 끌어낼 대상에 대해
더 깊이 공부하라

어떤 경영진이 조직원의 참여를 더 끌어내고 싶다면 가장 먼저 무엇을 해야 할까? 그 대상에 대해 깊이 연구해야 한다. 참여를 끌어내고 싶은 대상이 직원들이라면 그 직원들이 어떻게 해야 참여하고 싶은 마음이 들지를 연구해야 한다. 직원뿐 아니라 조직 바깥의 사람들까지로 확대하고 싶다면, 어떻게 하면 조직 밖의 인재들까지 끌어들일 수 있을지 연구해야 한다.

"접착과 인재 경영의 공통점이 뭔지 아십니까? 접착하고자 하는 사물과 사물, 서로 연결하고자 하는 인재들에 대해 아주 깊이 알아야만 접착이나 연결을 제대로 할 수 있고, 또 그 상태를 오래 유지할 수 있다는 겁니다."

헨켈의 쿠로시 바라미 접착제 부문 총괄 부사장이 필자와의 인터뷰에서 한 말이다. 헨켈은 살충제 홈키파·홈매트, 세제 퍼실 등으로 유명한 독일 생활용품회사다. 그런데 사실 이 회사에서 매출 비중이 가장 높은 부문은 접착제사업이다. 접착과 인재 경영의 공통점에 대해 그가 더 얘기했다.

"무엇이든지 '연결'할 때는 연결할 상대의 특성을 이해하는 것이 절대적으로 필요합니다. 한쪽만 이해하거나 제대로 이해하지 않으면 어떤 일이 생길까요? 처음에는 괜찮아 보일 수도 있겠지요. 하지만 시간이 지날수록 문제가 생깁니다. 나중에는 아주 심각한 문제로 발전하기도 하지요. 자동차나 비행기 같은 안전과 관련된 제품이라면 생명과 관계되는 문제를 일으킬 수도 있습니다. 조직도 마찬가지입니다. 구성원들을 깊이 이해해야만 합니다. 어떻게 연결할지 연구하지 않으면 당장은 괜찮아 보일지 몰라도 훗날 조직 전체에 큰 문제가 생길 수도 있으니까요."

접착하고 연결하고 참여를 끌어내야 하는 대상에 대해 어느 정도 이해해야 한다는 걸까? 그는 "접착이 아주 오래 지속돼야 할 경우나 접착 부위에 상당한 스트레스가 가해지는 경우를 생각해보라"고 답했다.

"자동차를 예로 들어보겠습니다. 최신 자동차는 무게를 줄이면서도 강도와 안전성을 유지하기 위해 차체 부위에 따라 다양한 소재를 사용합니다. 어떤 부분에는 강철이 사용되고 어떤 곳에는 알루미늄, 어떤 곳에는 탄소섬유, 어떤 곳에는 플라스틱이나 유리가 사용되지요. 또 같은 소재라 해도 소재별로 특성이 조금씩 다릅니다. 접착제는 이런 표면 재질이 다른 이종異種 물질을 붙인다는 점에서 아주 중요한 일을 합니다. 우선 소재 표면의 특성이 다르겠지요. 소재에 따라, 열의 높고 낮음에 따라 늘어나거나 줄어드는 정도가 다를 겁니다. 시간이 지남에 따라 노화되는 속도도 제각각입니다."

그는 "알루미늄과 강철을 붙이는 접착제가 따로 있고, 플라스틱과 탄소섬유를 붙이는 게 따로 있으므로 붙이려는 소재에 따라 수많은 접착제가 필요하다"면서, "자동차의 형상을 오랫동안 안전하게 유지하도록 구조물을 접착하는 데만도 수많은 이종 물질에 대한 깊은 연구가 필요하다"고 말했다. 예를 들어, 금속 소재를 연결할 때 가장 손쉬운 방법은 용접이다. 그러나 용접이란 열로 금속을 녹인 뒤 압력을 가해 붙이는 것이다. 필연적으로 소재에 스트레스를 주게 된다. 특히 알루미늄과 강철처럼 서로 특성이 다른 금속을 용접하는 것은 더욱 어렵다. 열과 압력이 발생할 때 알루미늄 쪽이 약하기 때문에 알루미늄에 변형이 갈 수 있다. 또 이렇게 서로 다른 금속을 붙여놓으면 시간이 흐를수록 부식이 일어난다. 헨켈은 어떻게 하면 대상에 스트레스를 덜 주면서 최선의 결과물(접착)을 이끌어낼 것인가를 연구하는 기업이다. 그렇게 하기 위해 접착 방법이나 접착제의 성분·특성을 연구하고, 또 수많은 접착제를 섞어서 기존과 다른 특성을 만들어내기도 한다.

이것이 의미하는 바는 무엇일까? 간단해 보이는 소재를 붙이기 위해서도 소재에 대해 이토록 깊은 연구가 필요하다는 얘기다. 그러니 그보다 훨씬 더 복잡한 '인간'을 연결하고 참여를 이끌려면, 더한 노력과 연구가 필요하지 않을까?

그렇게 하지 않으면, 회사의 경영진이 더 많은 인재를 조직이나 업무에 참여시키라고 아무리 채근해도 참여는 늘어나지 않을 것이다. 쿠로시 바라미 부사장의 얘기를 빌리자면, 자발적인 참여가 아니라 '용접'을 강요하는 일이 될 수도 있다. 이때는 참여를 원하는 쪽이나 참여하는 쪽이나 서로에게 많은 스트레스를 주기 때문에, 겉보기에는 참여를 했을지 몰라도 실제로는 따로 놀게 될 것이다.

헨켈 직원의 국적은 120개국에 이른다. 쿠로시 바라미 부사장은 이란인이며, 바로 밑 직원은 브라질인이라고 했다. 또 헨켈은 관리자급 가운데 여성의 비율이 32%에 이른다고 한다. 세계인의 절반인 여성을 동등하게 참여시킴으로써 더 많은 재능이 헨켈에 모일 수 있도록 했다. 헨켈에 들어갈 기회와 폭이 넓다는 것은 헨켈이 활용할 수 있는 열정의 폭도 그만큼 넓다는 것을 의미한다. 이는 헨켈이 자신들의 회사에 참여시키고 싶은 인재를 깊이 연구하고 그들이 자발적으로 참여할 수 있도록 하는 조직체계, 인사 시스템을 만들었기에 가능한 것이다. 그런 참여를 이끌어낼 수 있도록 대상을 자세히 분석하고, 고민하고, 실행 방안을 만들어낸 헨켈의 경영진이 놀라울 따름이다.

힘 안 들이고 성장하는 법 ―
참여의 벽을 깬다

참여를 늘려 조직에 활력을 불어넣는 것의 또 다른 강점은 한 번 참여의 장을 제대로 만들기만 하면, 다음부터는 저절로 굴러간다는 것이다. 조직 입장에서 계속해서 새로운 것을 찾기 위해 노력하지 않아도 참여의 장이라는 선순환구조를 통해 열정과 재능과 활력이 계속 생겨난다.

한국 사회에서 이 같은 참여의 장을 가장 잘 활용하는 분야는 어디일까? 케이팝, 드라마, 영화, 게임 같은 분야다. 이런 분야는 한국의 젊은 층 모두를 대상으로 인재 풀을 운영할 수 있다. 게다가 케이팝은 오디션 시스템을 통해 한국뿐 아니라 세계를 대상으로 미래 스타를 찾는다. 여기선 오직 실력만이 중요할 뿐이다. 최고의 전문가들이 모여 오디션 참가자들의 실력을 평가한다. 파벌이나 청탁 등 부정이 작용하기 어렵다. 많은 전문가가 보는데, 보는 눈이 다 비슷비슷하기 때문이다. 또 오디션 이후에는 대중에게 평가받기 때문에 오로지 재능과 실력으로만 승부해야 한다. 그처럼 공정한 경쟁과 참여 구조를 통해 더 많은 재능과 열정이 모이게 되는 것이다.

반대로 한국에서 가장 경쟁력이 떨어지는 분야는 어디일까? 법조, 정부 행정 분야 등이다. 세계적 기준에서도 경쟁력이 떨어지는 것으로 평가된다. 이들 분야는 인재 풀이 초반에 정해지고, 그 후로는 솜처럼 확대되지 않는다는 공통점을 갖고 있다. 그리고 중간에 외부에서 인재를 대량으로 수혈하는 것도, 외부 평가를 계속 받는 것도 거의 불가능하다. 내부의 경쟁 시스템이 공정한가를 외부에서 검증하기도 쉽지 않다. 이런 분야에는 참여를 가로막는 거대한 벽이 존재한다.

기업이 조직에 활력을 불어넣기 위해서는 이렇게 참여를 막는 장벽을 없애야 한다. 도요타가 컴퍼니제를 시행한 이유도 그것이다. 컴퍼니제를 통해 기능 조직을 허문 것은 조직 내 소통의 벽을 없애려는 것이었다. 컴퍼니제는 소통의 벽뿐 아니라, 참여의 벽을 없애는 데에도 큰 역할을 한다. 도요타의 7개 컴퍼니 가운데 상용차·미니밴 개발을 전담하는 CV 컴퍼니가 좋은 사례다. CV 컴퍼니의 마스이 게이지 사장은 도요타 소속의 CV 컴퍼니 사장인 동시에 상용차를 위탁 생산해온 도요타의 자회사 도요타차체車體 사장을 겸하고 있다. 본사 소속의 컴퍼니 사장과 자회사 사장을 겸하는 '1인 2역'은 도요타에서도 극히 이례적인 일로 일종의 인사 실험이라 할 수 있다.

마스이 사장은 2016년 6월 일본 언론과 가진 인터뷰에서 흥미로운 말을 했다. 자신이 "CV 컴퍼니와 도요타차체의 인재를 연결하는 접착제"라고 선언한 것이다. 그러면서 마스이 사장은 "CV 컴퍼니와 도요타차체 간 인재 교류의 벽을 완전히 허물겠다"고 말했다. 그러기 위해 "CV 컴퍼니의 핵심 부서인 총괄부 직원 60명 가운데 18명을 도요타차체의 인력으로 채우고, 총괄부 이외에도 CV 컴퍼니의 기획 부서 등에 도요타차체 인력 150명을 배치하겠다"고 말했다. 또 도요타차체가 지금까지는 본사의 지시를 받아 국내 시장 중심의 위탁 생산에만 주력해왔지만, 앞으로는 CV 컴퍼니의 중핵으로 세계 시장까지 관할하는 역할을 할 것이라고 했다. 마스이 사장은 또 "앞으로 도요타차체의 인력을 기워, 이 가운데에서 수석 엔지니어[ㄸ]가 배출될 수 있도록 할 것"이라고도 말했다.

이것이 의미하는 메시지는 분명하다. 도요타의 위탁 생산회사나 부품 자회사라고 해서 도요타 본사보다 아래로 취급하는 것이 아니라, 이곳의 인재들에게 더 많은 일을 맡기고 성장의 기회를 주겠다는 것이다. 기존 인식으로 보면 도요타차체는 두뇌 기능을 하는 도요타 본사의 지시에 따라 상용차를 대신 생산해주는 손발 개념에 불과했다. 그러나 컴퍼니제에서는 도요타차체가 CV 컴퍼니의 핵심 전력으로 편입된다. 지금까지 본사가 시키는 일만 했던 도요타차체 엔지니어들에게 본사에서 일할 기회와 권한을 주고, 거기에서 두각을 나타내면 도요타 본사의 CE도 맡기겠다는 얘기다. CE는 본사 엔지니어들에게도 꿈의 자리다. 그런 기회를 자회사 엔지니어들에게 열어놓겠다는 뜻이니, 도요타차체 엔지니어들에게는 큰 동기가 부여된다. 목표가 생기고 기회가 생기기 때문에 열정을 갖고 성장을 욕망하게 되는 것이다.

컴퍼니제가 더욱 발전하면, 컴퍼니마다 본사 인력과 자회사를 비

핵심 업무에 대한 참여의 벽을 깸으로써,
참여의 기회를 더 많은 이들에게 열어놓음으로써,
더 많은 이들의 열정을 끌어들일 수 있다.

롯한 외부 인력 간의 교류가 급격히 늘어날 것이다. 그러면 도요타는 본사 인력만이 아니라 자회사와 부품회사의 인재들까지 폭넓게 활용할 수 있다. 핵심 업무에 대한 참여의 벽을 깸으로써, 참여의 기회를 더 많은 이들에게 열어놓음으로써, 더 많은 이들의 열정을 끌어들이게 되는 것이다

도요타가 내부 조직의 참여를 어떻게 끌어내는지도 눈여겨볼 필요가 있다. 2010년 일본 언론에 대서특필된 사건이 있었다. 도요타에서 47년간 수많은 명차 개발에 참여해온 일본의 전설적 테스트 드라이버(시험운전자)가 독일에서 차량을 테스트하다가 사고로 숨졌다는 소식이었다. 그의 나이 예순일곱이었다. 도요타는 이 사건에 대해 긴급 성명까지 내고 그를 애도했다. 1963년 도요타에 입사한 나루세 히로무는 전설적 스포츠카 2000GT를 비롯해 AE86(일명 하치로쿠), MR2, 수프라 등 도요타의 스포츠카 개발에 주도적으로 참여했다. 아키오 사장의 운전교습자였고, 아키오 사장에게 스포츠카 개발과 관련해 많은 조언을 했다.

이게 무엇을 의미할까. 도요타는 테스트 드라이버를 회사의 최고 인재로 대우하고 이들이 자동차 개발에 적극 참여할 수 있도록 유도하고 있다는 얘기다. 실제로 자동차를 개발할 때 테스트 드라이버의 역할은 매우 크다. 필자가 만나본 일본 자동차회사들의 테스트 드라이버는 자동차의 서스펜션 세팅에 미세한 문제가 생겨도 이를 정확히 잡아낼 만큼 뛰어난 전문성을 갖추고 있었다. 자동차는 설계도나 실험실 데이터로는 알 수 없는, 직접 타봤을 때만 느끼는 미묘한 차이가 존재한다. 이러한 부분을 보완하는 데 테스트 드라이버들이 큰 역할을 한다.

도요타가 테스트 드라이버를 존중하고 사장이 직접 그들에게 의견을 구하는 것은 그 자체로도 더 좋은 자동차를 개발하는 데 도움을 주지만, 그것으로 끝나는 게 아니다. 이런 장면을 본 도요타의 많은 개발 인력은 자신들이 회사나 사장으로부터 존중받고 있다고 생각하게 된다. 스스로 개발의 주역이라고 생각하게 된다. 이를 통해 회사는 더 많은 이들의 참여와 더 많은 이들의 열정을 이끌어낼 수 있다.

도요타는 고객의 참여를 끌어내는 데에도 과거보다 훨씬 더 많은 정성을 쏟고 있다. 과거에는 도요타 차량을 사주는 이들을 만족시키는 데 그쳤다면, 최근에는 도요타라는 회사에 주주로 참여하고 싶어하는 소비자들까지 만족시키고자 하고 있다. 2015년 도요타는 창사 이래 처음으로 개인 투자자 전용 설명회를 열었다. 이 자리에 아키오 사장이 강연자로 나서는 등 고객과 직접 만나는 자리에 출연하는 일이 잦아지고 있다.

〈도요게이자이〉는 도요타가 창사 이래 첫 팬 미팅을 연 이유에 대

과거에는 도요타 차량을
사주는 이들을 만족시키는 데 그쳤다면,
최근에는 도요타라는 회사에
주주로 참여하고 싶어 하는 소비자들까지
만족시키고자 한다.

해 "장기적 관점에서 도요타를 응원하는 투자 팬층을 만들기 위해서 였다"고 설명했다. 회사가 커지면서 도요타의 속사정을 일반인이 제대로 알기가 점점 어려워지기기 때문에 이런 행사를 통해 회사가 먼저 말을 걸고자 했다는 얘기다. 과거 일본 업체들이 실적·제품은 뛰어날지언정 개인 주주의 가치를 존중하고 이들을 팬으로 만드는 일에는 서툴렀던 것과 비교하면 180도 다른 행보다.

일반인 투자자 대상의 설명회에 도요타 총수가 등장했을 때 사람들은 어떤 생각을 했을까? '거대 기업의 사장이 이렇게까지 적극적으로 일반투자자에게 먼저 말을 거는 회사이니 이 회사 주식을 오래 보유하고 싶다, 주식을 사서 응원하고 싶다'고 생각하지 않았을까? 사장이 직접 개인 투자자 설명회에 나섬으로써, 지금까지 도요타 주식에 관심이 없었던 일반인들까지 도요타의 주주로 끌어들일 수 있게 되는 것이다.

6

소울 서칭

           수니파 극단 무장세력인 이슬람국 가[IS]가 유럽 미국 등에서 테러를 일삼으면서 전 세계를 위협하고 있 다. 이에 미국은 2015년 연합군을 결성해 IS 격퇴에 나섰다. 그런데 미국은 2011년 12월 이라크에서 철군을 완료한 이후, IS 본거지 중 한 곳인 이라크에 대규모 지상군 파병을 하지 않고 있다. 과거의 미군 을 생각해보면 이라크에 대규모 지상군을 보내 IS를 단번에 쓸어버 릴 수도 있을 것으로 보인다. 그런데 미국의 오바마 대통령은 왜 지상 군 파병을 하지 않는 걸까?

    오바마가 '지상군의 중동 파병 절대 불가'를 고집하는 이유에 대 해 〈뉴욕타임스〉 칼럼니스트 토머스 프리드먼은 "이슬람 스스로 문 제를 풀지 않으면 근본적인 해결이 어렵기 때문"이라고 분석했다. 프 리드먼은 "오바마 대통령은 IS란 괴물이 왜 만들어졌는지 이슬람 내 부가 스스로 원인을 찾고 해결하는 '소울 서칭soul searching(자기 성찰)'에 나서도록 자극하고 싶어 한다"고 말했다.

서방 세계가 엄청난 화력과 인원, 첨단무기와 정보력을 갖추고 있으면서도 IS를 쉽게 제거하지 못하는 모든 이유가 여기에 담겨 있다. 이미 2003년에 당시 미국 대통령 부시는 세계 최강의 군대를 이용해 자신이 '악의 축'이라 명명한 사담 후세인 세력을 단번에 쓸어버린 적이 있다. 그런데 2016년 이라크의 상황은 어떠한가. 당시 미국이 사담 후세인 세력을 제거하는 데는 성공했지만, 이후에도 이라크의 정정불안은 계속됐다. 그 불안을 틈타 IS라는 또 다른 괴물이 세력을 키워 전 세계를 위협하고 있다.

따라서 지금 미국이 이라크에 대규모 파병을 해 IS를 쓸어버린다 해도 중동 사태에 대한 근본적인 해결이 어렵다는 것이 오바마의 판단이다. 중동이 스스로 소울 서칭을 해 테러세력을 자력으로 몰아내는 것만이 해답이라는 것이다. 그래서 오바마는 IS를 과거 부시 대통령 때처럼 악의 '축'이라 말하지 않고, 악의 '얼굴'이라고 말한다. IS는 악의 근원이 아니라 중동 사회가 내부의 악을 스스로 반성해 척결하지 못할 경우 언제든지 불거질 수 있는 표면적인 현상, 즉 '얼굴'에 불과하다는 의미다.

자기반성 ―
도요타 문제 해결 능력의 근원

일본의 메모리반도체산업은 1980년대까지 세계 최고였다. 그러나 이후 한국 등에 자리를 내주면서 급격히 몰락했다. 그 원인에 대해《일본 반도체 패전》의 저자인 유노가미 다카시湯之上隆는 이렇게 말했다.

"병을 치료하기 위해서는 제일 먼저 병이 들었음을 자각할 필요가 있다. '일본이 기술에서는 지지 않았다'는 식의 변명만 하는 동안에는 병이 나을 수 없다. 두 번째로, 병을 자각했다면 병을 고치려고 하는 강한 각오가 필요하다. 자신에게 병을 고치려는 결의가 없으면 병은 결코 낫지 않는다. 단지 연명 처치를 하고 문제를 유보하는 것에 지나지 않기 때문이다."

아무리 뛰어난 기술과 인력과 공장과 기계를 보유한 회사도 위기에 대해 스스로 소울 서칭을 하고 거기에서 해결책을 찾지 못한다면, 모든 것이 사상누각일 수 있다는 뜻이다. 도요타의 가장 큰 강점은 바로 이런 소울 서칭, 즉 자기반성 능력, 그리고 반성을 통해 문제를 확실하게 개선하는 실행력이라고 할 수 있다.

2009년 취임한 아키오 사장은 그해 말 터진 리콜 사태 이후 재발을 막기 위해 조직체계를 크게 바꿨다. 리콜 사태가 커진 데에는 조직체계에도 원인이 있다고 봤기 때문이다. 업무 담당과 지역 담당 등 책임자가 여러 갈래로 나뉘어 있었고, 그 탓에 현장 보고가 상층부로 전달되는 과정에서 정보가 왜곡되고 속도가 늦어졌다는 분석이다. 아키오 사장은 책임 소재를 분명히 하고 본사의 품질본부에서 모든 결정을 하는 본사 통합 체제를 만들었다. 또 홍보팀도 사장 직속으로 바꿨다. 고객과의 커뮤니케이션 상황이 곧바로 최고 경영진에게 전달되어, 이 정보를 바탕으로 최고 경영진이 직접 판단을 내릴 수 있도록 했다. 대량 리콜 사건 때 '기술적 문제가 없다'는 엔지니어들 말만 믿고 대응을 미뤘다가 사태를 키웠는데, 그 실수를 반복하지 않기 위해서였다. 또 아키오는 리콜 사태를 통해 잘잘못을 따지는 것보다 고객의 마음을 거스르지 않는 일이 훨씬 중요하다는 것을 깨달았다. 이후 도요타에서는 문제가 터지면 선제 대응과 고객 사과가 최우선시됐다.

2011년 일본 대지진 이후 부품 공급망의 문제점도 개선했다. 대지진과 같은 천재지변이 일어난 경우 부품 공급망 어디에서 차질이 빚어지는지 재빨리 파악한 뒤, 늦어도 2주 안에 다른 지역으로 부품 생산기반을 옮겨 공급을 재개하도록 하는 백업 시스템을 완비했다.

도요타 조직 개편을 통해 의사결정의 속도도 훨씬 빨라졌다. 차량 개발의 대부분은 각 컴퍼니 사장이 곧바로 결정했다. 또 의사결정에 관계된 이들이 대부분 한 회사 내에 집중돼 있기 때문에 실시간·원스톱 의사결정이 가능해졌다. 그동안 빠른 의사결정은 한국 기업의 장점으로 꼽혀왔는데, 최근에는 오히려 도요타 쪽의 속도가 더 빨라진 듯하다.

일본 자동차산업의 최고 분석가 중 한 명인 도쿄대 대학원 후지모토 다카히로 교수가 도요타의 자기반성 능력에 대해 설명한 내용도 흥미롭다. 다음은 필자가 일본 도쿄대에서 후지모토 교수를 인터뷰해 정리한 내용이다.

— **도요타가 조직 개편으로 제2의 창업에 나섰다. 도요타가 아키오 사장 취임 전과 전혀 다른 회사가 된 것 같은데 어떻게 이런 일이 가능했을까?**

"도요타에는 진화하는 능력이 있다고 말할 수 있다. '언제나 진보한다'는 그런 멋진 뜻이 전혀 아니다. 결과적으로 생존한다는 뜻이다. 도요타가 이렇게 했다, 그래서 이렇게 성공했다 같은 얘기를 할 수 있으면 아주 멋있겠지만 그런 게 아니다. 현대자동차도 마찬가지라고 생각한다. 도요타나 현대차의 성공 스토리만 보면 멋져 보이겠지만, 실제로는 실패가 엄청나게 많이 있었다. 역으로, 의도하지도 계획하지도 않았지만 잘된 경우도 있었다."

— 지금까지의 현대차가 바로 그렇지 않은가?

"그렇다. 현대차는 계획대로 된 게 많다고 생각하지만, 그렇지 않은 부분도 많다. 예를 들어 노조가 너무 강경해 국내 공장의 생산성을 높이는 데 어려움을 겪었다. 그러자 부품 자회사인 현대모비스를 통해 (밖에서 이미 완성된 부품 덩어리를 공장 라인으로 옮겨 조립하는) 모듈화를 추진했는데, 이것이 결과적으로는 좋았다든지 하는 식이다. 그런 일은 현대차에도 있고 도요타에도 있다. 그것을 전부 합쳐 마지막 단계에서 보면 조금씩 발전하고 있다는 그런 얘기다. 도요타에서 품질 문제가 커지는 대실패가 있었다. 그러나 사태를 수습하는 과정에서 노력하고 지혜를 모았다. 리콜이 처음 터졌을 때는 대실패·대반성이었지만, 반년쯤 지난 다음에는 이 문제가 어느 순간 쑥 들어가 버렸다. 그런 일 처리 방식을 보면 도요타가 아주 뛰어나다고 할 수 있다. 위기의 과정을 통해 배우는 능력이 매우 탁월하다고 생각한다. 문제가 끝난 다음에는 뭔가 배워서 좀더 앞으로 나간다. 뭐가 터지더라도 거기에서 학습한다는 것이 도요타의 장기다."

─ 도요타의 독자적 기업 문화 때문인가?

"예전에 《생산 시스템의 진화론》을 썼는데 그 얘기를 다뤘다. 결론은 '뭔지 잘 모르겠다'이다 (웃음). 일본말로 '고코로가마에心構え', 즉 마음 가짐에 달려 있다는 것이었다. 어쨌든 다른 회사들은 신경 쓰지 않는 부분까지 세심하게 신경 쓴다든지, '실패는 한다, 실패는 하지만 역으로 생각지 못한 성공도 있다. 계획대로 잘 가는 것도 있지만, 뭐가 일어나도 거기에서 배워서 좀더 힘이 붙는다'는 식의 진화를 한다. 왜 그게 가능한지는 나도 모르겠지만 도요타에는 그런 능력이 있다. 대실패도 있고 위기도 많았다. 그런데 끝나면 이상하게 더 힘이 붙는 게 도요타다. 미국의 리먼 쇼크와 리콜이 터지고, 동일본 대지진이 나고, 태국 대홍수로 엉망이 되는 등…, 그 전까지 수십 년간 계속 성공을 거둬온 것처럼 보였는데 갑자기 2중 3중의 강편치를 맞았다. 그런데 끝나고 보면 역시 배워서 강해진다. 도요타의 역사가 다 그런 과정의 연속이다. 그런 능력이 남아 있다면 계속 성공할 것이고, 만약 그런 능력과 정신이 사라져버린다면 도요타도 보통 회사가 되어버릴 것이라고 생각한다."

─ 도요타가 복잡성 문제를 해결하기 위해 컴퍼니제와 TNGA를 도입했는데.

"1,000만 대 리콜 이후에 많은 반성이 있었다. 자신의 실력을 과신했다. '아무리 복잡한 것이라도 해결할 수 있다. 문제를 해결할 수 있는 세계 제1의 조직 능력을 갖추고 있다'는 자만심이었다. 물론 도요타는 당시에도 강했다. 강했지만 능력을 과신했다는 게 문제다. 프리우스나 렉서스처럼 너무 복잡한 차를 잔뜩 만들어서, 결국 복잡성이 폭발하는 상황이 돼버린 것이다. 그런 복잡성에 회사가 대응하지 못하는 상황을 맞았다고 할 수 있다. 사실 도요타의 품질 문제가 절반, 미국 언론의 품질 문제가 절반이라고 할 수 있지만. 어쨌든 도요타가 반성할 부분은 있었다는 것이다. 최초 단계에서 홍보 대응의 실수라든가, 미국의 자동차품질결함 감독 당국인 NHTSA에 대한 대응이 미숙해 더 큰 화를 불러온 부분도 있다. 거기에다 매스컴에 불이 붙고 여론으로 이어져 수습이 안 되고 오히려 더 엉키고 말았다. 급기야는 올바른 얘기를 해도 믿어주지 않는 상황까지 돼버렸다."

— 리콜 사태 이후 도요타 홍보 조직도 크게 바뀌었다.

"최초 대응은 매우 미숙했다. 거기에서 배운 부분도 있고, 수습하는 과정에서도 많은 것을 배웠다. 어떤 타이밍에 어떻게 여론을 다뤄야 하는지에 대해서도 많이 배웠다. 도요타는 기본적으로 진지하게 열심히 노력하는 회사이기 때문에 반성할 것은 하고 리콜도 전부 하겠지만, 그렇게 나쁜 짓을 하는 회사는 아니라는 메시지를 전할 타이밍을 생각했다. 미국 매스컴을 일본으로 불러 이렇게 철저하게 테스트하고 있다는 것을 보여줬다. '도요타는 그렇게 나쁘지 않습니다. 도요타가 새로 시작했습니다' 그런 점을 설명하는 타이밍이 아주 좋았다. 초기 단계의 실수에서 배운 것이다. 실력을 과신하면 안 된다는 것을. 일단 문제가 생기면 타이밍을 잘 맞춰서 대응해야 한다는 점까지 전부 배웠다. 2010년 초 아키오 사장이 미국 청문회에서 '이상한 짓을 한 것처럼 보이지만, 도요타는 그렇게 나쁜 짓을 하지 않았다'고 얘기했다.

322

그때 미국 기자가 '이렇게 중대한 일이 발생했는데 그럼 누가 잘못한 것인가'라고 물었다. 아키오 사장은 이렇게 대답했다. '고객의 잘못은 아닙니다.' 미리 준비를 해뒀던 답변이 아니라 순간적으로 나온 말이다. 이 얘기가 전 세계로 퍼져 나갔다. 아키오 사장의 입에서 '고객의 잘못이 아닙니다'라는 말이 곧바로 나왔으니 역시 도요타의 문화라고 할 수 있을 것이다."

— 자기반성에 대해 참고할 다른 기업이 있을까?

"예전에 비슷한 상황에서 어떤 독일 회사는 '그것은 미국인의 운전이 미숙하기 때문'이라고 말했다. 1980년대 아우디였다. '우리는 아무것도 잘못한 게 없다'고 얘기했다. 설사 잘못한 게 없더라도, 외교적이지는 않았다는 거다. 틀린 말은 아니었을 것이다. 독일인에 비해 미국인의 운전이 미숙하다는 게. 하지만 그런 말은 그런 타이밍에서 하면 안 되는 거였다. 그 후 아우디는 미국 시장에서 오랫동안 크게 고생했다. 현대차도 장기 품질 문제로 고민하고 있지만, 마찬가지로 고객 책임이라고 말할 수는 없다. 도요타도 처음 미국에 '크라운'이라는 승용차를 수출했을 때 품질 문제로 차가 팔리지 않았다. 현대도 1980년대 미국에 처음 수출했을 때 실패를 겪었다. 모두가 여러 가지 실패를 하고, 그 과정에서 배우면서 그런 문화를 만들어나갔다고 본다. 도요타에 그런 문화가 남아 있다는 것이다. 수십 년의 단위, 50년 또는 60년의 단위로 도요타의 역사를 보면 '역시 이 회사는 진화 능력이 있다'라고 말할 수 있다. 근사한 느낌의 진화 능력이 아니라 흙냄새 나고 촌스럽지만, 어쨌든 어떤 실패가 있어도 끝나면 좀더 공부를 하게 되고, 좀더 지식과 능력이 생기는 것이다. 성공이든 실패든 항상 배운다는 점이 도요타의 능력이라고 본다."

현대자동차의 소울 서칭,
과거와 현재 그리고 미래

도요타와 마찬가지로 한국 기업들 역시 소울 서칭을 통해 성장해왔다고 할 수 있다. 그동안 현대자동차의 경쟁력도 실패에서 배우는 능력, 외부의 좋은 사례를 자기 것으로 흡수하는 능력에서 비롯됐다고 보는 전문가들이 많다. 도요타 1,000만 대 리콜 사태가 터진 직후였던 2010년 초, 미국의 산업 분석회사 CSM월드와이드의 크레이그 케이더Craig Cather 사장을 인터뷰했을 때 그는 현대차의 경쟁력에 대해 이렇게 얘기했다.

"자동차 업계의 좋은 점은 각 회사가 다른 회사의 실수에서 배운다는 점입니다. 현대자동차의 그동안 강점 중 하나는 열심히 배우려는 자세를 갖고 있었다는 것이죠. 현대차도 도요타 사태를 충분히 분석할 것이기 때문에 앞으로 위기관리 능력이 크게 높아질 것입니다."

현대차가 글로벌 기업으로 성장할 수 있었던 이유가 위기에서 교훈을 얻고 실패를 반복하지 않으려 노력했기 때문이라는 점은 분명하다. 현대자동차 50년 역사에서 대단한 소울 서칭 능력이 발휘된 경우는 아주 많았다. 그 가운데 캐나다 브로몽 공장 진출, 미국 시장 진출과 관련된 실패와 성공이 대표적인 사례라고 할 수 있다.

첫 번째는 현대차의 첫 번째 해외 공장인 캐나다 브로몽 공장의 실패가 어떻게 현대차의 생산기술(공장을 짓고 자동차를 만드는 설비를 갖추도록 하는 기술)을 세계 최고 수준으로 끌어올렸는지에 관한 이야기다.

1983년 현대차는 캐나다에 포니2 수출을 개시했다. 한국 자동차 업계 최초의 고유 모델 포니를 출시하면서 중동 지역에서 꽤 인기를 얻어가고 있었다. 그러나 캐나다 시장에 진출하면서는 장밋빛 미래를 기대할 수 없었다. 세계적인 자동차 메이커들이 전부 진출해 소비자 안목이 높아질 대로 높아진 시장이었기 때문이다. 거기서 포니2가 성공할 수 있을지 아무도 장담하지 못했다. 그러나 놀랍게도 포니2는 승승장구했다. 포니2 판매량이 늘어나자 그 뒤에 중형 승용차 스텔라도 캐나다 땅을 밟았다. 현대차는 캐나다 시장에 안정적으로 진입한 것처럼 보였다.

그 무렵 캐나다 정부는 실업률 증가로 골머리를 앓고 있었다. 마침 판매량이 급증한 현대차에 캐나다 정부는 직접투자를 종용했다. 더 많이 팔기를 원했던 현대차는 캐나다 정부의 요구를 뿌리치지 못했다. 결국 1989년 캐나다 브로몽 지역에 현대차 최초의 해외 현지 조립 공장이 설립되기에 이르렀다. 당시 글로벌 기업이 되겠다는 야망으로 가득했던 현대차는 사내에서 가장 뛰어난 인재들을 브로몽에 투입했다. 그리고 이들은 브로몽 공장을 성공시키기 위해 초인적인 노력을 쏟아부었다. 그러나 공장이 가동될 즈음 북미 시장에서 현대차의 인기가 급격히 떨어졌다. 게다가 미처 대비하지 못했던 갖가지 기술적 문제가 브로몽 공장에 타격을 입혔다. 브로몽에 연관됐던 사람 중에 열과 성을 다하지 않은 사람은 없었지만, 끝내 가동을 멈춰야 했다. 연간 생산 10만 대짜리 공장을 지었지만, 가장 많이 만들었을 때도 연간 2만 8,000대에 불과했다. 1993년 말 브로몽 공장의 인력은 본사로부터 철수명령을 받았다. 1995년 공식 철수하던 날, 브로몽 공장과 인연을 맺은 모든 사람은 눈물을 삼켰다. 현대차의 첫 해외 공장 도전은 냉엄한 현실 앞에 무너지고 말았다.

브로몽 공장의 실패는 지금까지도 현대차 해외 생산기술자들 사이에 뼈아픈 기억으로 남아 있다. 그러나 이때 현대차가 겪은 쓰라린 경험은 이후 현대차가 해외에 공장을 지어 진출할 때 매우 유익한 반면교사가 되어주었다. 현대차는 해외 공장을 짓는다는 것이 얼마나 중요하고 회사의 명운이 걸려 있는 일인지 철저히 깨달았다. 그리고 첫 해외 공장을 캐나다라는 선진국에 지은 것이 옳았는지에 대해 철저히 반성했다. 현대차처럼 충분한 기술력과 브랜드 파워가 뒷받침되지 않은 자동차회사는 일단 거대 신흥국 시장을 중심으로 진출해서, 충분히 수업을 쌓은 다음 선진국에 들어가는 게 순서였다는 것을 깨달았다.

캐나다 정부의 압력과 회유에 밀려 철저히 검토하지 않고 입지를 선정해버린 점도 반성했다. 이런 반성은 현대차가 이후 해외 공장을 지을 때 큰 역할을 했다. 입지를 선정할 때는 모든 요소를 자세히 검토하기 위해 충분한 기간을 두고 모든 가능성을 염두에 두게 됐다. 이와 관련해 재미있는 일화도 있다. 2011년 여름 미국 앨라배마 주를 비롯한 주변 지역에 허리케인이 지나갔다. 이때 벤츠와 도요타 공장은 허리케인의 직격타를 맞는 바람에 1주일간 공장 가동을 중단해야 했다. 그러나 인근에 있던 현대차 공장은 허리케인을 피했기 때문에 가동에 영향을 받지 않았다. 우연만은 아니었다. 현대차의 공장 입지 선정 담당자에 따르면, 현대차는 해외에 공장을 지을 때 홍수 피해가 나지 않을지 허리케인 등의 피해가 나지 않을지 등 불가항력적인 자연재해 가능성을 과거 100년 데이터까지 분석한다고 한다. 현대차 생산기술 관계자들은 물론 최고 경영진에 이르기까지 브로몽 공장 실패에서 학습한 효과가 그대로 남아 있는 것이다.

브로몽 공장의 실패에서 얻은 가장 큰 성과는 해외 생산의 노하우를 익힌 젊은 인재들이 대거 양성됐다는 것이다. 브로몽 공장에 파견됐던 인력은 이후 현대차가 터키·인도·중국·미국·유럽 등으로 해외 공장을 넓혀나갈 때 핵심 역할을 맡아 빛을 발하게 된다. 전 세계 현대·기아차 공장들은 거의 예외 없이 1990년대 초 브로몽 공장의 생산기술 출신들이 짓고 운영한 것들이다. 당시 쓰라린 실패의 경험이 지금의 현대차 해외 공장들을 만들어낸 셈이다.

두 번째 사례는 이미 알려진 이야기이면서 동시에 정확히 알려지지 않은 이야기다. 1986년 현대차가 미국에 엑셀을 처음 수출한 이후 겪었던 기쁨과 고통, 그리고 다시 찾은 기쁨에 대한 내막이다.

브로몽 공장의 실패가 현대차의 생산기술 해외 프로젝트 부문에 큰 교훈을 줬다면, 현대차의 미국 진출 성공과 이후 길게 이어진 실패는 현대차에 품질경영이라는 근본적인 정책 변화를 가져왔다. 그리고 브랜드 가치를 높이기 위해 무엇을, 어떻게, 어떤 순서로 해야 하는지에 대해 경영진에게 뼈를 깎는 고통과 교훈을 안겨줬다.

1986년 1월 20일 울산 부두에 정박된 선박에 1,050대의 엑셀이 실렸다. 미국 시장을 향한 현대차의 첫걸음이 시작되는 순간이었다. 1976년 포니 6대를 에콰도르에 처음 수출한 데 이어, 1983년 캐나다에 포니2로 대량 수출의 문을 열었고, 드디어 미국 수출에 도전하는 것이었다. 미국 수출은 현대차가 글로벌 자동차회사로 성장할 수 있을지를 판가름하는 시험무대나 다름없었다.

현대차의 첫 미국 진출 차량인 엑셀이 잘 팔릴지에 대해 의문이 있었지만, 1986년 미국 시장은 현대차에 매우 유리하게 돌아가고 있었다. 먼저 세계 경제의 발목을 잡고 있던 오일 쇼크가 걷히면서 자동차 소비가 회복되기 시작했다. 또한 당시는 일본 차들이 소형차에 집중할 수 없었던 시기였다. 일본산 소형차에 시장을 빼앗긴 미국 자동차 업계의 반발 때문에 미국 정부가 일본의 대미 수출 대수를 규제한 것이다. 1985년부터 일본의 대미 수출은 연간 230만 대로 제한됐다. 소형차나 중·대형차나 어차피 수출 대수로는 같으니, 일본 메이커 입장에서는 이왕이면 이익이 많은 중·대형차 위주의 수출로 전략을 바꿀 수밖에 없었다.

이 때문에 엑셀이 미국에 진출한 1986년은 이전까지 절대적이었던 일본 소형차가 시장에서 거의 사라졌고, 미국 소형차는 아직 시장에 등장하지 못한 상태였다. 또 그간의 오일 쇼크 효과로 싸고 기름 적게 먹는 소형차에 대한 소비자들의 관심이 높았다. 그런데도 살 만한 염가형 소형차가 시장에 존재하지 않았다. 당시 엑셀의 기본 가격은 4,999달러였다. 동급의 일본 소형차보다 10~20% 저렴했다. 당시 5,000달러 이하로 살 수 있는 신차는 현대의 엑셀과 유고슬라비아의 국영 자동차회사인 자스타바의 유고뿐이었다. 시장 공백의 절묘

한 타이밍에 엑셀이 미국에 진출한 것이다.

엑셀은 진출하자마자 폭발적인 인기를 얻었다. 현대차는 애초 연간 10만 대 판매 목표를 세웠지만, 시장 진출 7개월 만인 9월에 이미 초과 달성해버렸다. 부랴부랴 목표를 15만 대로 늘려 잡았는데 이마저도 12월 초에 초과 달성했다. 현대차는 미국 진출 원년인 1986년에 무려 16만 대라는 경이적인 판매기록을 세웠다. 외국 메이커가 단일 모델로 이룬 '진출 첫해 16만 대' 판매기록은 미국에서 아직도 깨지지 않고 있다.

엑셀은 그해 미국의 최고 히트 상품 중 하나였다. 현지 언론은 엑셀이 '마치 팬케이크처럼 팔린다'고 표현했다. 미국 유력 언론들은 앞다퉈 엑셀의 돌풍을 보도했다. 기업 전문지 〈포춘〉은 엑셀을 1986년 미국 10대 상품으로 선정했고, 미국 자동차 전문지 〈오토모티브뉴스〉는 엑셀의 성공을 세계 자동차산업의 괄목할 만한 사건 6위로 꼽았다. 이듬해인 1987년에도 엑셀의 쾌주는 계속됐다. 미국 진출 1주년이 되는 1987년 2월 누적판매 20만 대를 달성했고, 같은 해 소형차 판매 1위에 올랐다. 1987년 총 판매 대수는 26만 대로 경이적인 실적이었다.

1988년에도 엑셀은 전년과 비슷한 수준인 26만 대를 판매했다. 진출 초기의 우려는 기우로 끝나는 듯했다. 엑셀의 선풍적인 인기, 확장을 거듭하는 딜러망 등 모든 것이 낙관적이었다. 현대차 미국 판매법인Hyundai Motor America, HMA은 자신감으로 충만했다. 어떤 차든 미국에 들여놓기만 하면 판매가 잘될 것이라는 환상까지 갖게 됐다. 서울올림픽이 열리던 1988년까지는 실제로 그렇기도 했다.

그러나 엑셀이 왜 잘 팔렸는지 냉정히 분석해보면, 강점은 가격이었다. 다시 말해 당시의 특수한 상황으로 미국 시장에 저가형 일본 차가 사라졌기 때문이다. 1986년 당시 4,999달러라는 엑셀의 가격은 신차 시장에서 독보적이었다. 1985년 플라자합의 이후 엔화가 급격히 절상되면서 엔고 부담을 견디지 못한 일본 업체들이 자동차 가격을 계속 올렸고, 그 바람에 엑셀과 일본 소형차의 가격차는 더 크게 벌어졌다.

싸고 품질 좋은 상품은 어느 시장에서나 환영받는 강력한 아이템이다. 한 가지 문제가 있다면 '저렴한 가격은 눈에 쉽게 보이는 요소인 반면, 좋은 품질은 눈에 잘 안 보이는 요소'라는 것이다. 이 점에서도 엑셀은 운이 좋았다. 엑셀이 진출하던 1986년에는 차량의 품질을 테스트할 기관이 거의 없었다. 설령 있다 해도 연비라든지 충돌사고 시 수리비 등 엑셀에 유리한 테스트뿐이었다. 또 현대라는 브랜드를 접해본 적이 없는 대부분의 미국 소비자들은 'Hyundai'라는 로고가 'Honda'와 비슷하고 발음까지 비슷했기 때문에 미국에 새로 진출한 일본 메이커라고 생각했다. 그래서 엑셀이 일본 소형차와 유사한 품질을 가지고 있을 것이라고 믿는 예상치 못한 효과도 누릴 수 있었다.

그러나 고객이 엑셀의 품질을 알아채기까지는 오랜 시간이 걸리지 않았다. 길에서 갑자기 멈춘다든지, 녹이 빨리 슨다든지, 한여름에 에어컨이 작동되지 않는다든지 하는 일이 발생하기 시작했다. 엑셀의 경이로운 판매 대수는 곧 그만큼의 소비자 불만으로 바뀌어갔다. 1988년을 마지막으로 판매기록은 급속도로 추락했다. 1989년 판매량은 전년보다 30% 떨어진 18만 대에 머물렀다.

그럼에도 본사와 HMA는 그때까지도 소비자 불만을 제대로 감지하지 못했다. 잘 팔리던 차가 갑자기 안 팔리는 것은 경영상의 문제 때문이라고 판단했다. 1989년 한 해에만 HMA 사장이 세 번이나 경질됐다. 엑셀의 대성공에서 얻은 자신감을 바탕으로 1989년 미국에 출시된 쏘나타는 엑셀의 품질 문제 때문에 전혀 주목을 받지 못했다. 1991년 등장한 엘란트라도 차는 나쁘지 않았지만 HMA의 기대에 전혀 부응하지 못했다. 현대차는 싼 맛에 타는 열악한 품질의 차라는 이미지가 굳어지고 있었고, 각종 테스트 기관에서도 현대차의 낮은 품질지수가 수치화돼 나타나기 시작했다.

현대차가 1986년 미국 시장에 처음 상륙했을 때는 모든 상황이 현대차에 유리했지만, 일이 잘 안 되려니 불행이 한꺼번에 찾아왔다. 급기야 1990년에는 이라크 전쟁까지 터져 자동차산업이 급속도로 위축됐다. 엎친 데 덮친 격으로, 엔화가치가 떨어지면서 일본 메이커의 가격 경쟁력이 다시 올라가기 시작했다.

1998년 HMA는 미국 진출 이래 처음으로 연간 10만 대 이하라는 최악의 판매실적을 기록했다. HMA의 판매량은 매월 최악의 실적을 경신하고 있었고, 시장에서는 현대차가 미국에서 철수할 것이라는 소문이 파다하게 돌았다. 총체적 난국에 빠진 HMA에는 시장 공략을 위한 근본적인 전략이 필요했다.

결국 HMA는 '현대차가 품질을 책임져준다'는 아이디어를 짜냈다. 백 번의 광고보다 소비자에게 실질적인 믿음을 주는 방법이었다. 당시 미국 내 자동차 메이커의 평균 보증기간은 '3년 3만 마일'이었다. HMA는 업계 평균보다 훨씬 강력한 보증조건을 제공해야 했다.

그래서 미국에서 가장 강력한 보증조건이 무엇이었는지 조사했다. HMA는 믿기 어려운 조건을 발견했다. '10년 10만 마일'이었다. 10이 두 번이나 연달아 등장하는 단어의 조합은 매우 강렬한 충격을 주었다. 이런 조건을 내세운 주인공은 폭스바겐이었다. 폭스바겐 역시 판매실적 저조에 따른 타개책으로 전대미문의 보증조건을 내세운 것이다. 하지만 이 같은 놀라운 보증조건을 내걸고도 판매 부진을 만회하지 못했고, 폭스바겐은 결국 시장에서 철수했다(이후 미국에 다시 들어온다). 검토 결과 폭스바겐의 보증이 실패한 데에는 그 자체에 문제가 있다기보다 그런 보증이 있었다는 사실을 소비자들이 거의 몰랐다는 게 원인이라는 결론을 얻었다.

소비자 시선을 잡아끌기 위해서는 강력한 메시지가 필요했다. 1998년 12월 HMA는 마침내 10년 10만 마일 보증을 도입하기로 한다. 10년 10만 마일 파워트레인 보증에다, 5년 6만 마일 범퍼 투 범퍼(차량 전체) 보증을 더해 'American Best Warranty'라는 상표등록까지 마쳤다. 경쟁 업체들은 이런 현대차의 전략을 비웃었다. 품질이 나쁘다는 평을 받는 현대차가 10년 10만 마일 보증을 제공한다는 것은 판매 상황이 안 좋으니 이제 그만 접고 철수하겠다는 소리로 들린 것이다.

10년 10만 마일 보증 실시를 위한 마지막 단계로, 1998년 10월 핀바 오닐Finbarr O'Neill 당시 HMA 사장이 보증 전략이 담긴 보고서를 들고 한국 현대차 본사를 방문했다. 때마침 현대차의 전사 품질경영이 본격 가동되던 때였다. 10년 10만 마일 보증은 무엇보다 품질 확보가 중요했다. 믿을 수 있는 품질임을 입증하기 위해 시작한 보증조건이

거꾸로 품질이 열악해서 실패한다면, 용납될 수 없는 일이었다.

곧바로 OK 사인이 떨어졌다. 당시 최고 경영진은 정세영 명예회장, 정몽규 회장이었다. 핀바 오닐이 보고서를 들고 왔을 때 쉽게 오케이 사인이 떨어진 것은 현대차에서 품질을 높이기 위한 작업을 이미 시작했기 때문이다. 이 정도 품질이라면 시행해도 되겠다는 계산이 있었던 것이다. 두 달 뒤인 1998년 12월, 현대차 대표이사 회장으로 취임한 정몽구 회장은 더욱 확실하게 품질경영에 집중했고, 10년 10만 마일 보증제의 안착을 위해 조직을 강하게 밀어붙였다.

이윽고 1999년부터 미국에서 10년 10만 마일 보증제도가 시행됐다. 성공이었다. 파격적 보증조건에 반신반의하며 현대차를 구매한 소비자들이 달라진 현대차의 품질을 인정하기 시작한 것이다.

현대차 50년 역사에서 대단한 소울 서칭 능력이 발휘된 두 사례를 길게 설명한 것은 이 이야기 속에 지속 성장을 가능케 한 현대차 DNA가 모두 담겨 있기 때문이다. 회사가 망할 수도 있는 큰 위기였지만, 위기에서 무엇을 배울 것인지 철저히 연구하고 교훈을 되새기며 최선의 전략을 짰다. 실패가 실패로 끝난 것이 아니라 실패에서 배워 더 크게 일어선 것이다. 도요타의 최근 위기 극복 사례와 견주어 모자랄 게 없는 대단한 성취였다.

그러나 최근 들어 현대차가 과거와 같은 소울 서칭 능력을 유지하고 있는지에 대해서는 의구심이 드는 사례가 늘고 있다. 현대차가 미국에서 10년 10만 마일 보증제로 기사회생한 것과 달리 한국 내수 시장에서는 가격 상승, 각종 결함, 서비스 불만 등으로 소비자들에게 점

현대차 50년 역사에서
대단한 소울 서칭 능력이 발휘된 이 두 사례에는
지속 성장을 가능케 한 현대차 DNA가
모두 담겨 있다.

차 외면당하는 모습이 나타나고 있다. 내수 점유율이 여전히 절반을 훨씬 넘기 때문에 이를 무기로 회사가 고객에게 배짱 장사를 하고 있다는 인식도 없지 않다. 이 때문인지 최근 현대차의 내수 점유율은 계속 떨어지고 있다.

그렇다면 뭔가 획기적인 대책을 내야 할 것이다. 미국에서는 10년 10만 마일 보증을 해주면서 한국에서는 왜 보증기간이 훨씬 짧은지에 대한 국내 소비자들의 불만도 있다. 현대차 내부적으로는 한국 고객의 만족도를 높이기 위해 10년 10만 마일 보증을 한국에서도 시행하자는 방안을 검토한 적이 있다고 한다. 그러나 아직 시행은 되지 않고 있다.

또 과거 브로몽 공장 실패에서 배우고 성장해 업계 최고 위치까지 올랐던 현대차의 생산기술 부문도 최근 도요타나 폭스바겐에서 시작된 설계 혁신, 그리고 이와 접목된 생산 혁신 흐름에 뒤처질 우려가 있다. 현대차의 설계 혁신 작업이 늦어지면서 제품개발 능력이 조금씩 경쟁사에 밀리기 시작했다는 지적도 일부 전문가들 사이에서 나오고 있다.

도요타는 2017년 11월에 창립 80주년을 맞는다. 2012년 시작한 TNGA, 2016년 시작한 신체제 개편 등을 통해 지금까지의 모든 능력을 집결하고 미래를 향해 도약에 나서려 하고 있다. 현대차도 2017년 12월로 창립 50주년을 맞는다. 반세기 동안 자동차산업을 일궈왔다는 것은 절대 가벼이 볼 수 있는 일이 아니며, 한국 산업사에서도 뜻깊은 의미가 있다. 그렇다면 현대차도 창립 50주년에 걸맞은 준비작업이 있어야 할 것이다. 현대차가 지금의 위기에서 무엇을 배우고 있는지, 다음 목표는 무엇이고 목표를 달성하기 위해 어떤 혁신을 할 것인지, 미래에 대비해 어떤 마스터플랜을 짜고 있는지를 보여 줘야 한다.

7

공정함의 힘,
투명성의 힘

　　　　　　　　　　　"엉망인 세상이 돌아가는 이유가
뭔지 알아? 룰이야. 그런데 그거보다 더 중요한 게 뭔지 알아? 룰을
실행하는 거야."

　　영화 〈리포 맨^{Repo Men}〉에서 나오는 대사다. 정확한 지적이다. 원칙
은 지켜져야 하고, 그것도 가장 윗선에서부터 엄격하게 지켜져야 한
다. 위에서 제대로 지키지 않으면, 대중에게 질서와 법을 지키자고 아
무리 외쳐봐야 효과를 거둘 수 없다. 위에서 지키지 않는데 나만 원
칙을 지킨다면, 나만 바보 되고 나만 손해라는 인식이 있기 때문이다.
사실이 그렇지 않은가? 가장 윗선에서, 그리고 가장 위의 원칙부터
지켜져야 한다. 원칙이 지켜지지 않으면 사회 전체가 무너진다.

　　자동차 시장을 예로 들어보자. 자동차는 대표적인 정보 비대칭 상
품이다. 자동차에는 복잡하고 전문적인 기술이 많이 들어간다. 그래

서 결함으로 사고가 나더라도 소비자가 원인을 규명해 제작사에 책임을 묻는다는 것이 거의 불가능하다. 이럴 땐 어떻게 해야 할까.

바로 이 때문에 정부나 공공기관의 감시가 필요한 것이다. 미국은 도로교통안전국NHTSA이라는 정부기관, 그리고 자동차보험사들이 모여 만든 고속도로안전보험협회IIHS라는 비영리단체에서 각각 안전 테스트와 사고 시 원인 규명 직업 등을 한다. 정부기관과 민간의 비영리 기관이 자동차 안전 문제를 감시하는 동시에 서로를 견제·보완하는 역할도 하는 것이다. 이를 통해 문제가 제조사 책임으로 규명되면, 해당 제조사에 거액의 벌금을 물리거나 형사·민사상 소송을 제기하는 등의 방법으로 확실히 응징한다. 이런 공공 감독기관이 전문성을 갖추고 정확하게 문제점을 규명해주면, 제조사는 여기에 수긍할 수밖에 없다.

폭스바겐이 미국에서 연비를 조작했다가 천문학적인 벌금과 보상금을 내게 된 것도, 전문가들이 원칙에 따라 엄정한 잣대로 끈질기게 문제점을 추궁했기에 나온 결과다. 사건의 발단은 미국의 한 민간 대학에서 다른 이유로 폭스바겐 등 여러 차량의 배기가스 테스트를 한 것이었다. 아무리 테스트해도 애초 폭스바겐 측이 제시한 수준보다 훨씬 많은 배기가스가 배출된 것이다. 연구진은 이상하다고 생각해 이를 미국 환경보호청EPA에 보고했고, EPA가 추가조사를 하고 폭스바겐에 끝까지 원인 규명을 요구했다. 그렇게 해서 마침내 폭스바겐의 항복을 받아냈다. 이것이 가능했던 것은 데이터에 기반을 둔 정확한 조사, 투명하고 공정한 조사가 있었기 때문이다.

이런 절차를 통해 부정이 발각된 제조사는 시장에서 소비자의 외

공정한 규제와 냉혹한 시장논리만
제대로 작동한다면, 제조사가 정보를 숨기거나
부정을 저지르는 일을
효과적으로 막을 수 있다.

면을 받기 때문에 또 한 번 응징을 당하게 된다. 즉 공정한 규제와 냉혹한 시장논리만 제대로 작동한다면, 제조사가 정보를 숨기거나 부정을 저지르는 일을 효과적으로 막을 수 있다.

만약 정부 관리·감독 당국의 전문성이 떨어지거나 감독 기능이 제조사 로비에 쉽게 무력화되는 나라라면 어떻게 될까? 그런 나라에서는 제조사의 부정을 막을 길이 없을 것이다. 제조사 결함으로 사고가 발생하더라도 이를 규명해 소비자 피해를 구제해줄 방법도 없을 것이다.

그러니 한국에서도 자동차 안전과 관련된 결함이나 사고 등에 대해 정부가 건전한 감시자 역할을 해야 한다. 정부가 모든 것을 떠안지 않더라도 제대로 감독할 방법은 얼마든지 있다. 미국처럼 보험사에 역할을 맡길 수도 있고, 소비자원 같은 곳을 활용할 수도 있으며, 민간 비영리단체 등에 업무를 분담시킬 수도 있다. 정부 자체적으로 할 수 있는 것과 그 외 전문기관에 맡길 것을 구분하고, 자동차회사나 관런 이익단체를 대변할 가능성이 있는 부처에 업무를 맡기지 않고, 감시기관이 스스로 적절한 내부 견제를 할 수 있는 체계를 만들면 된다. 절대 불가능한 것이 아니다. 예산을 많이 들일 필요도 없다. 깊이 고민하고 공정하고 원칙에 맞게 처리하면, 큰 비용을 들이지 않고도 자동차 안전 문제에 대한 감시 시스템을 얼마든지 짤 수 있다. 이렇게 제대로 된 감시 시스템만 만들어지면, 나머지는 알아서 돌아간다. 제조사는 안전에 더 신경을 쓰게 될 것이고, 이는 소비자들에게 좋은 일이다. 국내에서 강력한 감시 시스템이 작동한다면, 감시를 받는 제조업체들이 해외에 나갔을 때 비슷한 안전 문제에 걸려 큰 위기에 빠지는 불상사를 미리 막아주는 효과도 있다.

또 공정한 감시 시스템은 감시를 담당하는 당사자들에게도 일하고자 하는 동기와 자부심을 갖게 해준다. 공정한 시스템은 더 좋은 인재들이 그 일을 하고 싶도록 만드는 힘이 있다. 더 좋은 인재들이 들어와 더 건전한 감시를 하게 된다면, 사회는 더 좋은 곳이 될 것이다.

도요타의 아키오 사장이 '더 좋은 차를 만듭시다'라고 외치는 것은 그것이 올바른 방향이기 때문이다. 좋은 차를 만들어 고객을 행복하게 하고 더 좋은 사회를 만들자는 것은 그 자체가 올바르기 때문에, 올바름이 이끄는 힘을 발휘한다. 공정성이나 투명성은 정부 감시기관에 권위와 신뢰를 만들어주지만, 기업에도 똑같이 적용된다.

투명성에 대해 도요타의 기업 홈페이지와 한국의 상당수 대기업 홈페이지만 비교해봐도 큰 차이가 있음을 알 수 있다.

일단 도요타 홈페이지에는 투자자나 일반인에게 알리는 정보량이 한국 대기업에 비해 압도적으로 많다. 제품 정보나 기업 뉴스도 동영상이나 사진과 함께 아주 상세히 제공된다. 우선 자사 차량에 대한 리콜 정보가 아주 상세하다. 자동차를 잘 모르는 사람도 이해할 수 있도록, 각각의 리콜마다 그림으로 어떤 부분이 어떻게 문제인지까지 쉽게 설명하고 있다. 기업설명회, 전략발표회, 인수합병 기자회견 등 회사의 중요한 사안에 대해서도 발표회 전체 내용은 물론 발표가 끝난 뒤의 기자회견까지 동영상을 편집하지 않고 그대로 올린다. 예를 들어 도요타의 자동차 설계 혁신 전략인 'TNGA'의 설명회라고 하면, 행사에 참석한 기자가 본 것과 똑같은 전체 동영상이 그대로 올라온다. 마지막에 아키오 사장이나 연구개발 고위 임원들이 기자와 질의·응답한 것까지 빠짐없이 그대로 말이다.

투자자 대상의 사이트에도 실적발표회에서 배포되는 자료와 똑같은 것이 홈페이지에 그대로 올라오며, 이번 실적에서 각각의 사안에 대한 설명도 상세하게 첨부된다. 심지어 회사 주요 부문의 인사도 어떤 사람이 어떤 업무를 맡다가 어느 쪽으로 가서 어떤 업무를 맡게 됐다는 것까지 세세하게 제시된다. 2016년 4월 단행한 신체제 개편도 개편 이유와 목표 등은 물론, 자동차에 관심이 많거나 업계 사람들이 알고 싶어 하는 아주 전문적인 내용까지 들어 있다. 이런 자료와 동영상은 일본어 이외에 영어로도 제공되기 때문에, 도요타에 대해 더 자세히 알고 싶은 외국인들은 홈페이지만 잘 챙겨 봐도 꽤 깊이 있는 정보를 얻을 수 있다.

반면 국내 대기업 가운데서는 그 정도로 친절하고 성실하게 정보를 서비스하는 곳을 찾기 어렵다. 현대차를 예로 들어보면, 일견 제품 정보 등이 화려하게 배치돼 있는 것 같지만 장기적인 제품 전략이나

도요타가 뛰어난 것은 숨겨야 할 것과
오히려 공개함으로써 회사에 이익이 되는 것들을
철저히 구분할 줄 안다는 것이다.

내·외부 행사, 실적에 대한 상세 보고서, 투자동향, 인사이동, 이를 시행하게 된 이유 등을 알기가 어렵다. 그런 내용이 간혹 공개돼 있다고 해도 친절히 설명을 곁들인 경우는 별로 없다.

도요타는 '우리 회사는 이런 것들을 하고 있고 그 이유는 이것입니다'라는 식으로 정보를 투명하게 제공한다는 느낌을 주는 반면, 현대차는 회사가 보여주고 싶은 정보만 제한적으로 제공한다는 느낌을 준다. 또 현대차는 투자자나 고객 대상으로 제품전략설명회나 투자전략설명회를 공개적으로 잘 열지 않으며, 당연히 설명회 내용을 기업 홈페이지를 통해 친절히 설명하는 경우도 거의 없다.

이는 도요타가 딱히 선한 기업이어서가 아니다. 도요타도 자신들이 반드시 숨겨야 할 것은 당연히 숨긴다. 도요타가 뛰어난 것은 숨겨야 할 것과 오히려 공개함으로써 회사에 이익이 되는 것들을 철저히 구분할 줄 안다는 것이다. 어떤 기업은 숨겨야 할 것과 공개해야 할 것을 제대로 구분하지 못하기 때문에, 무조건 숨기고 보는 우를 범한다. 그런 까닭에 오히려 공개함으로써 회사와 고객에 더 큰 이익이 될 수많은 기회를 스스로 놓치고 만다.

도요타의 인사 원칙 —
재기 용인, 외부 발탁, 학벌 배격, 능력주의

도요타는 2016년 8월부터 입사 5년 차 이상 사원을 대상으로 일주일에 2시간만 회사에 나와서 일하고 나머지는 집에서 근무하는 '재택근무제도'를 도입하기로 했다. 대상은 인사·경리·영업 등을 담당하는 사무직과 연구개발R&D 담당 기술직 등 2만 5,000명이다. 도요타 본사 직원이 7만 2,000명이므로 35%에 이른다. 말이 35%이지 공장에서 실제로 자동차를 만들어야 하기 때문에 재택근무가 불가능한 현장직을 뺀 거의 전원이 대상이다. 물론 그 인원이 한꺼번에 재택근무를 한다는 얘기는 아니고, 상시 수백 명이 재택근무를 선택할 수 있도록 유도한다고 한다. 그 정도 수준으로도, 일본을 대표하는 글로벌 대기업인 도요타가 파격적인 근무제도를 도입했다는 점은 혁명적이라 할 만하다.

도요타의 이번 조치는 일본의 저출산·고령화 추세에 대응하면서 인재를 확보하기 위한 조치다. 유연한 근무 시스템을 도입해 여성이 아이를 키우느라 사표를 쓰는 '경단 단절' 현상과 유능한 중견 사원이 노부모를 돌보려고 중간에 그만두는 '간병 이직' 현상을 줄이겠다는 것이다. 도요타 측은 "여성이 일하기 좋은 회사, 부모를 돌보는 사람이 일하기 좋은 회사를 만드는 게 목적"이라면서 "유능한 사원이 중간에 그만두지 않고 쭉 다니는 것이 기업에도 플러스"라고 밝혔다.

2016년 일본 내각부 조사 결과, 2015년 기준 일본 여성의 경제활동 참여율은 20대 후반이 80%로 가장 높고, 30대에 71~72%로 낮아졌다가 40대에는 75%로 회복되는 'M자 커브'를 그렸다. 일본 내각부는 "한국과 일본에서만 이런 M자 커브가 나타난다"고 분석했다. 양국 모두 육아 문제 등으로 인해 30대에 직장을 그만두는 여성이 많은 것이다. 간병 이직도 심각하다. 일본 총무성은 노부모 병구완하느라 한창 일할 나이에 직장을 관두는 사람이 연간 10만 명에 달하는 것으로 집계했다.

도요타는 왜 이런 파격적인 인사 시스템을 도입한 걸까? 올바른 것을 시행함으로써 회사가 도요타 전체 구성원의 마음을 얻을 수 있고, 좋은 인재가 떠나는 것을 막을 뿐 아니라 앞으로 좋은 인재가 더 들어오는 것을 기대할 수 있기 때문이다. 그렇게 하는 것이 도요타의 기업 이미지를 높여 결국 회사의 이익을 도모하고 기업이 영속할 유일한 방법임을 깨달았기 때문이다. 그래서 이를 철저히 실행에 옮기고 있는 것이다.

도요타는 직원의 가치를 높이는 것 외에, 주주가치 보호에도 적극적인 자세로 바뀌었다. 우선 투자자가 원하는 정보를 아주 친절하게 제공한다. 기업 홈페이지만 봐도 회사가 어떤 일을 하고 어떤 방향을 향해 가고 있는지 쉽게 알 수 있도록 아주 많은 양의 정보를 올려놓는다. 또 기관투자자 대상의 기업설명회도 자주 열고, 과거에 하지 않았던 일반투자자 대상의 기업설명회도 열기 시작했다. 내용도 단순히 투자 전략을 딱딱하게 설명하는 것이 아니다. 도요타의 제품을 체험해보게 한다든지, 도요타 최고 경영진이 총출동해 수준 높은 정보를 제공하는 식으로 참석자를 확실히 만족시키기 위해 전력을 기울이고 있다.

언론을 대하는 태도도 과거와 달라졌다. 도요타는 비밀주의가 많았고 정보 전달도 일방적인 경향이 있었다. 하지만 최근에는 언론이 스스로 판단할 수 있도록 충분한 정보를 제공하고, 언론의 정보 제공 요구에 빠르게 대응하며, 이들에게 회사의 생각을 이해시키는 데 많은 노력을 기울이고 있다. 최근 필자는 도요타 기업 홍보실에 이메일로 문의한 적이 몇 번 있었다. 놀랍게도 요청한 당일 답장이 왔다. 문의한 것 중 일부는 관련 파일까지 첨부해주었다. 참고할 만한 내용이라며 회사 홈페이지의 관련 링크도 보내왔다. 또 홍보실 차원에서 말할 수 없거나 줄 수 없는 정보는 명확히 구분해 설명하고 양해를 구했다.

신체제 개편으로 도입된 컴퍼니제 역시 일에 대한 권한과 책임을 좀더 다양한 사람들에게 부여함으로써 실적이 그대로 드러나도록 하고, 그것을 통해 더 투명하고 공정한 평가를 가능케 하려는 의도가 담겨 있다. 신체제 개편 직전에 시행된 관련 고위 임원 인사의 면면만 봐도 도요타가 얼마나 공정한 인사를 중시했는지 알 수 있다. 이번 인사 특징은 재기 용인, 외부 발탁, 학벌 배격, 능력주의 등으로 요약할 수 있다.

과거에 도요타는 '출향出向'이라고 해서, 한번 본사를 떠나 계열사 등으로 옮기면 다시는 돌아오지 못하는 게 보통이었다. 본사를 벗어나면 승진에서 밀린다는 불문율이 있었을 정도다. 그렇지만 아키오 사장은 이런 순혈주의를 깨고 조직에서 일을 가장 잘하는 인재를 발탁해 전권을 맡겼다.

앞서도 잠깐 언급했듯이, 미래창생센터의 가토 부사장은 원가절감에 경도돼 있던 이전 와타나베 사장 때 '원가절감보다 제품을 우선시해야 한다'며 경영진에 반발했다가 2006년 자회사로 좌천됐다. 그러나 2009년 아키오가 사장이 되면서 전략·연구개발 부문 최고위직에 올랐다. 그의 리더십으로 개편 이후 도요타의 제품개발 조직은 철저히 소비자 중심으로 바뀌었다. 매력적인 디자인도 조직 내 제약 때문에 관철되지 못하는 사례가 많았는데, 그가 맡은 이후로 과감하고 특색 있는 디자인의 도요타 차량이 나오기 시작했다.

유명 디자이너 출신인 후쿠이치 전무도 2008년에 디자이너로서는 사망선고라 할 만큼 경력과는 무관한 자회사로 좌천됐다가 2011년 본사로 복귀했고, 체제 개편과 함께 렉서스 브랜드를 담당하는 고급차 컴퍼니의 사장까지 맡게 됐다. 미즈시마 파워트레인 컴퍼니 사장은 변속기 전문 회사인 아이신에 신입으로 입사해 부사장까지 오른 부품회사 출신이지만, 2015년에 도요타 전무로 발탁돼 컴퍼니 사장까지 올랐다. 과거라면 도요타에서 꿈도 꿀 수 없었던 과감한 외부 인재 영입이다.

또 신체제 개편으로 컴퍼니 사장이 된 핵심 리더들의 출신 대학이 다양하다는 것도 특징이다. 한국 관점에서 볼 때 일류대 출신은 상용차 컴퍼니 사장(교토대)과 선진기술개발 컴퍼니 사장(교토대) 정도다. 그나마도 도쿄대나 와세다, 게이오 등 한국에 잘 알려진 명문대 출신은 아예 없다. 대신 한국에는 잘 알려지지 않았지만 일본에서는 옛 7개

제국대학에 속했던 역사가 있어 지명도가 높은 홋카이도대(미래창생센터장)와 나고야대(중·대형차 컴퍼니 사장, 소형차 컴퍼니 사장) 출신이 보인다. 이 외에 고베대(코퍼레이드 진략부장), 다마미술대(고급차 컴퍼니 사장), 군마대(커넥티드 컴퍼니 사장), 후쿠이대(파워트레인 컴퍼니) 등 출신 대학이 다양하다. 특정 대학이나 세칭 일류대 편중 현상이 전혀 나타나지 않는다. 학벌·파벌, 인상평가 등을 배격하고 능력주의를 최우선으로 한 결과라는 것이 도요타 관계자들의 전언이다.

반면 도요타의 최대 경쟁자였지만 경영 부실이 계속돼 1999년 프랑스 르노에 인수된 닛산은 과거에 도쿄대 출신의 파벌 집단으로 묘사됐다. 도쿄대 공대 출신이 회사 요직을 장악했지만, 같은 공대 출신 내에서도 파벌이 나뉘어 암투를 벌였다. 나중에는 도쿄대 상대, 법대 출신들까지 서로 파벌을 만들어 싸우는 바람에 일본 자동차회사 가운데 최고의 두뇌집단으로 평가됐으면서도 점차 경쟁력을 잃어갔다.

도요타의 어두운 과거, 뼈저린 반성

〈니혼게이자이〉 기자 출신의 독립 저널리스트 와타나베 마사히로는 《도요타의 어둠》에서 2000년대 중반 물량확대주의를 표방하며 세계 1위를 향해 질주하던 도요타의 그림자를 폭로했다. 이 책에 따르면, 도요타는 2004년부터 끊임없이 리콜에 시달려왔다. 도요타는 일본 국내에서 2004년부터 2006년까지 3년간 512만 대의 차량을 팔았는데, 이 가운데 리콜 차량이 511만 대로 리콜 비율이 무려 99.9%였다. 저자는 품질 저하를 도요타의 비인간적이고 극단적인 운영 시스템에서 찾았다. 한 달 잔업 144시간에 감기몸살조차 허락하지 않는 격무에 시달리며, 업무 외 휴식시간조차 맘대로 쉬지 못하는 현실을 꼬집었다. 한 퇴직 사원이 도요타를 일컬어 '작은 북한'이라고 표현했을 정도다.

그럼에도 도요타의 비인간성이 외부에 잘 알려지지 않은 것은 도요타의 광고 전략 때문이라고 저자는 분석했다. 2010년 도요타 1,000만 대 리콜로 회사가 위태로워지기 직전까지 도요타는 일본 내에서만 연간 1조 원 이상의 광고비를 집행하는 일본 최대 광고주였다. 당연히 방송·신문사에서도 도요타가 차지하는 광고 비중이 매우 높았다. 당시 도요타는 자사에 비판적인 기사를 쓰거나 문제가 발생할 가능성을 내보내는 매체는 광고를 중단하는 방식으로 재갈을 물렸다. 또 도요타에 비판적인 기사를 쓰는 기자는 그 언론 매체의 경영진에게 압력을 넣어 인사이동을 시키거나 좌천시키는 수법도 일삼았다. 그만큼 힘이 있었고, 힘을 남용했다.

도요타는 자국 내에서 광고비를 가지고 비판 언론을 무력화했던 수법을 미국에서도 똑같이 사용하려 했다. 2010년 초 도요타의 미국 현지 딜러들이 리콜 파문을 집중적으로 보도한 미국 ABC방송의 자회사에 광고를 중단하는 방식으로 '과잉보도'에 대한 보복에 나섰다. 미 남동부 5개 주州의 173개 도요타 딜러가 ABC방송의 보도행태에 불만을 표시하며 광고를 빼 다른 방송사에 주기로 한 것이다. 그러나

대량 리콜 사태로 총체적 위기에 휩싸이면서,
도요타가 미국에서 쌓아온 막강한 로비 능력이
오히려 화를 키웠다는 반성이
도요타 내에서도 일어났다.

이후 도요타 리콜에 대한 미국 내 비판이 더욱 커졌고, 결국 도요타는 큰 대가를 치르게 됐다.

자동차회사가 수많은 자동차를 만들다 보면 결함은 생기게 마련이다. 다만 문제가 생겼을 때 대응하는 방법이 중요하다. 솔직하게 시인하고 문제를 고칠 수도 있고, 문제를 은폐하거나 축소하는 방법을 택할 수도 있다. 도요타는 미국에서 수십 년간 '철벽 로비'를 통해 여러 가지 문제를 축소하는 데 성공했다. 광고비와 정치권·관료들에 대한 로비로 문제를 해결하려 했던 일본에서의 관행을 미국에서도 반복했고, 리콜 사건이 터지기 전까지는 그런대로 먹혔다고도 할 수 있다.

그런데 대량 리콜 사태로 총체적 위기에 휩싸이면서, 도요타가 수십 년간 미국에서 쌓아온 막강한 로비 능력이 오히려 화를 키웠다는 반성이 도요타 내에서도 일어났다. 미 도로교통안전국^{NHTSA}이 도요타 가속 페달 오작동 문제를 처음 조사한 것은 2004년 이전의 일이다. 그런데 당시 도요타의 워싱턴 사무소 로비 담당들이 미 관계 당국과의 '막후 조정' 작업을 너무 잘 처리했기 때문에 페달 문제가 일찍 불거지지 않았다는 것이다. 이후 관련 사망사고가 이어지면서 결국 1,000만 대 리콜과 판매 중단 사태로 확대됐다. '호미로 막을 일을 가래로도 못 막는' 상황을 초래했다는 얘기다.

2010년에 도요타 워싱턴 사무소에서 로비 업무를 담당한 직원은 1,000만 대 리콜 사건과 직접 관련이 있는 안전·환경 규제 부문만 해도 40명이 넘었다. 여기에는 NHTSA 간부 출신들도 포함돼 있다. 도요타는 2000년까지 5년간 미국에서 공식 로비 활동에만 2,500만 달러를 지출했다. GM(5,310만 달러)과 포드(4,070만 달러)에 이어 세 번째이고, 수입차업체 중에는 압도적 1위였다. 미국의 한 로비 전문 변호사는 "도요타 로비팀은 가속 페달 문제를 미리 파악했지만 근본적인 해결을 하기보다 당국이 조사에 착수하는 것을 막는 데만 주력했다"면서 "가속 페달 문제가 본사에도 보고됐지만 수뇌부에 정확히 전달되지 못했거나, 원가절감에 치중한 경영진이 사안의 심각성을 놓쳤을 가능성이 있다"고 했다.

그사이 도요타 사장이 원가절감의 명수인 전문경영인 와타나베 가쓰아키에서 창업가문 3세 도요다 아키오로 바뀌었다. 도요타는 2010년 2월 열린 미 의회 청문회에서 1957년 미국 진출 이후 반세기 동안 쌓아온 로비력을 총동원했다. 결과는 참패였다. 도요타 리콜 사태가 일반 차량의 가속 페달 결함에서 하이브리드카인 프리우스의 브레이크 소프트웨어 문제로까지 확대되면서 도요타의 잘못을 질타하는 목소리가 일본 내에서도 커졌다. 도요타의 위기관리 능력 부

어설픈 반성으로는
절대로 위기에서 빠져나올 수 없다.
기로에 선 한국이 한 단계 더 도약하느냐,
아니면 여기서 주저앉느냐는
지금의 태도에 달렸다.

족을, 일본의 사회·문화적 배경과 연결하는 비판도 나왔다. 〈월스트리트저널WSJ〉은 '냄새나는 물건은 뚜껑을 덮는다'는 일본 속담을 예로 들면서 문제를 솔직히 인정하고 해결하는 대신 이를 적당히 감추고 넘어가려는 일본 사회의 최근 분위기를 전했다. 이와 함께 제조업의 품질·안전 신화에 금이 가는 것을 인정할 수 없었던 도요타의 안이한 의식도 꼬집었다.

이때 갖은 수모를 겪었던 아키오 사장이 '기본', '초심', '더 좋은차 만들기' 등을 강조하게 된 것은 당연한 결과라고 할 수 있다. 현재도요타의 부활, 그리고 2016년 4월 제2의 창업으로 불리는 신체제개편에 나선 것은 아키오 사장의 뼈저린 반성의 결과물이다.

어설픈 반성으로는 절대로 위기에서 빠져나올 수 없다. 기로에 선한국이 한 단계 더 도약하느냐, 아니면 여기서 주저앉느냐는 지금의 태도에 달렸다. 투명성, 공정성, 신뢰, 상식과 합리. 이것을 공허한 말장난으로 만들어서는 안 된다. 진정으로 이런 가치의 소중함을 마음으로 받아들이고 절실히 고민하고 엄격하게 실행할 때 좋은 나라에서 위대한 나라로, 좋은 기업에서 위대한 기업으로 도약할 수 있을 것이다. 능력은 충분하다. 자원과 지식은 이미 갖춰져 있다. 문제는 우리에게 그럴 의지가 있느냐다.

영원한 승자도
영원한 패자도 없다

핀란드 수도 헬싱키 시내에서 서쪽으로 4km 떨어진 이테메렌카투 지역의 7층짜리 대형 유리 건물. 오후 3시였지만 북극에 가까운 헬싱키의 겨울은 벌써 어둠이 내리고 있었다. 건물 맨 위쪽으로 2개의 기업 간판만 밝게 빛났다. 슈퍼셀과 욜라^{Jolla}라는 이름이었다. 한때 '노키아'라는 간판이 크게 걸려 있던 자리다.

2010년 설립된 슈퍼셀은 핀란드 벤처기업의 우상이다. 전 직원이 130명에 불과하지만 연 매출 1조 원을 자랑한다. 2013년 소프트뱅크가 지분 51%를 1조 7,000억 원에 인수해 세계적으로 화제가 됐고, 2016년 중국의 IT 거인 텐센트가 10조 원이라는 엄청난 액수에 재인수해 또 화제가 됐다. 그리고 욜라는 2012년 노키아 출신 엔지니어 100여 명이 모여 만든 스마트폰 운영체제 개발사다. '욜라'라는 회사 이름은 핀란드어로 '작은 돛단배'란 뜻이며, 그들이 만든 운영

체제 '세일피시'는 돛 모양의 등지느러미를 달고 매우 빨리 움직이는 것으로 유명한 '돛새치(참치의 일종)'를 뜻한다. 애플 아이폰과 구글 안드로이드폰의 틈바구니에서 작지만 강한 기동력으로 승부해 살아남겠다는 의지를 담았다.

두 기업이 입주해 있는 이 대형 건물은 2013년까지 노키아 휴대전화사업부에서도 가장 컸던 소프트웨어 R&D센터였다. 그러나 노키아가 몰락이 임박한 상황에서 자체 스마트폰 OS 개발을 포기하면서 이 센터가 공중분해되고 말았다.

노키아는 2014년 마이크로소프트[MS]에 휴대전화사업부를 매각하고 스마트폰 시장에서 철수했는데, 이 일은 핀란드인들에게 엄청난 충격이었다. 하지만 희망적인 것은, 핀란드가 노키아의 몰락에서 중요한 교훈을 얻었다는 사실이다. 이후 노키아의 폐허 위에 벤처 창업 붐이 일어 노키아의 공백을 메워오고 있다.

2013년 12월의 일이었다. 헬싱키 근교 에스포에 있는 노키아 본사를 방문하기 위해 택시 기사에게 '노키아 본사에 가자'고 했더니, 기사가 "아! 노키아의 집[Nokia House] 말이죠?"라고 했다. 노키아는 핀란드인에게 집과 같은 존재였던 걸까. 1998년부터 2007년까지 10년간 노키아는 핀란드 전체 법인세의 23%, 수출의 20% 가까이를 차지했을 만큼 절대적인 위치에 있었다.

한때 혁신의 상징이었던 노키아의 기업 문화는 노키아가 거대기업으로 성장함에 따라 관료적이고 안정 지향적인 문화로 바뀌어갔다. 핀란드 젊은이들의 입사 1순위가 노키아였던 것은 이 회사에 들어가 혁신을 하고 싶어서가 아니라, 월급이 많고 안정적인 삶을 누릴 수 있어서였다. 혁신과 모험을 통해 휴대전화 시장을 평정했던 노키아는 가장 모험을 싫어하는 기업으로 변해갔다. 슈퍼셀의 일카 파나넨 창업자 겸 CEO는 "노키아의 몰락이 그동안 외부 환경 변화에 대해 눈 감고 싶어 했던 핀란드 경제에 강력한 자명종 역할을 했다"며 "모두가 깜짝 놀라 잠에서 깨어났고, 생존에 대한 절박함과 위기의식을 느끼기 시작했다"고 했다.

한국의 기업들은 지금부터가 문제다. 함께 성장하는 동안에는 문제가 생겨도 덮을 수 있다. 그러나 성장이 멈췄을 때 그 모든 문제가 한꺼번에 불거진다. 한국 경제가 위기라고 하면서도 위기를 위기로 인식하는 분위기를 주위에서 찾아보기 어렵다. 그러나 핀란드인들이 노키아 몰락이라는 강력한 자명종 소리에 놀랐던 것과 같은 일이 한국에 생기지 말라는 법은 없다.

한국이 위기에 둔감해 있는 동안, 사상 최고 실적을 내 성공을 자축해도 될 것 같은 도요타는 오히려 대수술이라 할 만한 신체제 조직 개편을 단행하고 TNGA라는 설계 혁신 전략을 밀어붙이고 있다. 물론 도요타가 만능은 아니다. 신체제나 TNGA가 꼭 정답인 것도 아니다. 중요한 것은 도요타처럼 거대한 글로벌 기업이 스스로 도전에 나서고 있다는 것이다. 모험을 마다치 않고, 끊임없이 반성하고 고민하고 진화하며, 거기에서 더 나은 무엇인가를 내놓으려고 발버둥 친다는 것이다. 그 모험이 실패할 수도 있고 결과가 좋지 않을 수도 있다. 하지만 모험가의 의지와 노력이 사라지지 않는 한, 마침내는 성공할 것이다.

상황을 빨리 읽어내고, 보석을 찾아내고, 행동해야 한다. 한국은 한국의 기업들은 지금부터가 문제다.
함께 성장하는 동안에는
문제가 생겨도 덮을 수 있다.
그러나 성장이 멈췄을 때 그 모든 문제가
한꺼번에 불거진다.

이제 과거처럼 선진국의 어느 좋은 사례를 하나 배워서 문제가 해결될 만한 나라가 아니다. 해외에서 장점이라고 배울 만한 것의 대부분은 한국도 이미 다 가지고 있다. 그런데도 위기가 끊이지 않는 것은, 모든 것을 갖고 있으면서도 무엇을 가지고 있는 줄 모르고, 그것을 제대로 쓸 줄 모르기 때문이다. 현상을 얘기하는 건 누구나 할 수 있다. 뛰어난 리더는 자기 진영에 무슨 일이 일어나는지 다 안다. 그리고 적 고지의 능선 뒤편에서 벌어지는 일도 꿰뚫어본다. 나아가고자 하는 부분의 이면을 읽고 판단하고 실행하는 것, 그게 리더의 몫이다.

가장 심각한 문제는 경영진 상층부에 기술을 넓고 깊게 꿰뚫어보는 리더가 너무 적다는 것이다. 리더가 그렇게 할 능력이 부족하다면, 옆에 최고의 기술 자문역을 두면 된다. 그러나 한국 기업 상층부에는 과거의 성공체험과 기술지식에 갇혀 있는 나이 든 오너 경영자, 그리고 기술을 밑바닥부터 최고 단계까지 경험하지 못했기 때문에 미래를 제대로 내다보지 못하는 함량 미달의 기술임원들이 포진해 있는 경우가 적지 않다. 예를 들어 도요타는 아키오 사장이 자동차 엔지니어 출신은 아니지만, 가토 미쓰히사 부사장 같은 최고의 기술 멘토를 두고 수시로 미래 전략에 대해 논의한다. 그 외에도 도요타 자동차개발의 백전노장들이 자문역으로 제 역할을 한다. 한국에서 가토 부사장급의 기술임원을 보유한 기업이라면 삼성전자 정도가 비교 대상에 오를 만하고, 그 외에는 안타깝게도 상대가 되지 않는 수준이다.

또 아키오 사장은 엔지니어들과 아주 자연스럽게 소통할 수 있는 능력을 가지고 있다. 유럽의 프로 자동차 경주대회에 참가할 만큼 전문가에 버금가는 드라이빙 실력을 갖추고 있기 때문이다. 아키오 사장은 '사장의 직무를 다하기에도 시간이 모자랄 텐데, 왜 그렇게 자주 직접 차를 몰고 경주에 참가하느냐'는 질문에 대해 "나는 엔지니어 출신이 아니기 때문에 기술에 대해 회사 기술임원들과 자연스럽게 얘기할 기회가 필요했다. 그 창구가 테스트 드라이브와 자동차 경주 참가인 셈"이라고 대답했다. 도요타 사장이 이렇게 기술임원들에게 늘 배우고 그들과 교감하려는 마음가짐을 갖고 있다면, 도요타의 미래는 앞으로도 밝을 것이다.

반대로 한국 기업은 이런 경영 환경이 갖춰져 있지 않은 곳이 많다. 우선 기업 리더가 기술을 깊이 이해하고 있거나 적어도 겸허한 자세로 항상 듣고 배우겠다는 자세를 가져야 한다. 그것이 현실적으로 어렵다면, 제대로 된 기술임원을 임명해 그 임원이 현장과 경영진 상층부 사이의 기술 인터프리터(통역) 역할을 하도록 해야 한다. 최고경영자가 위기의식을 느끼고 미래에 대비하려 해도 기술 인터프리터가

356

제 역할을 하지 못하는 경우가 너무 많다. 이런 문제가 발생하는 이유는 뛰어난 기술임원이 없어서가 아니라, 그런 임원 대신 엉뚱한 사람이 그 자리를 차지하고 있는 경우가 많기 때문이다. 기술 인터프리터가 제 역할을 못하면 최고 경영진과 기술개발 현장 사이의 유기적인 연결이 어려워지고, 연구소가 회사 내에서 외딴 섬처럼 떨어져 존재하게 될 우려가 있다. 경영과 연구개발은 히니로 움직여야 한다. 서로 지원하고 감독하는 역할을 해야 한다. 이것이 안 되고 둘이 따로 움직인다면 제대로 된 미래를 설계하는 것은 불가능해진다. 새로운 기술을 도입하거나 해외에서 인재를 들여오기 이전에, 사내에 숨어 있거나 가려져 있는 진짜 기술 인터프리터를 찾아 등용하고, 기술경영을 가능케 하는 기업 문화와 환경을 만드는 것이 우선이다.

성공은 자만을 부르고, 자만은 자멸을 가져온다. 반대로 실패에는 다음의 성공으로 이어지는 싹이 내포돼 있다. 도요타의 지난 7년은 이 교훈을 체득하는 시간이었다. 아키오 사장은 "내가 사장 취임 후 한 일은 도요타를 원점으로 되돌리는 것이었다"라고 말했다. 그러나 도요타가 돌아온 원점은 이전보다 훨씬 더 높은 곳에 있었다. 도요타의 지난 7년은 도요타 79년 역사상 최악의 위기를 극복해낸 7년이었지만, 동시에 최고의 7년이었다.

필자는 2013년 4월 아키오 사장과 만나 얘길 나눈 적이 있다. 나고야 시에 있는 도요타 미드랜드 스퀘어 빌딩 만찬장에서였다. 아키오 사장과 일대일로 만난 것은 처음이었다. 눈매에 비범함이 서려 있다거나 대단한 자신감이나 카리스마가 엿보이는 것은 아니었다. 세계 최고 자동차회사의 수장이었지만, 오히려 평범했다. 그런데 그의 이 한마디가 인상에 남았다.

"어제보다는 오늘, 오늘보다는 내일이 더 좋아질 수 있도록 노력합시다. '베스트best 보다는 베터better'를 목표로 삼아 도전합시다."

그냥 하는 말이 아니었다. 진심이 담겨 있었다. 만찬장은 나고야에서 가장 높은 247m, 47층짜리 빌딩의 꼭대기에 있었다. 우아한 음악이 흘러나왔고, 아키오 사장과 얘길 나누며 홀짝였던 샴페인은 달콤했다. 하지만 그런 깃들은 아무래도 좋았다. 도요타가 보유한 첨단 연구소, 거대한 시설, 근사한 자동차도 사실 중요한 게 아니었다. 그의 이 말 한마디에 도요타의 모든 것이 담겨 있다는 생각이 들었다.

참고문헌 및 기사

■ 한국어

《CEO 닉 라일리, 열정》, 닉 라일리 저, 윤동구 역, 한스미디어, 2007년

《내가 걸어온 일류국가의 길》, 리콴유 저, 류지호 역, 문학사상사, 2001년

《도요타 벤치마킹》, 와카마쓰 요시히토·곤도 데쓰오 저, 금대연 역, 동양문고, 2003년

《도요타시 1번지》, 요미우리신문 특별취재반 저, 최현숙 역, 네모북스, 2005년

《렉서스-세계를 삼킨 거대한 신화》, 체스터 도슨 저, 서지원 역, 2004년

《렉서스 도요타의 도전》, 하세가와 요조 저, 김경인 역, 열매출판사, 2005년

《마지막 선물 - 한국 자동차산업의 선구자 윤주원의 흔적》, 윤성희, 현문미디어, 2009년

《미래는 만드는 것이다》, 정세영, 행림출판, 2000년

《박정희의 결정적 순간들 62년 생애의 62개 장면들》, 조갑제, 기파랑, 2009년

《빈 카운터스》, 밥 루츠 저, 홍대운 역, 비즈니스북스, 2012년

《아산 정주영》, 아산정주영10주기추모위원회, 2011년

《오노 다이이치와 도요타 생산방식》, 미토 세쓰오 저, 김현영 역, 미래사, 2004년

《일본 반도체 패전》, 유노가미 다카시 저, 임재덕 역, 성안당, 2011년

《일본 재발견》, 이우광, 삼성경제연구소, 2010년

《임직원이 쓰는 감동 스토리》, 현대자동차그룹 편저, 현대자동차그룹 사회문화팀, 2010년

《자동차전쟁》, 조너선 맨틀 저, 이무열 역, 동우멘테크, 1995년

《정주영 집념의 승부사, 정몽구 결단의 승부사》, 박상하, 도서출판무한, 2011년

《철도사고 왜 일어나는가》, 야마노우치 슈우이치로 저, 김해곤 역, 논형, 2004년

《품질을 향한 끝없는 도전》, 임종원 저, 한국자동차산업연구소, 2010년

《피터 드러커 자서전》, 피터 드러커 저, 이동현 역, 한국경제신문, 2005년

《한국기업의 글로벌 경영》, 정구현 등, 위즈덤하우스, 2008년

《한국자동차산업 50년사》, 한국자동차공업협회 한국자동차공업협동조합, 2005년

《한국자동차산업의 전략적 선택》, 조형제, 백산서당, 1993년

12년 無분규 LG전자 창원공장 매출 – 생산성 '쑥쑥', 동아일보, 2001년 9월 10일

시스템 개선의 사례 #1(제조업), 지만원의 시스템클럽, 2002년 1월 11일

제조품질과 설계품질, 지만원의 시스템클럽, 2009년 2월 16일

구본무 회장, 이재용 전무도 배우고 갔죠, 중앙일보 심재우 기자의 블로그, 2009년 10월 5일

시스템 마인드, 지만원의 시스템클럽, 2009년 11월 19일

특별한 '셀생산' 도입으로 신화 만든 안산 공장, 전자신문, 2013년 11월 17일

삼성 사내방송, 또 셀프 비판 "SW 구조설계 역량 부족", 조선비즈, 2016년 7월 5일

〈한국사동차산업의 경쟁력의 원천〉, 한남대 현영식 교수 발표(2011년 11월 29일 도쿄국제자동차회의)

〈한국형 경제건설 – 엔지니어링 어프로치〉 제4권, 기아경제연구소 오원철, 1996년

한국자동차공업협회 자동차통계

■ 일본어

《개혁자 좌절을 넘어서(改革者 挫折を超えて)》, 자가와 다다아키(蛇川忠暉), 닛케이BP, 2011년

《결단 – 나의 이력서(決断 – 私の履歴書)》, 도요다 에이지(豊田英二), 닛케이비즈니스인문고, 2000년

《국화와 칼(菊と刀一定訳)》, 루스 베네딕트(Ruth Benedict) 저, 하세가와 쇼치(長谷川松治) 역, 현대교
양문고, 1967년

《노동귀족(労働貴族)》, 다카스기 료(高杉良), 고단샤문고, 1986년

《능력구축경쟁(能力構築競争 – 日本の自動車産業はなぜ強いのか)》, 후지모토 다카히로, 중공문고신서,
2003년

《도요타의 방식 – 경이의 업적을 뒷받침한 사고와 행동의 루틴(トヨタのカタ 驚異の業績を支える思考と
行動のル_ティン)》, 마이크 로더(Mike Rother) 저, 이나가키 기미오(稲垣公夫) 역, 닛케이BP, 2016년

《모노즈쿠리(日本のもの造り哲学)》, 후지모토 다카히로(藤本隆宏), 니혼게이자이신문출판사, 2004년

《실패의 본질(失敗の本質―日本軍の組織論的研究)》, 노나카 이쿠지로(戸部良一) 등, 중공문고, 1991년

《일본의 자동차 20세기(ニッポンのクルマ20世紀)》, 야에스출판, 2000년

《일에 필요한 것은 전부 영화에서 배운다(仕事に必要なことはすべて映画で学べる)》, 오시이 마모루(押井守), 닛케이BP, 2013년

《코믹판 프로젝트X 도전자들 - 집념이 만들어낸 신칸센 노우90세·전투기가 형태를 바꿨다 (コミック版プロジェクトX挑戦者たち - 執念が生んだ新幹線 老友90歳·戦闘機が姿を変えた)》, 로쿠다 노보루(六田登)·NHK프로젝트X 제작반 저, 오즈라출판, 2002년

도요타, 2020년경까지 세계 판매의 반수에 설계 개혁 'TNGA' 도입(トヨタ, 2020年頃までに世界販売の半数に設計改革「TNGA」導入), 일간공업신문, 2015년 3월 27일

[제1특집 도요타 진격 재개] 파트1 도요타, 충전 완료! - 최강 기업의 위기와 재생([第1特集トヨタ進撃再開] PART1 トヨタ, 充電完了! - 最強企業の危機と再生), 도요게이자이, 2015년 5월 2일

도요타의 설계 개혁 'TNGA' - 서플라이어 각사의 개발 진척, 생산라인 개혁도 착수(トヨタの設計改革「TNGA」- サプライヤー各社の開発進む, 生産ライン改革にも着手), 일간공업신문, 2015년 5월 5일

Automotive Report - 도요타의 차세대플랫폼 - TNGA로 안전성·시인성 향상(Automotive Report - トヨタの次世代プラットフォーム - TNGAで安全性·視認性を向上), 닛케이오토모티브, 2015년 5월 11일

특집3 VW(폭스바겐) 추격의 신호탄 도요타 설계 혁명의 진실(特集3 VW 追撃の狼煙 トヨタ 設計革命の真実), 주간다이아몬드, 2015년 5월 30일

설계·개발 프론티어/도요타자동차 - TNGA(設計·開発フロンティア/トヨタ自動車 - TNGA), 일간공업신문, 2015년 7월 7일

인공지능연구 신회사 Toyota Research Institute(TRI)의 체제 및 진척상황 공표(人工知能研究新会社Toyota Research Institute(TRI)の体制および進捗状況を公表), 도요타 홈페이지 글로벌뉴스룸, 2016년 1월 5일

도요타자동차와 다이하쓰공업, 양 브랜드 소형차사업 강화(トヨタ自動車とダイハツ工業, 両ブランドで小型車事業強化), 도요타 홈페이지 글로벌뉴스룸, 2016년 1월 29일

도요타 올해의 조달방침 TNGA '이제부터 본격화' 수주처에 협력요청(トヨタ今年の調達方針 TNGA「これからが本番」仕入先に協力要請), 일간자동차신문, 2016년 2월 29일

도요타자동차, 신체제 공표(トヨタ自動車, 新体制を公表), 도요타 홈페이지 글로벌뉴스룸, 2016년 3월 2일

도요타 조직 개정, 7개 컴퍼니제 도입 1천만 대 초과 시대에 토대를 굳건하게(トヨタ組織改正, 七つのカンパニー制導入 1千万台超時代へ土台強固に), 일간자동차신문, 2016년 3월 14일

도요타자동차, 하이브리드 '프리우스' – 연비와 주행성능 향상(トヨタ自動車, ＨＶ「プリウス」— 燃費と 走行性能向上), 닛케이산업신문, 2016년 3월 16일

핵심리포트05 – 컴퍼니제로 시험하는 도요타의 "차기 톱"(核心リポート05 - カンパニ__制で試すトヨタ "次期トップ"), 도요게이자이, 2016년 3월 19일

도요타자동차, '더 좋은 차 만들기'의 대처상황 공표(トヨタ自動車,「もっといいクルマづくり」の取り組 み状況を公表), 도요타 홈페이지 글로벌뉴스룸, 2015년 3월 26일

핵심 자동운전 구글 선행에 위기감 AI 개발 도요타 "탈(脫)자사 중심주의" 인재 스카우트로 '시간 을 산다'(核心 自動運転 グ__グル先行に危機感 AI 開発 トヨタ"脱·自前"人材引き抜き「時間買う」), 주니치 신문, 2016년 3월 27일

입사식, 톱의 훈시, 도요타 '실패를 두려워하지 않는 도전을', 아사히화성 '법령 준수를 철저히'(入 社式, トップの訓示, トヨタ「失敗恐れず挑戦」, 旭化成「法令順守を徹底」), 니혼게이자이, 2016년 4월 1일

[제1특집 경영자 도요다 아키오] '세계 제일' 도요타 이끄는 리더의 실상 – 경영자 도요다 아키오 ([第1特集 経営者 豊田章男]「世界一」トヨタ率いるリ__ダ__の実像 – 経営者 豊田章男), 도요게이자이, 2016년 4월 9일

도요타 컴퍼니제 시동 결정 신속하게 사장 수업도(トヨタカンパニ__制始動 決定素早く 社長修業も), 주니치신문, 2016년 4월 19일

2016년 3월기 결산 발표 도요다 사장의 인사(2016年3月期決算発表 豊田社長挨拶), 도요타 홈페이지 글로벌뉴스룸, 2016년 5월 11일

도요타 '수익처가 바뀌었다' 3월기 결산 엔고 대응에 각오(トヨタ「潮目変わった」 3月期決算 円高対応 へ覚悟) 주니치신문, 2016년 5월 12일

도요타자동차, 우버와 카쉐어링 영역의 협업 검토 개시(トヨタ自動車, Uber社とライドシェア領域での 協業を検討開始), 도요타 홈페이지 글로벌뉴스룸, 2016년 5월 25일

도요타, AI 연구가속 – 자동운전 등 응용, 구글 산하 매수에(トヨタ,AI 研究加速 – 自動運転など応用, グ__グル傘下買収へ), 일간공업신문 2016년 6월 2일

도요타·도요타차체 인재교류 확대 마스이 CV컴퍼니 프레지던트, '접착제의 역할 다하겠다' (トヨタ·車体'人材交流拡大'増井ＣＶプレジデント,「接着剤の役割果たす」), 니혼게이자이, 2016년 6월 8일

도요타차체 개발 강화 마스이 신사장 '해외주력차종도'(トヨタ車体 開強化 増井新社長「海外主力車種も」), 주니치신문, 2016년 6월 8일

도요타, AI에 맡기는 미래, 화려한 인맥, 구글에 대항(トヨタ, AIに託す未来, 華麗な人脈, グ__グルに対抗)

니혼게이자이, 2016년 6월 9일

주부경제특집 – 모노즈쿠리 한층 더 비약, 자동운전, 도요타 총력, 'AI 렉서스' 개발(中部経特集ーものづくりさらなる飛躍, 自動運転, トヨタ総力, 「AIレクサス」開発へ), 니혼게이자이, 2016년 6월 30일

시사심층 – 인더스트리 – 구글은 AI 부문에 5,000만 엔 제시 인재 쟁탈전, 일본의 약점 노정(時事深層 – INDUSTRY – グーグルはAIで5000万円提示 人材争奪戦. 日本の弱点が露呈), 닛케이비즈니스, 2016년 7월 11일

스페셜리포트1: 도요다 아키오 독일 밀착 72시간 – 도요타 개혁 10년의 원점이 여기 있다(スペシャル・レポート1: 豊田章男ドイツ密着72時間 – トヨタ改革10年の原点がここにあった), 프레지던트, 2016년 8월 1일

도요타 'TNGA' 엔진 제1탄 연내에 국내에서 양산(トヨタ「TNGA」エンジン第1弾 年内に国で量産), 일간자동차신문, 2016년 9월 2일

(회사의 진화) 도요타의 도전, AI로 활로[(カイシャの進化)トヨタの挑戦. AIに活路], 아사히신문, 2016년 9월 5일

"일·한 자동차 산업의 형성과 산업육성정책", 후지모토 다카히로 동경대학경제학회 경제학론집 제60권 제1호(1994년 4월), 제2호(1994년 7월), 제4권(1995년 1월)

"현대자동차에서 무엇을 배울 것인가(現代自動車から何を学ぶのか)", 교토대 시오지 히로미(塩地洋) 교수 발표, 2011년 11월 5일

일본자동차공업협회 자동차통계

■ 영어

Car: A Drama of the American Workplace, Mary Walton, W. W. Norton&Company 1997

Collision Course – Inside the Battle for General Motors, Micheline Maynard, Birch Lane Press, 1995

On Emotional Intelligence, Daniel Goleman, Harvard Business Review Press, 2015

Rude Awakening: The Rise, Fall, and Struggle for Recovery of General Motors, Maryann Keller, HarperCollins, 1989

System Architecture: Strategy and Product Development for Complex Systems, Edward Crawley, Bruce Cameron, Daniel Selva, Pearson, 2015

The End of Detroit: How the Big Three Lost Their Grip on the American Car Market, Micheline Maynard, Crown Business, 2003

The Reckoning, David Halberstam, Avon Books, 1986

ISIS Crisis, Thomas L. Friedman, The New York Times, Sep 23. 2014

Industry On Trial: Did Sergio get it right?, Automotive News, Aug 3. 2015

Industry On Trial: CAPITAL CRUNCH, Automotive News, Aug 10. 2015

Industry On Trial: WRETCHED EXCESS, Automotive News, Aug 17. 2015

Industry On Trial: THE URGE to MERGE, Automotive News, Aug 24. 2015

Industry On Trial: DANGER AHEAD, Automotive News, Aug 31. 2015

Industry On Trial: MILES APART, Automotive News, Sep 7. 2015

Driving Asia as Automotive Electronic Transforms a region, Andrew Chong, Infineon, 2010

인터뷰 리스트(직함은 인터뷰 당시 기준)

•

이 밖에 업계의 많은 이들을 인터뷰했으나 지면상 모두 소개하지 못함에 양해를 구한다. 본문 중 특정 사안에 대해 비판적으로 읽힐 수 있는 내용이 더러 있는데, 이는 인터뷰이들의 발언과 상관이 없다는 점도 아울러 밝힌다.

•

닉 라일리(Nick Reilly), GM 아시아·태평양 지역본부 부사장, 2007년 1월 8일, 미국 디트로이트

릭 왜고너(Rick Wagoner), GM 회장 겸 CEO, 2007년 3월, 미국 디트로이트

조 후지오(張富士夫), 도요타자동차 회장, 2008년 10월 10일, 서울

히로타 도시오(廣田壽男), 와세다대 환경종합연구센터 객원교수·닛산 친환경차 관련 기술고문, 2009년 6월 17일, 서울

크레이그 케이더(Craig Cather), CSM월드와이드 사장, 2010년 2월 23일, 서울

노재만, 전 현대자동차 중국법인 총경리, 2011년 8월 28일, 중국 베이징

시오지 히로미(塩地洋), 교토대 경제학과 교수, 2011년 9월 23일, 일본 도쿄

시모카와 고이치(下川浩一), 전 호세이대 경영학과 교수, 2011년 10월 7일, 일본 도쿄

곤노 요시노리(近能善範), 호세이대 경영학과 교수, 2011년 10월 11일, 일본 도쿄

이승복, 전 현대자동차 전무(캐나다 브로몽 공장 총괄), 2011년 11월 14일, 서울

신철동, CES 부사장, 2011년 11월 19일, 서울

이승희, 전 삼성자동차 부사장, 2011년 11월 22일, 부산

정주화, 전 현대자동차 마북리 연구소장, 전 삼성자동차 부사장, 2011년 11월 23일, 서울

쓰루하라 요시로(鶴原吉郎), 닛케이오토모티브테크놀러지 편집장, 2011년 12월 2일, 일본 도쿄

박병재, 전 현대자동차 부회장, 2011년 11월 11일, 경기도 동두천시

류재현, 전 삼성자동차 전무, 2011년 11월 22일, 부산

윤정호, 전 삼성자동차 부사장, 2011년 11월 23일, 서울

고바야시 사부로(小林三郎), 주오대학 대학원 객원교수·전 혼다 기술연구소 수석연구원, 2011년

12월 17일, 일본 도쿄

김덕모, 전 현대자동차 부사장, 2012년 1월 27일, 서울

올리히 하켄베르크(Ulich Hackenberg), 폭스바겐그룹 연구개발 총괄 부회장, 2012년 4월 22일, 중국 베이징

크누트 플로어(Knudt Flor), BMW 중국 선양(瀋陽)공장 공장장, 2012년 4월 25일, 중국 선양

히노 사토시(日野三十四), 일본 자동차 설계 컨설턴트, 2012년 7월 6일, 서울

가토 미쓰히사(加藤光久), 도요타자동차 R&D·제품기획 총괄 부사장, 2012년 9월 24일, 일본 도쿄

고노모토 신고(此本巨吳), 노무라종합연구소 컨설팅본부장, 2013년 3월 8일, 일본 도쿄

로널드 오헨리(Ronald O'Hanely), 피델리티 인베스트먼트 자산운용부문 회장, 2013년 3월 19일, 미국 보스턴

가와이 미쓰루(河合滿), 도요타자동차 기술총책임자, 2013년 3월 26일, 일본 나고야

후지모토 다카히로(藤本隆宏), 도쿄대 경영대학원 교수·모노즈쿠리 경영연구센터 소장, 2013년 3월 26일, 일본 도쿄

도요다 아키오(豊田章男), 도요타자동차 사장, 2013년 3월 27일, 일본 나고야

우치야마다 다케시(內山田竹志), 도요타자동차 회장, 2013년 3월 27일, 일본 나고야

난바 도모코(南場智子), 디엔에이 창업자, 2013년 5월 20일, 일본 도쿄

스벤 바이커(Sven Beiker), 스탠퍼드대 CARS(Center for Automotive Research at Stanford) 연구소장, 2013년 7월 17일, 미국 실리콘밸리 스탠퍼드

프랭키 제임스(Frankie James), GM 선행 기술(Advanced Technology) 연구소장, 2013년 7월 18일, 미국 실리콘밸리 팰로앨토

요르크 슈링크하이더(Joerg Schilinkheider), 폭스바겐 실리콘밸리 전자연구소 자율주행 총괄, 2013년 7월 18일, 미국 실리콘밸리 벨몬트

필 리빈(Phil Libin), 에버노트 CEO 겸 창업자, 2013년 7월 19일, 미국 실리콘밸리 레드우드시티

아오야마 신지(青山真二), 혼다 이륜차 총괄본부장, 2013년 7월 24일, 일본 도쿄

장동훈, 삼성전자 무선사업부 디자인팀 부사장, 2013년 7월 25일, 서울

오니시 마사루(大西賢), 일본항공(JAL) 회장, 2013년 9월 10일, 서울

가와모리 쇼지(河森正治), 변신로봇 디자이너·크리에이터, 2013년 11월 8일, 경기도 부천시

호세 구즈먼(Jose Guzman), 아그로수퍼 CEO, 2013년 11월 27일, 서울

일카 파나넨(Ilkka Paananen), 슈퍼셀 창업자 겸 CEO, 2013년 12월 16일, 핀란드 헬싱키

크리스 앤더슨(Chris Anderson), 전 와이어드지 편집장, 2014년 3월 19일, 서울

쿠로시 바라미, 헨켈 접착제 부문 총괄 부사장, 2014년 3월 31일, 독일 뒤셀도르프

크리스틴 산체스 마르틴, 헨켈 다양성과 포용 담당 부사장, 2014년 3월 31일, 독일 뒤셀도르프

앨런 포스터(Allan Foster), 맥라렌 스포츠카 생산 담당 부사장, 2014년 4월 3일, 영국 런던

사이먼 시거스(Simon Segars), ARM 사장, 2014년 4월 9일, 서울

무라타 쓰네오(村田恒夫), 무라타제작소 사장, 2014년 6월 2일, 일본 교토

우스이 미노루(真井稔), 세이코엡손 사장, 2014년 6월 5일, 일본 마쓰모토

고모리 시게타카(古森重隆), 후지필름 회장 겸 CEO, 2014년 6월 6일, 일본 도쿄

리처드 정, 옌펑 자동차인테리어 글로벌 디자인 부사장, 2016년 9월 11일, 서울

왜 다시 도요타인가

REBORN TOYOTA: Toyota's New Suggestions for the Korean Companies in Crisis

초판 발행 · 2016년 11월 3일
초판 10쇄 발행 · 2021년 4월 12일

지은이 · 최원석
발행인 · 이종원
발행처 · (주)도서출판 길벗
브랜드 · 더퀘스트
주소 · 서울시 마포구 월드컵로 10길 56(서교동)
대표전화 · 02)332-0931 | **팩스** · 02)322-0586
출판사 등록일 · 1990년 12월 24일
홈페이지 · www.gilbut.co.kr | **이메일** · gilbut@gilbut.co.kr

기획 및 책임편집 · 김세원(gim@gilbut.co.kr) | **디자인** · 책은우주다
제작 · 이준호, 손일순, 이진혁 | **영업마케팅** · 정경원 | **영업관리** · 김명자 | **독자지원** · 송혜란, 윤정아

교정교열 · 공순례 | **CTP 출력 및 인쇄** · 예림인쇄 | **제본** · 경문제책

- 더퀘스트는 ㈜도서출판 길벗의 인문교양·비즈니스 단행본 브랜드입니다.
- 이 책은 관훈클럽 신영연구기금의 도움을 받아 출판되었습니다.
- 이 책은 저작권법에 따라 보호받는 저작물이므로 무단전재와 무단복제를 금지하며, 이 책 내용의 전부 또는 일부를 이용하려면
  반드시 저작권자와 (주)도서출판 길벗(더퀘스트)의 서면 동의를 받아야 합니다.
- 잘못 만든 책은 구입한 서점에서 바꿔 드립니다.

ISBN 979-11-6050-023-3 03320
(길벗 도서번호 090108)

정가 16,000원

. . . .

독자의 1초까지 아껴주는 정성 길벗출판사

(주)도서출판 길벗 | IT실용, IT/일반 수험서, 경제경영, 더퀘스트(인문교양&비즈니스), 취미실용, 자녀교육 **www.gilbut.co.kr**
길벗이지톡 | 어학단행본, 어학수험서 **www.gilbut.co.kr**
길벗스쿨 | 국어학습, 수학학습, 어린이교양, 주니어 어학학습, 교과서 **www.gilbutschool.co.kr**